無限風暴

FTX帝國興衰交響曲

GOING INFINITE

THE RISE AND FALL OF A NEW TYCOON

MICHAEL LEWIS
麥可・路易士——著
洪慧芳——譯

謹此紀念愛女狄克希（Dixie Lee Lewis）

你一直在我心中

目次

第2幕

無論什麼樣的經驗、觀察與知識，在現實中都沒有「無限」這種事。
我們對事物的想法，與事物本身之間，可能存在如此巨大的差異嗎？
我們的思維過程，與事物所經歷的實際過程，可能如此不同嗎？
簡言之，思想可能如此遠離現實嗎？

——德國數學家大衛．希爾伯特（David Hilbert, 1862-1943）

前言

我第一次知道山姆・班克曼—弗里德（Sam Bankman-Fried，簡稱SBF）這號人物，是二〇二一年底聽一個朋友說的。他希望我幫他搞清楚，這位山姆是一個什麼樣的人。

我這位朋友打算跟山姆合作，交換彼此公司價值數億美元的持股，但他對於這項合作計畫一直感到不安。他了解山姆創立的加密貨幣交易所FTX，但卻無法確定自己理解山姆這個人。他四處打聽，結果發現他對山姆的了解已經夠少了，沒想到其他人、甚至是那些在FTX投資了數百萬美元的人，對山姆的了解更少。

我這位朋友認為，大家普遍對山姆一無所知，或許跟他的經歷有關。FTX才剛成立兩年半，山姆也才二十九歲，人有點古怪，過去三年大部分時間都待在美國境外。這一切，都可以解釋為什麼似乎沒有人真正了解他。朋友問我，能否去跟山姆見個面，然後回來告訴他我的看法。

幾個禮拜後，山姆來到加州柏克萊，出現在我家門口。他是搭 Uber 來的，穿著工裝短褲、T恤、鬆垮垮的白襪和破舊的 New Balance 運動鞋。後來我聽說，那是他的招牌外型，基本上他只有那種衣服。我們一起去散步——這也是接下來兩年，我唯一一次看到這個老是穿著一副要去健行的人，真的在散步。

一邊散步，我一邊問了他幾個問題。但一會兒之後，基本上都是他在講、我在聽。他當時告訴我的事情——我必須說，後來證實都是真的——實在令人難以置信。

首先是他的身家財富，除了過去兩年間他累積的數百億美元，還包括矽谷頂尖創投業者投資他的好幾十億美元，這些人（就像其中一位創投業者後來告訴我的）認為，山姆有機會成為全球第一位身價破兆的富豪。

FTX的收入正在以驚人的速度成長：從二〇一九年的兩千萬美元，成長至二〇二〇年的一億美元，並在二〇二一年達到十億美元。散步時我問他，別人要出價多少，他才肯賣掉FTX，去做賺錢以外的事？他沉吟了一會兒，最後回答：「一千五百億美元。」但接著又補充，他想做的事情，要用到「無限多的錢」。

他的一切都很古怪。先講動機——或者說是他自以為的動機。在我們散步時，他並沒有把動機講得很清楚，或許是因為他覺得對一個陌生人來說，這聽起來太難以置信。他之所以需要無限多的錢，是因為他打算解決地球上的生物所面臨的最大生存風險，例如核戰、比新冠病毒更致命的大流行病、攻擊並消滅人類的人工智慧等等。在山姆想解決的問題清單上，最近他又加了「美國民主受創」這一項。萬一美國民主真的受到重創，將導致其他所有的大問題都不太可能解決。一千五百億美元，至少可以用來改善以上其中某項問題。

另外還有一些比較小的問題，但同樣可以靠金錢解決，山姆也考慮是否要花錢幫忙搞定。例如巴哈馬。我見到山姆的幾個月前，他把整個ＦＴＸ從香港搬到巴哈馬，顯然是為了因應中國政府打擊加密貨幣的政策。山姆認為，巴哈馬的好處是它制定了美國欠缺的法規，讓加密期貨交易所合法化。問題是，新冠疫情摧毀了巴哈馬的經濟。這個國家缺乏基礎設施，來支持山姆想建立的全球金融帝國。它實在太窮了，根本沒有財力來打造這些建設。當時他正試圖說服四十幾名來自中國與亞洲的員工，搬到九千英里外的一個小島，但島上連一所能讓他們送小孩去就讀的學校都沒有。山姆說他正在考慮，要不要乾脆自己花九十億美元幫巴哈馬還清國債，這樣巴哈馬就有錢可以修路、興建學校等等。他最近才剛拜會巴哈馬的新總理，討論了這個構想。後來，我從巴哈馬總理的助理那裡得知，二〇二一年九月巴哈馬大選後，山姆是總理第一個想見的人。

要不是山姆已經做過很多奇怪的事，要不是他那麼特立獨行，這一切聽起來會更加匪夷所思。他不像一般人那樣被錢擺布，也不吹噓，他有自己的觀點，而且似乎不需要別人認同他的觀點。即使他對我說的話顯然不感興趣，也會假裝在聽。他甚至對自己經歷過的精采故事，也沒什麼興趣。他的父母都是史丹佛大學法學教授，基本上對於賺大錢完全沒興趣，因此對兒子做的事情一頭霧水。大致上，這就是那天及接下來幾個月，我從他那裡得到的全部資訊。另一方面，關於他自己以外的話題，他倒是知無不言。我所能想到並提出的所有關於加密產業等問題，他幾乎是有問必答。他的抱負很遠大，但為人很平實。

那天散步結束時，我已經完全被他說服。我打電話跟朋友說：「大膽去做吧！跟山姆換股！他想做什麼，你就做什麼！不會有問題的啦！」

後來我才意識到，其實他當初拜託我去搞清楚的事，我還沒有答案：這傢伙，到底是個什麼樣的人？

第1幕

| 第 1 章 |

台灣來的女孩

氣死！「穿著 Prada 的惡魔」被他放鴿子！

為山姆工作的人，最終大都從事了他們顯然不具備資格的工作，田文欣（Natalie Tien）也不例外。

在台灣長大，田文欣來自中產階級家庭，父母對她的唯一希望，是能找個有錢的老公。她個頭嬌小，親和力十足，不適合叛逆，笑起來還是會習慣性的摀嘴。不過，她決心向父母證明，他們低估她了。

大學畢業後，她開始找工作，而不是找老公。她對自己的抱負一直很焦慮，所以每次面試前，她會先寫下面試時想講的內容，然後背得滾瓜爛熟。她在一家英語培訓公司找到第一份正職，但那份工作無聊得要命。不過，二〇一八年，二十八歲的她發現了加密貨幣。

前一年，比特幣的價格漲了近二十倍，從一千美元漲到一萬九千美元，日交易量暴增到某個難以精確量化的數字（最能確切反映當時狀況的，是加密貨幣交易所Coinbase。二〇一七年該交易所的交易量，是二〇一六年的三十倍）。在整個亞洲，每個月都會出現新的加密貨幣交易所，為日益增加的投機大眾服務。這些加密貨幣交易所財力雄厚，對年輕女性有旺盛的需求。例如，有一家迅速成長的新交易所刊登了這樣的求才廣告：

徵才條件：貌美、胸大、做過直播，二〇〇〇年後出生，擅長聊天。

到了二〇一八年，很多年輕亞洲女性都希望自己符合這樣的條件。但田文欣採取了不同的方法，她花了一個月的時間，讀遍她能找到的加密貨幣與區塊鏈的相關資訊。她說：「每個人都說那是詐騙。」

進入加密貨幣業以後，她才驚訝地發現，這個領域裡能好好把比特幣解釋清楚的人竟然少之又少。其實連業者本身也不見得知道自己在做什麼，或為什麼要那樣做。他們之所以雇用很多人，只是因為他們有錢。員工數越多，表示他們越重要。

讓田文欣堅持下去、不再自我懷疑的理由，是她覺得加密貨幣可能是下一波大熱潮。她說：「我決定放手一搏，就算失敗也沒什麼損失。」

二〇二〇年六月，田文欣聽說FTX有職缺，當時她正在另一家亞洲加密貨幣交易所工作。就像其他交易所一樣，FTX在面試一次後，很快就決定錄用她，她成為FTX的第四十九名員工。

FTX與其他交易所之所以不同，主要是因為負責人山姆・班克曼—弗里德（Sam Bankman-Fried）與眾不同。田文欣在幣圈遇到的每一個男人，大部分都會被錢與女人吸引，但山姆對兩者都沒興趣——她花了好一段時間，才搞清楚山姆對什麼感興趣。

她發現「FTX所有一切都是五倍」——工作量五倍、成長五倍、收入五倍，責任也是五倍。沒有人會明確告訴你，你必須一直工作，或是除了工作之外毫無生活可言，但在FTX，任何試圖過正常生活的人都做不久。

他的眼睛為什麼轉來轉去？因為他在打電動！

田文欣堅持下來了，她搬到FTX香港辦公室幾個月後，就被任命為FTX公關長。這件事的奇特之處在於——她從來沒有實際的公關經驗，FTX也沒有什麼「公共關係」可言。

「我加入FTX時，山姆覺得公關根本是多此一舉，都是bullshit。」田文欣說。

一開始，田文欣必須努力說服山姆跟記者談談；同時也努力說服記者相信，他們應該跟山姆談談。她說：「二〇二〇年七月，沒有記者對山姆感興趣，一個都沒有。」加密貨幣掀起的狂潮，讓人聯想到一六三七年左右的鹿特丹。當時一個鬱金香球莖的價格，大約是名畫家林布蘭（Rembrandt）畫作售價的三倍。每天FTX的交易量都在增加，田文欣一直慫恿記者來訪問，也慫恿山姆受訪。

二〇二一年五月十一日上午，山姆首次在電視上露面。他坐在交易桌前，對著電腦螢幕與彭博電視台（Bloomberg TV）的兩名女記者交談。一頭濃密的黑色鬈髮，彷彿從頭頂往四面八方爆炸開來似的。試圖描述那髮型的人，最終都會放棄，直接說那是「黑人頭」，但其實不是。只能說那是一頭亂髮，就跟山姆的外表一樣——與其說這是他想要的造型，不如說是他從來沒想過造型的結果。他老是穿同樣的衣服：皺巴巴的T恤和工裝短褲。裸露的膝蓋以每秒約四拍的速度抖動著，眼睛左顧右盼，偶爾才和採訪者的目光相遇。他的舉止就像個被父母硬拉到客廳見客的孩子，表面上假裝很感興趣。他完全沒做任何準備，但記者的提問很簡單，所以沒關係。彭博社的新聞跑馬燈上寫著「加密神童」的字樣，螢幕左側的數字顯示，光是過去一年，比特幣的價格飆漲了五〇〇%以上。

山姆第一次受訪時，田文欣坐在自己的辦公桌前看，但後來在採訪過程中，她會走到山姆身後確認一件事：沒錯，他的眼睛之所以頻繁的轉來轉去，是因為他在打電動，而且當下電視還在直播！

山姆會在一邊接受電視直播訪問時，一邊打電動，還會回覆訊息、編輯文稿、發推文。當記者問他問題，山姆會說：「啊～這個問題很有意思。」但其實他從不覺得那些問題有意思。田文欣知道，他只是在爭取時間，好讓自己暫停正在玩的遊戲，重新進入對話。田文欣雖然不知道一個人在電視直播中該怎麼表現才算正常，但應該不會是像山姆這樣。

不過，她看山姆第一次上電視受訪的表現時，覺得效果還不錯。山姆在電視上看起來很古怪，但話說回來，他在現實生活中本來就古怪。現實生活中遇到他的人，往往會覺得他是他們見過最有意思的人。因此，她決定不給山姆做任何媒體培訓，或做任何可能讓山姆看起來不像自己的事情。

首次接受彭博社採訪後不久，《富比士》也上門約採訪。早在二〇一七年，《富比士》開始追蹤幣圈財富時，山姆的名字從沒出現在他們追蹤的名單上。但回到二〇一七年，山姆也不可能告訴你比特幣是什麼，況且那時他的身價大約是零。《富比士》的記者史蒂夫．埃利希（Steve Ehrlich）負責計算這位二十九歲無名小卒的身價，他說：「他不知道是從哪裡冒出來的。我很震驚，他不是那種買了比特幣，然後看著比特幣從零變成兩萬的人。」

這個二十九歲年輕人，到底有多少身價？

短短三年內，山姆創立了一家非常有價值的企業，他的持股數量意味著當時他已經是全球未滿三十歲的青年首富。《富比士》調查團隊的負責人蔡斯．彼得森—威索恩（Chase Peterson-Withorn）說：「我第一次看到那個數字時，心想，這是真的嗎？這個人的身價真的有兩百億美元嗎？這幾乎是史無前例的，除了馬克．祖克伯（Mark Zuckerberg），沒有人比他暴富得更快了，而且他們兩人暴富的速度非常接近。」

他們很快就從這個問題，跳到另一個問題：**究竟這個傢伙的身價可能飆到什麼程度？超出兩百億美元多少？**除了加密貨幣交易所ＦＴＸ以外，山姆還擁有及掌控著「阿拉米達研究」（Alameda Research）這家加密貨幣量化交易公司。前一年，也就是二〇二〇年，阿拉米達在只有少數幾名員工下，創造了十億美元的交易獲利，並以驚人的速度累積了其他公司的股份與加密貨幣。你越接近阿拉米達，越覺得它不像一家避險基金公司，反而更像一個龍穴，裡面塞滿了隨機的寶藏。

《富比士》的研究員試圖想把情況簡化：你的資產只有在別人願意為它支付價格時才有價值。這種算法在網路狂潮時期是適用的，因為當時每個人都認為，就算 Pets.com 的股價很荒謬，但這家公司仍值四億美元，因為股價代表著有投資者願意以這個價格來買它的股票。

但是，《富比士》的算法沒法套用在這些新的加密財富上。比方說，山姆在阿拉米達持有的索拉納幣（Solana）該怎麼估價？幾乎沒有人知道索拉納幣是什麼（那是一種與比特幣競爭的新加密貨幣），更不用說如何估價了。一方面，當時的市場價格顯示，山姆持有的索拉納幣可能價值約一百二十億美元。另一方面，山姆擁有約全世界一〇%的索拉納幣。如果山姆想把持有的索拉納幣全部賣掉，我們很難知道買家會付多少錢購買。所以《富比士》乾脆不計算山姆持有的索拉納幣，以及他那個龍穴裡的大部分資產。

山姆與《富比士》的記者來來回回接觸多次後，他和田文欣主要擔心的是《富比士》公布的數字，可能迫使他必須透露更多他不想講的資訊。他說：「我接受他們訪問有兩個原因。首先，那些資訊遲早會出現。其次，這可以讓他們更信任我們。」儘管如此，他還是擔心，如果他對《富比士》全盤托出，他們可能會告訴每個人，他就像他所想的那麼富有。「我不是直接把數字給他們，說這是我的身價。」他說：「這樣做會定下錯誤的基調，因為數字太大了。如果《富比士》刊出我的身價是一千億美元，那會很奇怪，而且肯定失真。」例如，過去兩年他收購了約一百家企業，但他沒有把這份收購清單交給《富比士》。

結果證明，山姆沒什麼好擔心的。二〇二一年十一月，《富比士》公布他的淨資產是二二五億美元，排名在媒體大亨梅鐸（Rupert Murdoch）之下、賈伯斯遺孀羅琳・鮑威爾（Laurene Powell Jobs）之上。這二二五億美元的身價，大致上是這樣算出來的：全球頂尖的創投業者認為，FTX交易所本身的估值是四百億美元，而山姆持有FTX六成股份，所以價值二四〇億美元。

儘管如此，自從《富比士》開始追蹤富人財富的四十年來，山姆仍是個異類。彼得森－威索恩指出：「他是《富比士》富豪榜有史以來最富有的白手起家新貴。其實我們可以輕易證明一個更大的數字，但我們想估得保守一點。」山姆的數字非常可信，連《富比士》的高階主管都跑來問他，要不要考慮收購他們的公司。

做每一個決定，都涉及期望值的計算

看到大家對《富比士》富豪榜的反應，以及隨後出刊的《富比士》封面，山姆終於知道公關很重要。田文欣的工作變得比過去簡單，但也變得比以前複雜。更簡單，是因為現在基本上每個人都想要採訪山姆，而山姆也願意接受任何人採訪——只要能讓他一邊打電動一邊受訪就好。

山姆從一個非常重視隱私的人，變成極度渴望媒體的關注。他很樂意與《西進加密日報》（*Westwego Crypto Daily*）的記者毫不設防的閒聊一小時，就像他接受《紐約時報》的採訪一樣。

田文欣為山姆整理出一份媒體清單，列出他可能遇到的約一百名記者，以及該如何面對這些人的相關建議。例如，「某某人很難搞，所以要小心點。」或者，「你無法迴避英國《金融時報》的記者，遇到該報的任何人都要特別小心，因為《金融時報》非常反對加密貨幣。」

在一家蓬勃發展的跨國公司擔任公關長其實不難，田文欣愉悅地說：「你只要邊做邊學就好了。」她的工作中，最難處理的部分是山姆。由於大家都想爭取山姆的時間，到最後田文欣也承擔了第二個角色：兼任山姆的行程安排助理。本來，《金融時報》的記者若想和山姆約個時間見面，必須打電話給田文欣，現在，連山姆的父親想跟兒子講十五分鐘的電話，也需要先打電話給田文欣。到了二〇二一年底，只有田文欣知道山姆人在哪裡，接下來可能去哪裡，以及如何讓他做他該做的事。其實，田文欣和她的老闆沒有太多的共通點，但為了做好分內工作，她必須想辦法搞清楚老闆在想什麼。「你需要學習怎麼跟他相處，」她說：「問題是，那很難捉摸。」

經過一年的磨練後，田文欣已經比多數人更能預測山姆的行動與動機。即便如此，對田文欣來說，山姆仍是個謎。

首先，她永遠無法確定他在哪裡。「別指望他會告訴你，他什麼時候要去哪裡。」田文欣說：「他才不會跟你說，你得自己機靈的火速找到答案。」

而且山姆隨時都可能出現在任何地方，例如，她幫山姆在華盛頓特區的四季飯店訂了兩晚的房間，山姆可能會登記入住，但永遠沒進房。他的睡眠問題比她認識的任何人都要嚴重，凌晨兩點，她可能會看到他坐在辦公桌前，和世界另一端的某個記者聊天，或在杳無人跡的街道上閒晃，狂發推文，或是在任何地方，但就是不在床上。可是到了下午兩點，他應該上電視直播的時候，他可能在桌子旁邊的懶骨頭沙發上睡著了。田文欣說：「跟他在一起，沒有所謂的上下班時間。」有好幾個晚上，田文欣凌晨三點就寢，把鬧鐘設在早上七點，醒來看山姆有沒有在她入睡時捅出什麼公關樓子，然後再把鬧鐘設在八點，倒頭繼續睡，八點再起來檢查一遍，然後又把鬧鐘設在九點半，再倒頭繼續睡。

山姆履行約定的方式，是另一個更嚴重的問題。田文欣把山姆每天的每一分鐘都安排好了——不僅上電視受訪，還有跟其他的執行長、對他好奇的名人、小國領導人的會面。她確保他的行事曆裡，只放入他同意的行程。很多時候，是山姆主動提議要見哪些人或公開露面。但他卻把排程上的每件事，視為可有可無的約定。行事曆對他而言，與其說是一個具體的計畫，不如說是一個假設的概念。當有人問山姆可不可以見面時，他們以為問題很明確，應該會得到一個明確的答案，而山姆的回答總是聽起來很像「好」，而不是「不好」。但他們不知道的是，山姆的腦子裡有一個從零到一百的刻度盤。當他說「好」時，只不過是為那個約定的時間分配了一些非零的機率。隨著他不斷地重新評估每個約定的價值，刻度盤的指針會一直擺動，直到他決定要不要履約的那一刻。

「他永遠不會告訴你，他要做什麼。」田文欣解釋：「你必須隨時準備好，他可能臨時變卦。」山姆做的每個決定，都涉及期望值的計算，他腦子裡的數字會不斷變化。例如，某天半夜，他發簡訊給田文欣：「明天我去德州的機率是六〇%。」田文欣不禁納悶：「那是什麼意思？六〇%的機率？我又不能訂六〇%的飛機、六〇%的租車，或六〇%的德州旅館房間。」

他跟柯林頓見面後，要我爸媽趕快離開台灣

當然，這些心裡的OS她沒有直接跟山姆說。相反的，她試圖在山姆做完計算之前，先預測機率的變化。她學會了搪塞某位哈佛教授，例如她說：「對，山姆告訴我，他答應下週五下午兩點到哈佛，為一群重要的人物演講，這已經排入他的行程了。」然而，就在她說這些話的同時，心裡也已經編好了理由，準備在下週四晚上用來向那位哈佛教授解釋，為什麼山姆無法去麻州，例如「他染疫了」、「首相臨時約見山姆」，或是「山姆在哈薩克趕不回來」。

妙的是，山姆從未故意造成這些情況，這在某種程度上讓對方覺得更不是滋味。他不是有意如此無禮，不是有意擾亂別人的生活，他只是以他唯一知道的方式行走於這個世界。他的行為對

他人造成的影響，從來不是他會考量的。他不是刻意針對任何人，他要是放你鴿子，那絕對不是一時興起，或考慮不周的結果，而是因為他在腦子裡做了一些運算，算出你不值得他花時間。田文欣說：「我隨時都得向不同的人道歉，那已成了家常便飯。」

田文欣熱愛她的工作。山姆對她從來不會冷酷無情或惡言相向，也從不輕浮。恰恰相反：她覺得自己受到保護，沒有人敢對她放肆。偶爾，山姆會表現出意想不到的善意，例如，他私下與柯林頓總統會面，討論到萬一中國入侵台灣，美國可能做什麼。無論柯林頓私下對山姆說了什麼，他後來特地建議田文欣，勸父母搬離台灣。山姆很少與她意見相左，他似乎總是對她的想法抱持開放的態度。有時，就像他答應接受彭博社的訪問那樣，他會聽從田文欣的建議。他總是說：「Yup！」*這是他最愛的口頭禪，而且他聽你講的話越少，那個字就拖得越長，「Yuuuuuuuup！」田文欣說：「通常他不會直接回應，而是說：『yup』或『那很有意思』，但他其實不是真的那樣想。所以，你需要搞清楚，何時他只是想避免衝突，何時是認真的。」

比佛利希爾頓飯店房間裡，乾淨平整的床單

二〇二二年初，山姆的情況已經完全失控。

世界上每一個重要人物都想認識他，而且他都來者不拒。任何處於山姆這種情況的人，都會建立一個龐大的系統，裡面有負責安排行程的助理、顧問、保鏢之類的，但他始終就只有田文欣一個人。

她不再只是山姆的公關長與排程助理，有時還要身兼山姆的保鏢。她像馬戲團的雜耍演員那樣，在空中拋接著上千顆球。沒有哪顆球是不重要的，她感覺到只要掉任何一顆球，都有可能引發連串的危機。

二月十四日早上，其中一顆球讓她特別擔心。

三天前，山姆在巴哈馬登上一架飛往洛杉磯的私人飛機，除了筆電和一套換洗內衣外，他什麼也沒帶。接著，他和「俠客」歐尼爾（Shaquille O'Neal）共進早午餐，與卡戴珊家族（Kardashians）共進晚餐，跟洛杉磯公羊隊（Los Angeles Rams）的老闆一起看了超級盃，也和希拉蕊．柯林頓及演員奧蘭多．布魯（Orlando Bloom）聊了天，還出席了四場派對，會見了希望他收購事業的企業家，以及渴望更了解他的高盛（Goldman Sachs）執行長。那三晚，田文欣都無法完全確定山姆睡在哪裡，或甚至有沒有睡覺，只知道他已經登記入住她在比佛利希爾頓飯店為他預訂

*譯註：看上下文，可譯成「嗯哼！」「對啊！」「好喔！」「是啊！」。

的房間了。

然而，二月十四日這一天，旅館的房間看起來就像他從未使用過。床單依然乾淨平整，枕頭毫無皺摺，垃圾桶內空無一物，浴室淨白無瑕。

房間裡唯一有人活動的跡象，是山姆本人，他正坐在辦公桌前，穿著他在飛機上穿的那件皺巴巴T恤與寬鬆的工裝短褲。一如既往，他同時做著好幾件事：查看手機，在永遠乾燥的嘴唇上塗護唇膏，開開關關筆電上的視窗，與此同時，他的膝蓋仍是以每秒四拍的速度抖動著。他當下的任務，是參加一場Zoom視訊會議，田文欣前一晚已經提醒過他，今天早上又提醒了一次。

一邊跟「穿著Prada的惡魔」視訊，一邊打電玩

其實他已經遲到了，但這位非常想見他的重要人物，正在筆電裡等著他。

「嗨，我是山姆！」山姆對著筆電說，Zoom視窗打開了。

《Vogue》雜誌的總編安娜・溫圖（Anna Wintour）出現在他的螢幕上。

溫圖穿著合身的黃色洋裝，妝容精緻，頂著俐落的鮑伯頭，兩邊的頭髮如同兩道鐮刀的刀片般，垂掛在臉頰上往內彎。

「很高興終於見到你了！」她說。

「嗨，我也很高興見到你！」山姆回應。

山姆其實不太知道溫圖是誰。

田文欣與其他人跟他簡報過了，但他沒仔細聽。他知道溫圖是一本雜誌的總編輯，可能知道、也可能不知道梅莉．史翠普在《穿著 Prada 的惡魔》（*The Devil Wears Prada*）中扮演過她，而且早在山姆出生以前，溫圖就一直在變幻莫測的女性時尚界呼風喚雨。她打扮入時，但她那一身貴氣打扮對山姆來說，就如同所有的藝術一樣，都是對牛彈琴。每次你請山姆描述一個人的外貌，就算那人和他上過床，他也會說：「我真的不知道該怎麼形容，我不擅長判斷別人的長相。」

當溫圖開始說話時，他按下一個按鈕，溫圖馬上從他的螢幕消失了，取而代之的是他最愛的電玩《童話大亂鬥》（*Storybook Brawl*）。他只有幾秒的時間挑選角色，於是很快就挑了藏龍（Hoard Dragon）——他最愛的電玩主角。

不管溫圖說什麼，山姆總是回應：「Yup !」他仍然可以透過耳機聽到溫圖的聲音。除非溫圖看著他的眼睛，否則她沒有理由懷疑山姆根本心不在焉。山姆無意讓人覺得他很無禮，他只是覺得他在現實中投入任何賽局的同時，也需要在虛擬世界玩玩遊戲。身為大家最想認識的億萬金童，這個新的社會角色需要他做各種愚蠢的事情。除了他該思考的東西，他的腦袋需要想點別的。所以，怪的是，他在世界上越重要，這些電玩對他來說也越重要。

《童話大亂鬥》有山姆喜愛的所有遊戲元素：可以與真實對手較量、需要迅速做出很多決定。他覺得沒有時間限制的電玩很無聊，而這個遊戲需要在時間限制內自組兵團（包括矮人、女巫、怪物、公主等等），時間一分一秒流逝讓他覺得很刺激。每個角色都有兩個數字：能對其他角色造成多少傷害，以及自己能承受多少傷害。除了這些基本屬性，每個角色還有更複雜的特徵，例如隨機施咒的能力，或以特殊方式與沿途收集的特定寶藏互動的能力，或以某種可量化的方式強化盟友的能力。

這個遊戲太複雜了，難以確切知道最佳玩法。玩家需要技巧，也需要運氣。他需要估計機率，也需要臆測。這很重要，因為山姆不喜歡像西洋棋之類的遊戲。西洋棋是由玩家掌控一切，理論上棋手可以估算出最佳棋步。如果西洋棋可以內建機器人的聲音，並在棋局中隨機宣布遊戲規則改變，他會更喜歡西洋棋。例如，突然宣布：「騎士現在是城堡了！所有主教必須離開棋盤！士兵現在可以飛了！」或是任何變動都好——只要新規則迫使所有玩家放棄原本的策略，必須隨機應變、想出更好的策略就行。山姆喜歡那種玩家無法全盤洞悉賽局、只能了解片面狀況的遊戲。加密貨幣交易就是如此。

不管溫圖剛剛說了什麼，山姆總是回應：「Yuuuuup。」

與此同時，他在矮人兵團裡加上一兩個公主，他們正聯合起來守衛藏龍。藏龍正在攻擊牠的新敵人，那是另一個玩家的主角，一隻名叫神擺（Wonder Waddle）的白色胖企鵝。一個名叫巧匠（Crafty）的矮人攻擊了一個看起來很悲傷的懦夫，他叫孤獨王子（Lonely Prince）。睡公主（Sleeping Princess）消滅了迷宮的牛頭怪。一個沉睡的少女醒了過來，施展魔咒，把一個垂死的角色變成了三個隨機選擇的倖存角色。這麼多事情在同一時間發生！即使他只專注在遊戲上，也不可能同時關注各種狀況。

「Yuuuuuuuup。」山姆再次回應。

溫圖還是在講很表面的東西，沒什麼實質內容，而山姆每一次以 yup 回應她時，一次比一次更親切，一次比一次更有活力。而且，溫圖顯然對他越來越有好感——最近每個人對山姆的反應都是這樣。

當你的身價高達二二五億美元時，大家真的會很想跟你交朋友。不管你做什麼，他們都會體諒你、包容你。他們想接近你的渴望，讓你即使忽略他們也沒關係。這點很適合山姆，因為他的注意力有限。電玩中另一場戰役即將開打，隨著時間一點一滴消逝，他匆忙挑了一支由殺手樹與矮人組成的兵團。與此同時，他打開一份文件，是田文欣為這次會議準備的筆記。山姆這時才第一次仔細讀了內容，溫圖原來是《Vogue》雜誌的總編。

「那很有意思……」他回應著溫圖。

與此同時，電玩裡的戰役開打了，同樣的也一下就結束了，藏龍已經陷入困境，牠的生命指數降得比對手還快。遊戲中的很多角色都是在一開始時能力最強，藏龍是少數在生命後期才獲得特殊能力的角色之一。玩藏龍的方法是買一些能帶來更大效益的寶藏，但那些寶藏要等到後面的戰鬥才會發威，例如第八次戰鬥以後。在寶藏尚未發威以前，你買那些寶藏也分散了手上的資源。山姆沒必要贏得早期的那些戰鬥，他只需要讓藏龍活得夠久，就可以從累積的寶藏獲得巨大的回報。

但是，此刻溫圖在他耳邊吱吱喳喳，變得很干擾，她想獲得太多關注了！她終於講到這次通話的目的：《Vogue》雜誌主辦的大都會慈善晚宴（Met Gala）。但她不是直接向山姆說明這項活動，好讓他專心打電動，而是詢問山姆對這項活動有什麼了解。

山姆在椅子上動了動身子，從皺巴巴的工裝短褲裡掏出護唇膏，在手中把玩。寶貴的時間正一分一秒流走。最後，他按下一個按鈕，藏龍從螢幕上消失，溫圖又出現在螢幕上。怪的是，只有在他說話時，才會想看著她。

他措辭謹慎的說：「我對你們那一行的了解，顯然沒有你那麼多。我知道一些公開的資訊，但幕後消息知道的不多。」**一些**資訊。嚴格說來，這是真的：山姆是知道**一些**資訊。他知道大都會慈善晚宴是一場派對，有名人出席。除此之外，他所知有限。例如，他不可能告訴你，所謂的「大都會」，是指「大都會歌劇院」、「大都會博物館」，還是「大都會警局」。

溫圖顯然完全沒感覺到有什麼異狀，她準備向山姆說明活動的來龍去脈，也讓山姆大大鬆了口氣。她一開口說明，山姆馬上打開維基百科的視窗，蓋住她的臉：

大都會博物館慈善晚宴（Met Gala，又名 Met Ball），正式名稱是時裝學院晚宴（Costume Institute Gala）或時裝學院慈善晚宴（The Costume Institute Benefit），是為了紐約市大都會藝術博物館的時裝學院舉辦的年度募款晚會。晚宴是服裝學院年度時裝展的開幕儀式，每年的活動都會公布當年服裝學院展覽的主題，並為當晚的正式著裝設下基調，因為賓客會穿著符合展覽主題的時裝出席。

「有意思！」山姆說：「真是太有意思了！」

但就在他表達看似熱切的興致時，又按下鍵盤，維基百科的視窗從螢幕上消失了，取而代之是一把巨大的金色戰斧。此刻，藏龍命懸一線，另一場戰鬥即將開始，對手是一個名叫彼得・潘斯（Peter Pants）的角色。彼得・潘斯這個角色與藏龍正好相反，他的力量會隨著時間逐漸減弱。

他只想快速解決掉你，有可能在一場戰鬥中就消滅了藏龍。山姆只有幾秒鐘的時間可以組織戰鬥兵團，他需要專注，但溫圖讓他根本無法專心。

「Yuuup。」山姆回應。

溫圖說，她想了解ＦＴＸ在捐款方面有什麼想法。由於山姆不得不說話，他只好讓溫圖的臉又回到螢幕上。

「我們簽了一些贊助專案。」他說：「最初這些贊助有點無心插柳，不過我們確實在努力尋找最具影響力的合作夥伴關係，這就是為什麼我們會跟湯姆和吉賽兒合作。」

合作？這樣講沒錯，但太輕描淡寫了。山姆在接下來的三年裡，付給前四分衛明星湯姆．布雷迪（Tom Brady）五千五百萬美元，付給他當時的超模妻子吉賽兒．邦臣（Gisele Bundchen）一千九百八十萬美元，以買下他們各自二十個小時的時間。山姆每分鐘付給明星的錢，比他們這輩子接的任何代言收入還多。例如，他付給喜劇演員拉里．大衛（Larry David）一千萬美元，請他拍攝一支六十二秒的廣告，然後又付了兩千五百萬美元來製作廣告，並在超級盃期間播出（山姆在賽事前一天才看了廣告，廣告拍得很棒）。

藏龍快死了。

山姆可能不太確定大都會慈善晚宴是什麼，也不知道自己會在其中扮演什麼角色，但他可以感覺到溫圖想要什麼。她不只想要他的錢，也想要他出席。出現在大都會晚宴的紅毯上，站在她身邊，掀起話題。

山姆也知道他可以換來什麼：女人。或者，更確切的說，是認識更多女性加密貨幣投機者的機會。

FTX花了大量金錢吸引男性投機者，在山姆看來，時尚在女性心中的地位，跟運動在男性心中的地位大致相同。他向一些行銷人員要了一份清單，上面列了他可以在時尚界做哪些事來吸引女人。大都會慈善晚宴就在那份清單上，所以他才會和溫圖透過 Zoom 開會。溫圖現在似乎在暗示，山姆也許可以為整場晚宴買單。

「好，當然。」山姆說，但他的心思在別的地方。

藏龍死了，都是溫圖害的。這下要幹嘛？

他意興闌珊的開始另一場遊戲，並選了另一個主角，但後來又改變主意並關了遊戲。他通常可以同時投入虛實兩個世界，並在兩個世界中都獲勝。但現在，除非他減少關注其中一個世界，否則他顯然沒有機會在另一個世界獲勝。這個女人不知怎的，竟然有辦法干擾他一心多用的能力。現在，她不僅想要他出錢、出時間，還想知道他參與的一切政治活動。

「我媽目前研究政治獻金的影響，我弟在華盛頓特區工作。」山姆邊說邊把溫圖的臉又放回螢幕上，「我們花了很多的心力，想弄清楚選戰結果有多麼不容易操控。」

這個「急著想上廁所的小學生」，竟是政治人物大金主

有好一段時間，山姆大手筆的政治獻金一直不為人知。早在二〇二〇年，他就給拜登（Joe Biden）的總統競選活動捐了五二〇萬美元。沒有人跟他募款，也沒有人為此感謝他。他是拜登的第二大或第三大捐助者，但拜登團隊並未對此表達過任何謝意，甚至連通電話也沒有。此後，山姆又以不曝光的方式，給一百個不同的候選人及政治行動委員會（Political Action Committee, PAC）捐了數千萬美元。這是他另一個透過實際參與去學習的遊戲——如何影響美國政治，而且很有趣，尤其是當你擁有隱形這種特殊能力的時候。

然而，用他自己的話來說，後來他「搞砸了」。他在一次受訪時，無意間透露自己正考慮在即將到來的總統大選投入十億美元。那句話已經打草驚蛇。現在，溫圖公開表示她支持民主黨的彼得．布塔朱吉（Pete Buttigieg），並詢問山姆未來幾週打算去哪裡，她想跟他進一步談談布塔朱吉。

「我當然很希望你幫我引見一下。」山姆說：「我也希望看到他當選。」如果他以為這樣回

應就能滿足溫圖，那他就錯了。她想確定在現實世界中，山姆可能出現在哪裡，以及他可能出現的時間。

「我有六成的時間在巴哈馬，有時候在華盛頓。」山姆說，巧妙地迴避了這個問題。「我現在的工作有三〇％是負責告訴主管機關，政府應該怎樣監管加密貨幣。」他把左腿盤到屁股下，穿著白色運動襪的右腳在飯店的地毯上抖動著。他看起來比較像是一個想上廁所的小一學生，而不是加密貨幣金童。好在溫圖又開始說話了，真是謝天謝地。他又獲得了喘息的機會，並開始瀏覽推特動態。兩天前的晚上，有人介紹他認識歌手凱蒂．佩芮（Katy Perry），佩芮一直想了解加密貨幣。現在她在 Instagram 上發文：「我要退出音樂圈，去 @FTX_Offical 實習。ok👏」

溫圖的語氣變了。她已經得到了她想要的答案，正熱情地準備結束這場談話。為了擺脫她，山姆只要像往常那樣，對她說的話完全表示同意就行了。

嗯哼！

太棒了！

有道理！

好啊，我很樂意！

說完，山姆按下滑鼠，溫圖消失了。

不難想像，這次視訊給溫圖留下了什麼樣的印象：世界上最慷慨的億萬富豪，已經答應參加大都會慈善晚宴當她的特別嘉賓了，而且他甚至可能為這場時尚之夜買單。

但對山姆而言卻未必，他甚至還沒開始估算這場晚宴帶來的經濟效益。「我需要好好想一想，我是不是真的想去。」他一邊說，一邊把筆電和備用內褲塞進背包，朝飯店的房門走去，準備回巴哈馬。「我肯定會感到格格不入，那種場合很難搞。」

接下來那幾週，山姆讓溫圖的團隊以為他正積極準備去參加晚宴。FTX的行銷團隊試著探詢路易威登（Louis Vuitton）的意見，希望能為山姆T恤配短褲的招牌打扮，設計一套適合走紅毯的晚宴版本。與此同時，為了保險起見，FTX的同事也委託知名設計師湯姆．福特（Tom Ford）為他設計一套比較正式的服裝，配上價值六萬五千美元的袖扣。然而，這一切都是別人幫他張羅，山姆本人並沒有參與。他不屑地看著FTX行銷團隊給他的時尚服飾清單說：「我分不清這些東西哪些重要，哪些不重要。我根本不知道從何看起。」

這輩子從他懂事以來，他一直對人類如此重視外表感到困惑。「很多人都是看長相，來決定要和誰在一起。」他說：「也因為都憑外表做決定，接下來在宗教、食物和其他一切的選擇也很糟糕。基本上，你是靠擲骰子的方式，決定自己要成為什麼樣的人。」

現在回想起來，溫圖身上幾乎集齊了他一貫討厭的人性面向。「我很少從道德面反對任何產業，但時尚業正好是其中之一。」他坦言：「我鄙視時尚，我鄙視外表的吸引力，但她那一行基本上就是建立在外表上。」

不過，山姆這會兒暫時放下了他對時尚業的蔑視，估算了一下潛在的影響。

「全球有四十億名女性，假設有千分之一的女性關注大都會慈善晚宴，而其中又有百分之一的人對FTX感興趣……」

但這件事從頭到尾對他來說，就好像梳頭的時候頭髮黏上了口香糖一樣惱人。一想到要換掉短褲走紅毯，他就頭大。他決定不去想那麼多。慈善晚宴是五月二日舉行，在他看來，他只要在五月一日晚上以前，告訴田文欣他的打算就行了。

在充斥著騙局、享樂、貪婪的幣圈中……

當田文欣告訴溫圖團隊山姆不會出席時，她知道對方會大失所望，所以早有心理準備。沒想到，對方不是大失所望，而是大發雷霆。田文欣回憶道：「他們在電話裡大吼大叫，說山姆以後別想涉足時尚界了！」

想要吸引更多女性投入幣圈的努力，看來是到此為止了。

田文欣不明白，大都會慈善晚宴為何那麼重要。就算山姆臨時決定不去，也不會像他別的衝動決定那樣，造成什麼嚴重的後果。比方說，曾經有企業執行長誤以為山姆同意收購他們的公司，喜孜孜的飛去巴哈馬，結果撲空；世界經濟論壇原本排定山姆發表一場重要演講，但前一晚他才決定不去，迫使主辦單位不得不臨時找替代者，並取消媒體採訪。《時代》為全球百大影響人物主辦派對並邀請他發表演講，而且《時代》雜誌已經把他列入出席名單，甚至還在最新一期的雜誌上捧他「在充斥著騙局、享樂、貪婪的幣圈中，山姆．班克曼─弗里德為新興科技帶來了更友善、更有影響力的願景」，結果他也放《時代》鴿子，沒飛去杜拜，最後是由FTX的員工亞當．雅各斯（Adam Jacobs）代表出席，並對著泰拉．班克斯（Tyra Banks）、黑眼豆豆的團長威爾（will.i.am）等其他的百大影響人物，發表臨時準備的感言。還搞不清楚狀況的雅各斯，對於自己為何會來這裡代替山姆發言茫然不解。他說：「我不懂，為什麼是我這個出納部的主管來發表感言？為什麼我會在這裡和威爾喝酒？」

但《時代》雜誌的人沒有為此小題大作，只有溫圖的團隊才會大驚小怪。至少在二〇二二年五月二日大都會晚宴那天之前，山姆一直和平常一樣——在做自己。對於山姆的隨心所欲，田文欣從來沒有一絲惱火。對於山姆無意間留下的爛攤子，她從來不以為意，因為她知道他不是故意的。她甚至可以原諒那些因為被山姆擺道而打電話來對她咆哮的人，畢竟，連她都無法完全了解山姆，別人又怎麼可能理解他呢？

第2章

聖誕老人？假的啦

為什麼跟你說話，我一定要擺出笑臉？

我請山姆給我一份名單，列出可以描述他十八歲以前模樣的人。

他深吸了一口氣說：「這種人恐怕不多。」

他建議我去找他的父母喬．班克曼（Joe Bankman）與芭芭拉．弗里德（Barbara Fried），還提到他有個弟弟，名叫蓋柏。他說，除此之外，他的早期人際關係對他沒有什麼顯著的影響，童年時期也沒什麼重要的經歷。

「我對自己的童年有點迷惘，不知道是怎麼過的。我看我那時候做的事情，不知道每天二十四小時在幹什麼。我會做一些白日夢，讀一些書，打一些電動。但打電動是上高中以後的事，我有一兩個偶爾混在一起的朋友。」除了其中一個朋友，其他的他都忘了他們的名字。他說自己的生日是一九九二年三月五日，除此之外沒什麼可說的，也覺得童年對他沒什麼影響——這讓我很訝異，畢竟以他的年紀來說，「童年」占了他當時人生三分之二的時間。

他和其他的孩子一起上了十三年的中小學與幼兒園。他也上了大學，申請大學時，需要老師寫推薦信。他的父母都是知名教授，據我所知大多數的週日，喬與芭芭拉會在家裡宴客，客人至今仍對那些餐宴印象深刻。史丹佛大學的法學教授蒂諾・奎拉爾（Tino Cuéllar）回憶道：「那次聊得很盡興。」後來他成為加州最高法院的法官，現為卡內基國際和平基金會（Carnegie Endowment for International Peace）主席，「其中一五％是聊生活中發生的事情，一五％聊政治，其餘是聊想法，聊我們對美學、音樂等等的看法。」

山姆也參與了那些餐宴，但他想不出有哪位客人值得讓我去訪談。在我不斷追問下，他建議我打電話給小他三歲的弟弟，他目前是山姆的員工，負責處理政治獻金。於是我聯絡蓋柏，但他說我在浪費時間：「成長過程中我跟他不太親近，感覺山姆不是很喜歡上學，但我也不太清楚。他向來獨來獨往，我以前都把他當成家裡的房客。」

山姆的父母，能幫的忙也很有限。山姆是他們的第一個孩子，所以他們花了很長的時間才意識到，用任何書本來教育他是沒有意義的。

「山姆的童年很有意思。」喬說：「他不喜歡跟其他孩子在一起，也不喜歡當個孩子。」他們曾試圖給他一個正常的童年，但很快就意識到意義不大。去遊樂園玩，就是一個很好的例子。山姆小時候，母親帶他去一個主題樂園，她盡責的帶著山姆去玩每個遊樂設施，後來才發現他根本沒興趣。他並沒有興高采烈的去玩各種設施，而是觀察著**她**。最後他問道：「媽，你玩得開心嗎？」言下之意是：你或其他人真的覺得玩這些東西有趣嗎？芭芭拉說：「當下我覺得自己蠢爆了。」

一個不慶祝節日、不過生日的家庭

山姆八歲時，芭芭拉已經不再認為他的需求和其他孩子一樣了。她仍記得她意識到這點的那一刻：當時她已經在史丹佛大學任教十幾年，經常向學術期刊提交深奧的論文。「我陪他走路上學，他問我在做什麼。」芭芭拉回憶道：「我說我在寫論文。他問我在寫關於什麼的論文，我隨便糊弄他，但他繼續追問。快走到學校時，我們居然已經對某個論點聊得非常深入了，他的觀點比很多人還好。從此以後，我的育兒方式就改變了。」

對週日晚上到他家吃飯的朋友來說，喬親切隨和，芭芭拉比較嚴肅。喬幽默風趣，芭芭拉犀利幹練。蓋柏是個聰明開朗的小孩，人見人愛。山姆雖然也在場，但比較安靜，警覺心較強，也較孤僻，不容易接近。在客人眼中，喬和芭芭拉似乎都有點擔心他們的大兒子（尤其芭芭拉特別明顯）。他們擔心他如何融入這個世界。芭芭拉說：「我們擔心蓋柏將來成就太耀眼，而山姆會把自己隱藏起來。」

山姆自己花了更長的時間，才意識到自己與其他孩子明顯不同。他其實不太知道為什麼他不像其他孩子那樣有朋友，八歲到十歲之間，有兩件事讓他有所頓悟。

第一件事是發生在小學三年級的十二月，聖誕節快到了，幾個同學聊起聖誕老人。班克曼—弗里德家不太過一般的節日。他們會過猶太教的光明節（Hanukkah），但也不是很熱中，有一年甚至完全忘了。他們發現即使不過節，也沒有人在乎，後來就乾脆不過了。山姆說：「就好像有人問：『好吧，誰覺得我們忘了過光明節不太對勁？』沒人舉手。」他們家也不過生日，但山姆一點都不覺得自己有什麼損失。「我爸媽向來的態度是：『你有想要什麼嗎？有就說出來，我們會買給你，即使是二月也沒關係，不必等到十二月。只要你想要，就直接講，不必讓我們猜來猜去。』」山姆跟他父母一樣，覺得沒必要猜測別人想要什麼。這一家人不在乎傳統的態度，是那麼渾然天成，從來不覺得：「看我們多特別，我們從來不慶祝什麼節慶。」山姆回憶道：「他們不會說：『送禮物是愚蠢的。』也從來沒有想要說服我們接受這種想法，一切就是很自然就變成這樣。」

他們一家人所做的一切，都不是為了作秀。他們不是那種人，他們只是會在行動前認真思考一下。山姆二十幾歲時才知道，他的父母從未結婚。為了默默抗議同性友人無法合法結婚，他們採民事結合（civil union）的婚姻形式*。據山姆所知，他的父母未對自己的孩子或其他任何人提過這件事。後來，山姆了解到「他們家顯然奉行著另一種截然不同的信念」。小時候，他只知道其他孩子視為理所當然的一些事情，他卻完全不那麼想。

例如聖誕老人。

山姆當然知道聖誕老人。他說：「我聽過，但沒有想那麼多。」他覺得聖誕老人跟卡通人物差不多，就像兔巴哥（Bugs Bunny）這個卡通存在，但不是**真的**。直到八歲那年，他發現其他孩子都相信聖誕老人真的存在，不是像兔巴哥那樣虛構出來的，這讓他非常驚訝。那天下午放學回家後，他把自己關在房間裡，反覆地思索。

「想想看，你一直知道聖誕老人並不存在。」山姆說：「但是有一天，有人告訴你，世界上絕大多數跟你同齡的孩子都相信他真實存在，而且和他的精靈們一起住在北極，會和拉著雪橇的馴鹿一起飛，飛到你家煙囪，給你帶來禮物。只要你不調皮搗蛋，就有禮物可拿；你要是調皮搗

---

*譯註：等同或類似婚姻的結合關係，由民事法確立及保護，主要是為同性伴侶提供與異性伴侶相同或近似的權利。

蛋，會得到一堆煤炭。怪的是，你也沒聽說有人真的收到煤炭。而且，每年他只做這麼一次。聽到這些，你難道不會納悶：『搞什麼鬼？這是怎麼回事？』」

他找到一個安慰自己的辦法：只有小孩才會受到這種瘋狂事情的折磨。是的，只有小孩才相信有聖誕老人存在，大人不會相信這種東西，這種瘋狂是有賞味期限的。

集體錯覺是這個世界的特質之一

但是，大約一年後，班上有個男孩說自己相信上帝。山姆當然也聽過上帝。「上帝就像電視上的某種東西，」他說：「大家會談論，但我以為沒有人真的相信上帝存在。」

光從這件事就可以了解山姆這個人，也能理解他的成長經歷：他在美國生活了近十年，卻不知道有人真的相信上帝。他說：「我從沒問過自己：『如果沒有人相信上帝，上帝為什麼會出現？』我以前從沒認真想過這件事，所以沒有深入探究『大家真的相信祂存在嗎？』」結果現在亨利告訴他，不僅他信上帝，他的父母也信上帝，還有許多大人也信上帝。

「我嚇壞了，」山姆回憶道：「亨利也嚇壞了，我們都嚇壞了。我記得我心想：『等一下，你覺得我會下地獄嗎？』因為那似乎很重要。如果真的有地獄，你又何必在意麥當勞之類的東西？我們還談這些屁話幹嘛？如果地獄真的存在，那實在他媽的太可怕了。」

這問題跟「是否相信聖誕老人存在」一樣，而且還更棘手。上帝——或確切的說，是「有人信上帝」這件事，撼動了山姆的世界，也連帶影響到他對別人內心想法的理解。他開始詢問大人們對上帝的看法，主要是那些來家裡找他爸媽吃飯的朋友。

對他而言，跟大人說話比跟同齡的孩子講話容易，他也比其他孩子更擅長跟大人講話——這主要是因為他覺得其他孩子很幼稚。父母的朋友每週日都會到他家用餐，剛好讓他可以發問。「我問他們：『你信上帝嗎？』他們會含糊其辭，說些什麼神開天闢地之類的話。我心想，別鬼扯了，這是一個是非題，只有兩個答案，信或不信。」他不明白，為什麼連那些非常聰明的大人，也不願意找出這個問題的正確答案。「這對我來說太奇怪了，」他說：「我一直搞不懂，大家為何要對這種鳥事裝模作樣。」

從大家普遍相信上帝與聖誕老人的存在，山姆得出一個結論：幾乎每個人都有可能在某些方面是明顯錯誤的。「事實證明，集體錯覺是這個世界的特質之一。」他說。不過他不得不承認，除了接受這個事實，他無法改變什麼。跟其他的孩子爭辯聖誕老人是否存在毫無意義，只是也沒必要假裝認同。

他接受了這樣的事實：某些社會共識可能是完全錯誤的，而他自己可能是完全正確的。這世上可能存在著一種均衡狀態，就是：眾人皆錯，只有我正確，不過雙方都不會試圖改變彼此的想法。山姆說：「有時候，我們就只能大眼瞪小眼，默認彼此的分歧。」

對於山姆的童年，也可以有一種解讀：他只是在等待童年趕快結束。他自己或多或少也是這樣想的：他一直在期待其他同學長大，以便跟他們交談。「童年時光對我來說一直沒什麼意義。」他說：「如果你不覺得聖誕老人很神奇，就會覺得那整個概念很蠢。」雖然他發現跟大人交談比跟孩子交談容易，但他與大人的關係也沒好到哪兒去。某種程度上，他依然深深地感覺到自己與他人有隔閡。他可以解讀別人，但別人看不懂他。他說：「有些事我必須自學，例如臉部表情。比方說，在該笑的時候，我必須要求自己要笑。怪的是，笑對我來說特別難。」當別人說了或做了某些事情時，他知道自己會有某種情緒反應，但他不會假裝，反而心想著有必要回應嗎？「為什麼一定要有臉部表情？如果你想對我說什麼，就直說吧。為什麼你這麼做時，我一定要擺出笑臉？」

我討厭上課、討厭同學，我覺得很無聊

山姆很早就意識到，多數人視為理所當然的能力，他都需要刻意學習。但他也知道，有些別

人需要煞費苦心去學習的東西，對他來說易如反掌。

例如，當老師問，莎莉的籃子裡有十三顆蘋果，又摘了原有兩倍數量的蘋果，並把新摘的蘋果放進同一個籃子裡，現在莎莉的籃子裡共有幾顆蘋果？山姆比其他孩子更快算出答案。

讀幼兒園時，一位老師建議父母把他從公立學校轉到有資優班的學校。芭芭拉說：「我們以為老師瘋了。」在接下來的七年裡，他們不覺得繼續讓山姆讀普通班的決定是錯的。一直到中學，山姆都是好學生，但稱不上資優，這主要是因為他對老師的授課不感興趣。「我還算聽話，不會去做不該做的事。」山姆說：「但該做的事我不見得會去做，我可能只是呆坐在那裡。」

中學時，他意識到自己並不快樂。憂鬱有很多種形式，而他的憂鬱是那種小小的、悶悶的、醞釀中的。「我認為，一般來說，有憂鬱傾向的人知道自己是憂鬱的。」他說：「我的憂鬱形式不是源自失控的負面情緒，而是缺乏正面情緒。」他內心彷彿有一條斷層線，那條線承受著越來越大的壓力。七年級的某一天，它突然斷了。

他的母親下班回家，發現山姆獨自一人，陷入絕望。「我回到家裡，發現他在哭。他說：『我無聊到快死了。』」芭芭拉回憶道。於是芭芭拉和喬聯合一群家長，懇求學校開設高階數學課。學校同意了，請來一位特殊教育老師。「那堂課是七點開始，山姆第一次六點半就迫不及待的起床。在那之前，完全沒有明確跡象顯示他是特別的。」芭芭拉回憶道。那時芭芭拉與喬才決定花錢送他去一所知名的私立高中：明泉中學（Crystal Springs Uplands）。

但明泉中學並沒有對他帶來什麼不同的影響。「我也討厭那裡，從頭到尾都不喜歡。」山姆說：「我討厭上課、討厭同學，我覺得很無聊。」那裡的學生都是矽谷名人的孩子，賈伯斯的兒子瑞德（Reed）就跟山姆同屆。那是一所「書呆子」學校，只要跑步跑得好就是運動健將。他說：「那裡有很多沒什麼雄心壯志的富家子弟，他們知道自己不必擔心未來，所以沒有多大的動力，也沒有太多的壓力，然後每個人都上了史丹佛大學。」

他想思考一些其他孩子不感興趣的事情（包括思考本身），他也對他們想思考的事不感興趣，他甚至懶得去融入大家。其他學生都背著雙肩包上學，只有他一個人拖著拉桿背包。他從一堂課的教室移動到另一堂課的教室時，拉桿背包的輪子在鵝卵石步道上嘎吱嘎吱地作響。功課差的學生考前聚在一起抱佛腳時，有時會想要他加入，希望他能幫幫他們，但他完全不想參與其中。「他會說：『抱歉，你們還是靠自己吧。』」一位同學回憶道：「他似乎對很多事都無動於衷。在班上，他幾乎不參與任何事情。沒有人喜歡他，也沒有人討厭他，他就只是在那裡。」另一位同學說：「有些人會拿他當笑柄，以為他也知道，但其實他根本無所謂。」

學校露營期間，山姆甚至沒想過要睡覺，每個人都覺得很奇怪。山姆說：「大家只覺得我很聰明，是怪胎，而不會覺得我是好人或壞人。基本上，大家不是把我當人看，他們只覺得我聰明無害，或許不那麼像個人。」諷刺的是，對於同學的這番評價，他也不完全否認。「我不覺得被誤解了，反而覺得他們說得還滿準的。」

到了高中，山姆已經確定自己不喜歡上學。對一個成績名列前茅的人來說，這很奇怪。他也認定，問題不完全出在自己身上，而是學校有問題，英文課就是一例。他對英文課的質疑，打從國小六年級就開始了。因為他覺得老師不管學生的識字能力，而是注重更高深的問題。「當英文課從『你能讀一本書嗎？』變成寫一篇有關書的文章時，我就完全失去興趣了。」山姆回憶道。他覺得文學批評很奇怪：誰在乎你對一個故事有什麼感受或想法啊？故事就是故事，沒有正確或錯誤的解讀方式。他說：「如果他們是讓你談談喜歡什麼或不喜歡什麼，好吧，這樣也可以。」然而，老師要他做的是去解讀一本書，然後根據他的解讀來打分數。

老師給我優等，是因為不想解釋為什麼不給我優等

上小學時，他反覆讀了好幾遍《哈利波特》。到了八年級，他已經完全不看書了。「你開始把書和某些負面感覺聯繫在一起，然後你就提不起興趣了。」初中時期，他一直把自己對文學界的想法藏在心裡，但是，到了高中，他開始表露出這些觀點。「我從根本反對英文課的本質。讓

我意外的是，有人直接跟我說，我是錯的，但那件事根本不可能有對錯之分。最讓我生氣的是，英文課本身並不誠實，常把主觀的觀點當成客觀的事實。所有的評分都很武斷，我甚至不知道老師的分數是怎麼打的，我不認同那些高分背後所代表的一切。」他渾渾噩噩地度過了整個初中時期，高中後他對自己的想法已經有了足夠的自信，敢用英文老師聽不懂的理由，去質疑英文老師根深柢固的信念，例如：「莎士比亞是一位非常優秀的作家。」

《無事生非》（*Much Ado About Nothing*）的情節轉折——典型的莎士比亞風格——同時依賴不切實際的簡化人物、不合邏輯的劇情，以及明顯的結局。我的意思是，幹掉一個人只因為他有充分的理由相信未婚妻對他不忠？拜託。還有，貝特麗絲（Beatrice）的反應誇張得不切實際，班尼狄克（Benedick）會聽她的也很荒謬。然而，我們卻得全盤接受這種設定。

按照山姆的思維方式，批判莎士比亞的理由也可以用基本的統計學來說明：

我可以滔滔不絕地說出莎士比亞的缺點……但我沒必要那樣做，用貝葉斯事前機率（the Bayesian priors）來證明就夠了。十七世紀以來，約一半的人是在過去一百年間出生的，但真實情況可能不止一半。莎士比亞寫作的時候，幾乎所有的歐洲人都忙著務農，很少人上大學，識字的人數也少，可能不到一千萬人。相較之下，現在西方世界的識字人口逾十億。在這種情況下，最優秀的作家生於一五六四年的機率有多大？從貝葉斯事前機率來看，這不太可能。*

即使英文老師依然給他很好的成績，並沒有減少他對文學的懷疑。為什麼他們要給他優等？為什麼他們要給一個人的意見打分數？他說：「我讓老師相信我是好學生，所以我拿到好成績。這是某種程度的自證預言**。」老師會給他優等，是因為老師們不想解釋為什麼**不**給他優等。對山姆來說，所有人文學科都有這個問題。他一直想避開這些愚蠢的東西，但不知何故，它們總是潛伏在每個角落。在選擇就讀的大學時，山姆努力地確保自己再也不會被要求寫一篇關於珍．

---

*摘錄自山姆大二時寫的部落格，但他在高三時就提出這個論點了。

**編按：自證預言指的是對某個人的期望，往往會成為那個人自我實現的預言。例如老師相信學生有高智商，平常就會給予更多的表現及學習機會，進而促使學生有更好的學習成績。相反的，將某人視為罪犯，並以對待罪犯的態度來看待他，那個人就會更容易產生犯罪行為。

奧斯汀（Jane Austen）的文章了。

但即使他最終進了麻省理工學院，還是有人文學科的必修課。為了滿足通識課的必修學分要求，他選了電影史，但連這門課都讓他惱火。「我本來不想再為此開戰，但我覺得，我再也不想忍下去了。」

期末考的第一題，就徹底激怒了他：「藝術與娛樂的區別是什麼？」

山姆在考卷上寫下：「那是學者為了證明自己的工作有必要存在，而編造出來的狗屁區別。」就交卷了。

這個人，是超級理性與極度善良的罕見組合

他對藝術沒感覺，覺得宗教很荒謬。他認為右派與左派的政治觀點都有點蠢，與其說是源自兩種不同思想，還不如說是代表兩種黨派身分而已。大多數人在生活中所重視的儀式，他們一家人都不看重，他連自己的生日都不慶祝。那些為一般人帶來快樂、安慰、歸屬感的東西，都令他無感。他們全家去歐洲旅行時，山姆發現一路上都在看老建築，而他毫無感覺。「我們去玩了幾趟，」他說：「基本上我討厭旅行。」

雖然他似乎與外界完全脫節，但有一個例外：電玩。國小六年級時，山姆聽說有一款電玩叫《魔法風雲會》（*Magic: The Gathering*），接下來四年，那遊戲變成他深深著迷的唯一活動，他沉迷的速度比鑽研的速度還快。

《魔法風雲會》是一九九〇年代由年輕的數學家理查．加菲（Richard Garfield）開發出來的。它開創了一種新的遊戲類型，似乎是為新型的遊戲玩家打造的。加菲最初設計時，提出一個奇怪的問題：能不能設計一款讓玩家使用不同裝備的戰略遊戲？他也不確定有沒有可能辦到。畢竟，你不能讓撲克牌玩家帶著自己的撲克牌上桌，也不能讓西洋棋玩家帶著他們想玩的棋子上場。你不希望玩家輕易就靠更有優勢的資源來取勝。

在加菲設計的遊戲中，玩家確實可以購買自己的卡牌，並自己組裝套牌參賽。每張牌都有一個神話人物的圖片，例如女巫、惡魔等等。每個人物都有自己獨一無二的特徵，以及攻擊力數字與防禦力數字（如果你覺得《魔法風雲會》聽起來很像《童話大亂鬥》，那是因為《童話大亂鬥》是以《魔法風雲會》為設計原型的眾多遊戲之一）。但你無法直接買最好的卡牌，因為你永遠不知道哪張卡牌最好。這個遊戲本身並不穩定，卡牌會不斷地以無法預料的方式改變：新卡牌出現，舊卡牌遭到禁止。卡牌之間的相互作用太複雜了，根本不可能完全理解——有時連加菲都無法預測自己喜歡的遊戲會發生什麼。「如果你開發遊戲時，就知道最好的玩法是什麼，那個遊戲就太淺顯了。遊戲中應該要存在著一種情境，是無法判斷獲勝策略的。」

這是一個激進的概念，也就是說，遊戲最終結果是不可知的。光是玩很多次並記住最佳戰略是不夠的，因為每場遊戲的最佳戰略都不一樣。加菲說：「這使得玩家必須不斷調整戰略，以適應沒有人能料到的情況。」擅長玩《魔法風雲會》的人，是那些可以輕易調整戰略的人。由於最佳戰略不僅很難知道，也不可知，所以擅長玩《魔法風雲會》的人也能在不確定下輕鬆做出決定。

山姆很擅長玩《魔法風雲會》。他在遊戲中更容易與其他玩家互動，也更輕鬆自在。透過這個電玩，他結識了一位要好的童年玩伴，名叫麥特・納斯（Matt Nass）＊。十二歲的納斯出奇冷靜，比其他孩子更顯得獨立。山姆說：「**我本來就不了解小孩**，照顧別人對我來說是個問題。」納斯不需要山姆給予任何社交或情感上的支持，不需要山姆做任何臉部表情，也不需要山姆詢問他的個人生活或做任何事，他就只是和山姆玩《魔法風雲會》。

由於納斯對他毫無所求，山姆因此敞開了心扉。他們一起去買卡牌，並讓父母開車送他們去參加當地的錦標賽，與成年男子對戰＊＊。後來，他們一起參加青少年巡迴賽，並在十年級學期結束時，打進芝加哥的全國錦標賽。納斯對山姆的看法可能與眾不同：「我們很容易把極度理性的人想成機器人，但我真的認為這不適合用來形容山姆。他是超級理性與極度善良的罕見組合。」

上高中後，他們很少聯絡，直到上了大學，他們的學校距離僅一小時的車程。大三那年秋天，山姆去敲了納斯宿舍的門。「當時我在打電動，完全沒有注意到手機，所以根本不知道發生了什麼事。」那天下午，納斯的父親心臟病發過世，納斯與父親感情非常好。「山姆親自來告訴我這個消息，然後開車載我回他在麻省理工學院的兄弟會。我訂了隔天飛回家的機票，為了減輕我的傷心，他陪我玩了整晚的桌遊及打電動。」納斯回憶道。

與眾不同不是件令人開心的事，但是……很酷

每一個生命的定義，不僅取決於發生了什麼，也取決於沒有發生什麼。在山姆的童年中，沒有發生的事情和發生的事情同樣引人注目。他看得出自己和其他孩子不一樣，他沒有花心思去融入群體，別人也不了解他。他後來說，他對自己一直抱持著一種他稱之為「浪漫積極」的看法。「我不認為與眾不同是件令人開心的事，我只是覺得這樣很酷。」他說。面對同學的嘲笑，他唯

＊納斯長大後變成遊戲開發者，《童話大亂鬥》就是他的作品。

＊＊參賽者幾乎都是男性，而且主要是某種類型的傢伙。有些參賽者開始把體臭當成致勝武器後，錦標賽終於針對參賽者的個人衛生設下規定，由此可見《魔法風雲會》的遊戲文化。

一的自衛武器是淡漠的輕蔑，以及輕微的優越感。「我從來不想為此解釋，那只是為了自我保護，不然我還能怎麼辨呢？」

無論是理性上或情感上，他都有資格自成一派。你可能會以為，一個在二〇〇〇年代初期於矽谷長大的數學天才，自然會喜歡艾茵・蘭德（Ayn Rand）的《源泉》（*The Fountainhead*）那種書，並在書中看到自己的身影，進而產生共鳴，但其實沒有。

山姆看到自由意志主義的優點，但當他聽了自由意志主義者提出的主張（例如反對納稅），心想：是啊，當然沒有人喜歡納稅，但這不算是一種理念。「他們把自由意志主義和自私自利混為一談了。」他不能接受這種想法：「那種認為『別人不如我重要』的想法，感覺有點牽強。即使只是想想，我都覺得很奇怪。」感覺自己孤立是一回事，相信自己孤立的地方是宇宙的中心，是另一回事。不要以為你自己和發生在你身上的事才重要。「不在乎世界的其他地方發生了什麼的人，格局太小；只在乎什麼事會影響自己的人，目光短淺。」山姆說。

在日常工作中，山姆的父母一直致力於解決美國法律中，個人自由與集體利益之間的矛盾。廣義上來講，他們都偏向功利主義，認為法律應該優先考慮多數人的最大利益，而不是尋求將某種抽象的自由概念最大化。雖然他們從不強迫山姆接受自己的觀點，但山姆在耳濡目染下很自然就受影響。

大約在他不再看書的同時，他轉向了網路上的功利主義論壇。他或許感覺不到個體之間的人際關係，但這反而讓他更容易思考人類的整體利益。他說：「跟許多人沒那麼親近，會讓你更自然的去關照每個人，而不是關心特定的人。我先天的立場是：『是的，每個人都很重要，所以應該一視同仁的關心每個人。』」他十二歲時，有一天突然走出房間，熱切地為功利主義辯護。芭芭拉說：「當我意識到他窩在房間裡都在鑽研這些時，非常驚訝。」山姆後來解釋：

我在十二歲左右，政治意識開始萌芽，並開始思考社會問題。支持同性婚姻是顯而易見的主張——即使你不是功利主義的鐵粉也知道，當別人完全無害時，只因為與你稍有不同，就讓他們的生活變得痛苦，那很愚蠢。但墮胎這件事，我思考了比較久，有一陣子我很矛盾：生下不想要的孩子是不好的，但把胎兒殺掉好像也不好。

後來，山姆從功利主義的角度來思考墮胎議題。他不再把重點放在母親或未出生小孩的權利上，而是衡量兩種做法的效用。

謀殺一個人是很糟的事，這有很多合理的理由：你為被害者的親友帶來痛苦；你讓社會失去一個可能有價值的成員，社會已經在他身上投入大量的食物、教育與資源；你奪走了一條人命，而那個人已經在生命中投入了大量的資源。但這些理由都不適用於墮胎。事實上，如果你思考墮胎的實際後果，除了對父母造成的痛苦以外（他們才最有資格評估這點），墮胎其實與一開始就沒有懷孕幾乎沒什麼不同。換句話說，對功利主義者來說，墮胎比較像節育。歸根究柢，「謀殺」只是一個詞，重點不是用這個詞本身，而是這個詞所要描述的情況。以墮胎來說，謀殺是最不貼切的一個詞。*

山姆認為自己就是這樣的人：只為自己思考，不太關心別人怎麼想。不過，有兩個短暫的時期，他身邊有人陪他一起思考問題。和納斯一起玩《魔法風雲會》是其一，數學夏令營是其二。高一結束時，他去參加在科爾比學院（Colby College）校園為數學資優生舉辦的夏令營（喬開車送他去時迷了路，後來他看到一個看起來有點孤僻的孩子坐在樹下玩魔術方塊，「我就知道到了。」喬說）。數學營讓山姆大開眼界，來這裡的孩子與他有共通點。在數學營裡，大家似乎不在意他面無表情，他與其他人對話，就像跟自己說話一樣。其他孩子談論政治時，他們不是在表達什麼愚蠢的觀點，而是為了找出模擬選舉及預測結果的最佳方式。他們聊到自己的生活，以及將來可能怎麼生活時，山姆覺得聽起來滿有道理的。數學營的孩子可以透過邏輯推理來形成信念。「如果你無法透過邏輯推理來形成信念，你如何透過邏輯推理來採取行動？」山姆問道。

在數學營裡，山姆發現他所喜歡的功利主義，其他人也喜歡。「這是我第一次發現，我不是群體中最聰明的學生。」山姆說：「數學營的每個孩子，都比學校最有意思的人還要有趣。他們在各方面都比較聰明，數字能力也較強。但他們離主流文化較遠，比較沒有從眾的壓力或能力。」

數學營社交生活的核心不是數學，而是謎題與遊戲。山姆本來就喜歡玩遊戲，數學營結束後，他也喜歡上了謎題。回家後，他決定自創謎題，讓別人來解謎。數學營讓他意識到，這世上有一些人跟他很像。他要利用謎題，來尋找這群跟自己很像的人。

他上網到每個解謎網站貼出公告，號召大家來解謎。某些週末，來自舊金山灣區各年齡層約一百名怪咖，會聚集在史丹佛大學的校園裡，找山姆解謎。解開第一個謎題，會把他們指引到校園的另一個地方。在那裡，又會看到另一個山姆自創的謎題。解開那個謎題，又會指引他們到校園的另一個地方，依此類推。這個過程會一直持續好幾個小時，直到某個天才發現山姆的「分靈體」（horcrux）**。不過，他也會自創一些比較簡單的謎題放在網路上，例如下頁這個。

---

*同樣摘錄自山姆大二寫的部落格，但原始想法可追溯到七年級。

最大的謎題，依然是他本人。

參加數學營以前，他原本以為自己比其他人聰明。數學營之後，他推翻了這個論點。他說：「那裡感覺比我去過的任何地方更適合我，但我在那裡，程度只算中下，沒什麼特別之處，這讓我很困擾。我所做的一切——我擁有的任何知識——都無法讓我在數學營裡脫穎而出。」按照數學營的標準，他在解謎與遊戲方面表現平平。但他也懷疑，數學營裡玩的遊戲對他的大腦來說太普通了。他說：「我最擅長的，是處理別人覺得很困難的事。」

當時的他仍不知道，能否在世界上找到這種地方，甚至不確定這種地方是否存在。

**譯註：在《哈利波特》系列小說中，分靈體是用來儲存某人部分靈魂的物體，以保護他免於真正的死亡。

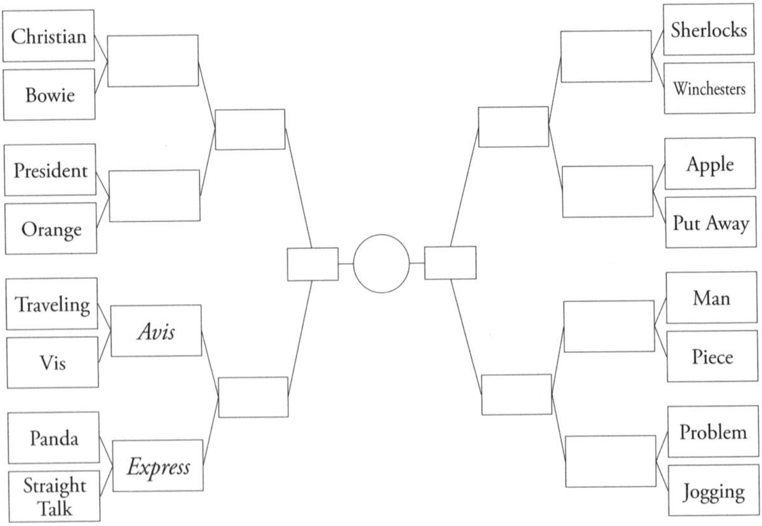

第3章

醫生、銀行家與交易員

有效利他主義

山姆的求學生涯有很長一段時間過得相當平靜，沒什麼波瀾。但二〇一二年的秋天發生了兩件大事，而且因為幾乎是同時發生，以至於大家老是忘了這兩件事其實毫無關係。

在麻省理工學院讀大三時，山姆只是一個對物理學失去興趣的物理系學生。當時麻省理工學院物理系的畢業生，很少從事物理專業的工作，而是去Google或高頻交易公司上班。Jump Trading、Tower Research Capital、Hudson River Trading、海納國際集團（Susquehanna International Group）、Wolverine Trading、簡街資本（Jane Street Capital）這些山姆從未聽過的華爾街公司，都在那年來到麻省理工學院的就業博覽會，也引起他對這些公司的好奇。

其實他向來對金融一竅不通，也毫無興趣，更對於未來要做什麼毫無概念。他一直以為，他會像父母那樣成為教授，「某種程度上我認為學術界是道德的中心。」他說：「至少在那裡，大家思考的是如何為世界帶來最大的影響。」然而，大一大二的課程，以及那年暑假實習的經驗（他去幫麻省理工學院的研究人員完成專案），推翻了上述的假設。

物理學術圈太無聊，但 Jane Street 是什麼？

大學上課期間，他覺得無聊透了。他聽不下那種呆板的上課，不管教授說什麼，他都能猜出教授接下來要說什麼，而且猜得很準。山姆對學術生活了解得越多，就越覺得學術是老掉牙的陳腔濫調，只為了讓學生未來找到工作而存在。「我開始從不同的角度來看學術界，覺得我原本的想像破滅了。」他說：「幾乎沒有證據顯示，這些教授們做的事情是為了改變世界，甚至看不出來他們思考過如何對世界帶來最大的影響。」

他意識到自己對未來毫無計畫，於是決定去就業博覽會逛逛，然後就看到那些華爾街公司的徵才攤位。那些公司他一家都沒聽過，但他馬上就看出，無論這些公司在做什麼，都跟他自己在做的事情不一樣。

因為這些公司要找的是不同類型的人，有些招募「核心開發人員」或「程式設計師」，有些招募「交易員」。山姆沒有寫程式的天賦，他在麻省理工學院結識的兩個好友都是程式設計師，但他還是無法判斷優秀與糟糕程式設計師的區別。至於交易員，他只知道自己不能算完全沒資格從事那種工作。於是他把履歷給了負責招募交易員的幾家公司，「聽他們說，很多物理系學生都跑到華爾街上班，但我心想，就算他們能去，我也未必有機會吧。」

當三家高頻交易公司——海納國際集團、Wolverine、簡街資本——發電郵給他，邀他去面試暑期實習工作時，他很意外。他說：「沒想到竟然真的有機會。」但即使如此，他還是搞不懂交易員到底要做什麼。你無法上網直接搜尋 Jane Street Capital，就得到有用的相關資訊。網路上幾乎找不到任何關於這家公司的資料*。山姆說：「我不知道去了會怎樣，我甚至不知道會用什麼方式面試。」

他與簡街資本的交易員進行了三次電話面試，而整個面試過程都跟他想的不一樣。他的履歷上肯定有什麼訊息引起了簡街資本的注意，但他們似乎又不在乎履歷上的任何東西。他們沒有問

---

*簡街資本和其他高頻交易公司一樣，深信沒人知道他們在做什麼，對他們比較有利。簡街資本的前員工回憶道：「《紐約時報》第一次報導他們時，感覺就像爆發核災一樣。」這位前員工，與其他十位幫我了解該公司的現職員工一樣，都不願透露身分。

他修過什麼課，也沒問他暑假是怎麼度過的。他們沒要求資歷查核，沒問他的嗜好，也沒試圖了解他目前為止的人生計畫。簡街的交易員似乎認為，以上這些都無法用來判斷他是否適合到簡街當交易員。

他們提出的問題，大都只需要心算。一開始那幾題實在太簡單了，山姆覺得他們應該只是想看他緊張時大腦會如何反應。

例如，「十二乘以七是多少？」以及「你對自己的答案有多大的把握？」

山姆答對越多題，題目就變得越複雜。

「如果你擲兩個六面的骰子，至少出現一個三點的機率是多少？」

如果你憑直接反應，擲一顆骰子出現一個三點的機率是六分之一，那麼擲兩顆骰子會至少出現一個三點的機率是三分之一。但是，如果你往下多想一層——擲兩顆骰子但**完全沒有**出現任何三點的機率是多少？——就會發現三分之一的答案是錯的。擲一顆骰子，結果不是三點的機率是六分之五。如果是擲兩顆骰子，完全沒有三點的機率是：5/6×5/6 = 25/36。所以，擲兩顆骰子至少得到一個三點的機率應該是 11/36。

給你一百個籌碼，有人想賭下一張牌是紅心嗎？

十一月中旬的親自參加面試，情況又不一樣了。簡街寄給他一張去紐約的火車票，並指派一輛車與司機把他載到紐澤西州托托瓦（Totowa）的一個災後臨時辦公室——因為受颶風桑迪（Sandy）重創，簡街位於曼哈頓下城的辦公室只好暫時先遷到這裡。

這個臨時辦公室有種詭異的工業感——每張辦公桌都一模一樣、上廁所要用鑰匙開門等等。不過，這些山姆幾乎都沒注意到。他一整天都全神貫注投入簡街要他做的事：解謎及玩遊戲。簡街這套人才遴選過程，目的是盡量幫交易員省下評估應徵者的寶貴時間，因此應徵者隨時會被這些遊戲淘汰。只要有面試官不認同山姆的玩法，遊戲立刻結束，他就可以打道回府了。

那天，簡街的交易員遞給山姆一疊共一百個籌碼，並告訴他那是他一整天可以用的賭注——沒輸光籌碼的應徵者就會獲得錄用。

在第一場遊戲中，山姆和另兩位應徵者，以及簡街的一位交易員，被分到一個房間裡。交易員負責發牌，然後請他們三人各亮出一張牌。接著，他開始提出異於一般撲克牌遊戲的奇怪規則，例如：「你可以用四個籌碼換一張新牌，有人想這樣做嗎？」

交易員每拿出一張新牌，都會暫停遊戲，試圖煽動山姆和另兩個人下注。「有人想賭下一張牌是紅心嗎？」或是賭「你們三個人手裡的牌，加起來共有幾張梅花？」這不是在玩撲克牌，而是某種「後設撲克」（meta poker），就像某種比武大賽，只不過是以撲克牌作為較量的工具。山姆馬上看出竅門：遊戲的關鍵在於快速判斷奇特情況的期望值，並據此採取行動。然而，對山姆而言，他一點都不覺得做這些判斷有什麼困難。山姆說：「這種遊戲缺乏令人驚訝的元素，這反而讓我比較訝異。」

當然，我們不可能知道這種遊戲是不是真的能準確地發掘優秀的交易員，因為輸光籌碼的人沒有機會獲得錄用，也就沒有機會交易。倒是在第一輪遊戲結束時，山姆的籌碼比另兩名應徵者多很多。這時，面試官把他和那兩位應徵者分開，他就再也沒見過他們了。

接著他又經歷了五輪遊戲，每輪四十五分鐘。所有的遊戲都和第一輪的撲克牌遊戲一樣奇特。例如拋硬幣遊戲：

這裡有十枚硬幣，每一枚的重量都不一樣。其中一枚是正常的硬幣、重量平均，因此正面朝上或反面朝上的機率都是五〇％。其他九枚硬幣的重量不均，但任兩枚硬幣的重量分布都不一樣。我們不會告訴你，它們的重量是如何分布的，只會說有些硬幣正面朝上的機率較高，另一些硬幣反面朝上的機率較高。例如，一枚硬幣可能正面朝上的機率是六二％，而另一枚

> 硬幣反面朝上的機率是八〇%。你有三十分鐘的時間可以拋任何硬幣，總共可以拋一百次。每拋出一次正面朝上，就贏得一個籌碼。

面試他的簡街交易員解釋完遊戲後問他：「你願意付多少錢來玩這個遊戲？」由於你可以直接拿起那枚重量平均的硬幣拋一百次，所以期望值至少是五十個籌碼。山姆猜測，他應該願意花約六十五個籌碼來玩這場遊戲。不過，我們無從得知正確答案，因為他們不會告訴你硬幣的確切重量。不過，顯然他的答案不完全錯誤，因為交易員允許他繼續玩下去。

接著，當他開始拋重量不均的硬幣時，交易員又打斷他，提出更奇怪的賭博機會：「想不想賭你接下來拋硬幣的結果？想不想賭你剛剛拋了五次、結果四次正面朝上的那枚硬幣的真實重量？」山姆看得出來，這種遊戲沒有標準的正確玩法，只有很多錯誤的玩法。例如，除非你乾脆放棄，否則拋那枚50-50等重的硬幣毫無意義，因為它不會給你任何新資訊。許多聰明人為了找出最佳硬幣（也就是說，最容易拋出正面朝上的硬幣），浪費了拋硬幣的時間與次數。比方說，他們把每個硬幣拋五次，以收集所需要的資料來做統計運算。這種策略不算太蠢，但他們想獲得更大確定性的渴望，導致他們在錯誤的硬幣上浪費了很多拋硬幣的次數。山姆的本能反應，是拿起一枚重量不均的硬幣，然後一直拋到它反面朝上。接著根據拋硬幣的次數，再加上粗略的數學運算，來決定要不要繼續拋下去，或是換另一枚硬幣。

打從遊戲一開始，山姆就沒有想要找到最佳硬幣，只要能找到「夠好」的硬幣就行。他有種感覺，這個遊戲是在考驗他與資訊的關係：他何時尋找資訊、如何尋找資訊，以及如何根據資訊來更新自己的信念。

簡街的撲克牌不是普通的撲克牌，簡街的拋硬幣也不是普通的拋硬幣。簡街要求應徵者參與的遊戲，其實都不算遊戲，比較像是遊戲中的遊戲，或是關於遊戲的遊戲。每種遊戲最難的部分，是看清它到底是什麼。「一個中等水準的美國人需要二十分鐘，才能搞清楚那個遊戲究竟是什麼。」山姆說：「一個哈佛學生可以了解那個遊戲，一個哈佛數學系的學生可以了解那個遊戲及其背後的數學結構。那裡面有大量的計量資訊，但不完整。它只給你部分的資訊與關係，而這些資訊與關係只能被部分理解，何況解題還有時間壓力。」

交易員的問題，很少有完全正確的答案

山姆覺得時間壓力對他有利。這並不是說他在壓力下表現得特別出色，而是他感覺不到壓力。在時間限制下，多數人容易因為壓力而失常，而他的表現不是比平時更好，只是沒有變差。

其他人會有情緒，但他沒有。面對複雜的問題及滴答作響的聲音時，多數人很難迅速看出什麼重要、什麼不重要，尤其是問題沒有完美解方的時候。簡街交易員提出的問題中，很少有完全正確的答案。他們是在測試他是否有能力在混亂中做出判斷、迅速採取行動，並且不太在意那些他不知道（也不可能知道）答案的問題。山姆說：「那就像是你把玩《魔法風雲會》的所有直覺決定都濃縮成一個遊戲，但更複雜，即便你是玩《魔法風雲會》的高手也不能順利過關。」

簡街交易員拿來測試山姆的謎題，就像賭博遊戲一樣，是為了揭露他思考中的盲點。例如一個有關棒球的謎題，交易員問他：「我有親戚在打職棒的機率有多大？」

山姆的第一個想法是先定義問題。不先定義問題，就無法解題。「這是他用那個問題來測試我的第一件事：我是否意識到那個問題模稜兩可？」山姆說。

於是他反問交易員：怎樣才算是「親戚」？所謂的「打職棒」，又是如何定義？某種意義上，每個人都是互有關聯的；而很多不在大聯盟打球的人，也是以打棒球為職業。

交易員說，「親戚」是指任何二代堂表親（second cousin）*或近親；而這裡提到的職棒，包括大聯盟與小聯盟，但其他不算。

---

*譯註：指有共同的曾祖父母或曾外祖父母，亦即父母的堂表兄弟姊妹的子女。

山姆心裡開始估算，符合這個定義的棒球隊約有一百支，每支球隊約有三十名球員。所以現役職棒球員約三千人，加上另外約七千名已退役的球員。在全美三億人口中，有約一萬名職業棒球員，因此每三萬名美國人中，就有一人曾經或正在打職業棒球。山姆不知道一般美國人有多少個親戚，他覺得三十個是合理的猜測。因此，這個人有親戚在打職棒的機率大約是千分之一。

這些數字顯然不完全正確，只是一個夠好的開始。但就在這時，山姆停下心算，對交易員說：「我認為你會問我這個問題，很有可能是因為它對你來說很重要——因為你有一個親戚是職棒球員。」

這下有趣了。或許交易員可能已經料到山姆會這樣想，所以為了誤導山姆，故意問一個他沒什麼特別理由要問的問題。這正是謎題想測試的另一個面向：你必須先想清楚你應該深入思考到什麼程度。

山姆決定，維持他一貫的態度：沒必要再想下去，那會想太多。交易員會提出這個問題更有可能是事出有因，而不是刻意誤導。雖然他無法準確算出答案，但對方光是提出這個問題，就已經把他有親戚在打職棒的可能性提高到千分之一以上了。「這是他用那個問題來測試我的第二件事：我有沒有發現，他問我的問題裡包含了線索？」山姆說。

最後，山姆認為機率是五十分之一。結果，這位交易員確實有一個打過職業棒球的二代堂表親。但這些都不是問題的關鍵，關鍵在於山姆如何解讀問題。山姆說：「這種謎題沒有正確答案，只有錯誤的答案。」

這場面試改變了他的一生，也改寫了歷史

那天面試結束時，山姆覺得他比面試前更認識自己了。

「我想，這是測試重要事件的正確方式，雖然我很難說清楚那究竟是什麼。」他說。在他的日常生活中，沒有任何東西——即使是支撐山姆度過童年的遊戲與謎題——的重要性可以和簡街交易員這場遊戲相提並論。

山姆說：「我的童年裡沒有一種類似這樣的遊戲，讓我知道自己很擅長這種事。」童年給了他數學，他學得很好，但不算頂尖。童年也給了他各式各樣的戰略性桌遊與紙牌遊戲，他也是玩得很好，但不算頂尖。簡街交易員測試他的大腦，找出他從未被精確測試過的大腦特質。山姆覺得冥冥之中，老天以各種方式調整了交易（或者，至少調整了那些用來模擬交易的遊戲），好讓它有別於數學與桌遊。這些調整，都讓遊戲更符合他的心智。他說：「那天結束時，我很清楚，這是我目前為止做得最好的事情。」

簡街最後錄取他當暑期實習生，其他幾家找他去面試的高頻交易公司也要錄取他。其中一家公司在面試進行到一半時突然喊停，並宣布山姆在破解那些古怪遊戲與謎題上的表現比其他應徵者好很多，所以看他繼續玩下去已經沒有意義了。

在簡街的交易廳，有位交易員很想看山姆玩下去，於是繼續構思遊戲與謎題給山姆破解，其他人根本聽不懂她在說什麼，甚至看不懂那個遊戲，但山姆不僅一看就懂，還玩得很好。例如這樣的同音語詞遊戲——

她出題：Perfume in the mail.（郵件裡有香水）

山姆回答：Sent scent.（送來了氣味，兩個語詞的發音相似）

她繼續：Britney Spears is no longer working.（小甜甜布蘭妮不再工作了）

山姆回答：Idle idol.（閒置的偶像，發音也相似）

她又出題：A Goldman Sachs analyst discovers a cash flow model that predicts the future.（一位高盛分析師發現了一個預測未來的現金流模型）

山姆回答：Profit prophet.（獲利先知，同樣是兩個發音相似的語詞）

面對陌生的新遊戲，山姆似乎自然而然就啟動了相關的思維過程。

有效利他主義——即使問題不是你造成，袖手旁觀也是不對的

大三剛開始時，山姆遇到另一件奇怪的大事。二十五歲的牛津大學哲學講師威廉・克勞奇（William Crouch）*突然主動聯繫他，說要跟他見面。山姆一直不知道那傢伙是怎麼找到他的，可能是看到山姆在功利主義論壇上寫的東西吧。

麥卡斯科爾屬於牛津大學內部的一個小團體，這個團體推崇澳洲哲學家彼得・辛格（Peter Singer）很久以前提出的思想。麥卡斯科爾想約山姆見面喝咖啡，然後去聽他即將在哈佛進行的演講。當時，山姆可能是麻州劍橋市裡最不可能自願去聽某個學者演講的人，但既然這位教授主動找上他（山姆認為這代表著這位教授的謙遜），又提到辛格的名字，引起他的好奇，因為辛格在一定程度上影響了山姆的人生規畫。

關於辛格的理念，可以從一九七一年講起。當時辛格二十五歲，是牛津大學的哲學講師。當

*他後來改名為威廉・麥卡斯科爾（William MacAskill），以下皆用此名。

時，孟加拉爆發饑荒，飢民餓死的畫面讓辛格感到不安，促使他深入思考這個問題：如果較富有的人可以跟飢民分享食物，那些飢民也許就不會餓死。在〈饑荒、富裕、道德〉一文中，他寫道：「即使問題不是你造成，袖手旁觀也是不對的。」

他舉了個例子：有一個人在散步時，看到小孩掉進池塘裡，在這種情況下**你**會怎麼做？**你**會想都不想，馬上跳進池塘裡救孩子，即使這會毀了你昂貴的新鞋。那麼，為什麼我們遲遲不送出同樣的援助去孟加拉，讓那裡的孩子免於飢餓之苦呢？他寫道：「我們看待道德問題的方式——我們的道德觀——需要改變，包括我們社會視為理所當然的生活方式也要改變。」他發表過許多類似的論述，這只是第一篇。他認為，我們該做的，不僅僅是犧牲一雙新鞋子。他主張，我們應該為他人付出，直到我們付出的代價大於他人的受益。我們應該把慈善視為一種責任，而不是一件可做可不做的事。

辛格本人就是這樣身體力行，他捐的錢也越來越多。當然，他的主張難免引來其他哲學家的反駁。辛格回憶道：「有些老師會指定學生閱讀那篇文章，然後說：『你們的任務是找出那個論點的錯誤之處。』」常見的批評很多，例如：辛格是舉一個孩子為例，但要拯救所有孩子，根本是不切實際的事。還有，若說一個人應該奉獻一切，只留下基本的生存所需，那麼請問所謂「基本」的定義是什麼？甚至有一篇反駁辛格論點的文章，標題是「有時候，讓一個孩子溺水並沒有錯」。許多批評者認為，辛格讓一般的富人很難過上有道德的生活。

「有些人認為……我們需要一套基本的道德準則，不能超出普通人的能力太多，否則大家普遍做不到。」辛格寫道。他在原始論文中反駁了這個觀點：「他們的意思是，如果我們要大家不可以殺人，然後把不需要的東西捐出去救濟饑荒，結果將導致大家兩件事都不會做。但其實我們的意思是要大家不可以殺人，然後可以捐助饑荒做好事，但不做也沒有錯，這樣他們至少不會去殺人。」

事實證明，前述辯論在現實世界中並沒有那麼重要，因為一般有錢人根本不理會辛格。近四十年來，就算聽到有人提出辛格的想法，有錢人除了覺得有點尷尬，什麼也不會做。辛格後來到了充滿著「一般有錢人」的普林斯頓大學任教，在學生強烈要求下，他開了一門實用倫理學課程。

直到二〇〇九年，才出現戲劇性的變化。牛津大學一小群年輕哲學家，開始把辛格的想法付諸實踐。一位名叫托比．奧德（Toby Ord）的研究生兼研究助理率先宣布，將把三分之一的薪水捐給在落後國家的慈善機構，並解釋了他的理由：在他一生中，他捐出的錢將讓八萬名非洲兒童免於失明（雖然這些捐款會給他帶來一點點不寬裕）。隨後麥卡斯科爾接棒，在各大學校園招募年輕人一起推動這個理念。辛格說：「奧德與麥卡斯科爾所做的事，是在傳達：『我們認為，這個論點是合理的。』」

牛津大學哲學家這場社會運動，是承自辛格四十年前提出的觀點，他們稱之為「有效利他主義」（Effective altruism，他們曾試過取更貼切的名稱，但沒想出來）。

二〇一二年秋天，麥卡斯科爾向山姆和幾位哈佛學生提出這樣的論點：

你，身為名校學生，一生中約有八萬個小時投入工作。如果你是那種想在這個世界上「行善」的人，那麼如何最有效的利用這些時間呢？

這聽起來像是一個申論題，但麥卡斯科爾用數字來解答。他要大家，可以透過計算自己在那八萬個小時中可以拯救多少性命，來判斷他們人生的效益（當然是越多越好）。他讓學生看一張投影片，上面列出他們若要善用自己的工作去拯救生命的話，可以從事哪些職業。他把職業分成四大類，分別是：直接施惠者（醫生、非政府組織的工作人員）、賺錢者（銀行家、管理顧問）、研究人員（醫學研究、倫理學家），以及影響者（政治家、教師）。

最後他告訴大家，選擇一個自己要從事的職業。每種職業類型都有機會拯救生命，但所涉及的數學運算不一樣，這有點像在《童話大亂鬥》中選擇角色時會用到的數學運算。舉例來說，研究人員或影響者，有機會拯救大量的生命。就像農業專家諾曼．布勞格（Norman Borlaug）屬於研究人員，他發明了抗病小麥，讓約兩億五千人免於飢餓。然而，我們很難預測什麼樣的人擅長從事這兩種職業，更別說預測他們的影響力，基本上研究人員或影響者拯救大量生命的機率，可說是微乎其微。

當醫生好，還是當銀行家好呢？

在麥卡斯科爾的演講中，比較明確的選擇，是從直接施惠者與賺錢者這兩個類型中挑一種。說白了就是：你要嘛直接做好事，要嘛賺錢後付錢請人做好事。那麼，當醫生好，還是當銀行家好呢？

首先，麥卡斯科爾約略計算了一名醫生在窮國（成本最低）拯救的生命數量。

接著他問：「如果我成為**慈善銀行家**，追求收入豐厚的職業，然後捐出我的收入呢？」即使是一個普通的投資銀行家，也可望獲得足夠的終生收入，來支付非洲好幾名醫生的費用，因此一個銀行家可以拯救的生命是一個醫生的好幾倍。

「想發揮影響力，就要做一些本來不會發生的事。」他說。如果你沒有成為醫生，還是有其他人會去當醫生治病救人。當然，如果你沒有成為銀行家，也會有其他人當銀行家，但那個人可能會把錢花在買房、買車、送孩子讀貴族學校，或是把錢捐給耶魯大學做一些非救命的計畫。取代你去當銀行家的人，收入很少會流向非洲的醫生，結果是那些你原本當銀行家可能拯救的人都會死掉。因此，任何有能力去華爾街賺大錢的人，即使不喜歡華爾街，也有道德上的義務去那裡工作。麥卡斯科爾鼓舞大家：「很多賺錢的職業，其實並不邪惡。」

麥卡斯科爾把這個想法稱為「薪力行善」（earn to give），他的最後一張投影片邀請大家：「如果以上論點在某種程度上打動你，請稍後來找我談談。」

其實，他早就知道什麼樣的人會來找他談：那些SAT數學拿滿分，覺得這種考試太簡單、無法充分反映自己實力的人。

就像簡街資本，有效利他主義運動之所以特地前來麻省理工所在地麻州劍橋市，不是沒有原因的。

每次麥卡斯科爾演講完後，會去找他的人，約有四分之三是有數理背景的年輕人。他說：「被這個理念吸引來的人，人格特質與會去攻讀物理學博士的人差不多。他們的自閉傾向是一般人的十倍，其中很多人有自閉症類群障礙。」

幾天後，麥卡斯科爾寫了封電子郵件，給另一位剛加入有效利他主義的人，他想介紹那個人給山姆認識。

前幾天我在劍橋見了山姆，他是麻省理工學院物理系的大三生。雖然他的電郵地址是我見過最怪的*，但我對他印象非常深刻。他的父母都是史丹佛大學的教授，從小就灌輸他功利主義的觀念。嚴肅、專注、致力行善的他，看起來也非常聰明、理智（也就是說，他會認真看待一些奇怪的想法，但不狂熱），正在考慮要選擇薪力行善或從政。

山姆只比第一批響應這個新運動的人晚了一步。據辛格所知，二〇一二年秋天，辛格在普林斯頓大學的一名學生，剛成為第一個為了薪力行善而去華爾街工作的大學生。他的明確目標就是賺大錢，然後捐獻出去。

他的名字是麥特·魏奇（Matt Wage），在簡街資本上班。

---

*山姆的電郵地址是一個費波納西數列（Fibonacci sequence），這是一組數字，從第三個數字開始，每個數字是前兩個數字的總和，例如：0 1 1 2 3 5 8 13等。

無視他人感受的冷漠，狠狠羞辱同事

面對陌生的新遊戲，山姆似乎很自然而然地就能啟動相關的思考過程。然而，當面對陌生人的時候，就不是這麼回事了——簡街資本花了更長的時間才弄清楚這點，因為他們在面試的時候不曾測試這一點。

二〇一三年夏天結束時，也就是簡街雇用他九個月後，公司高層主管找山姆來討論他的工作表現。他在面試中展露的優勢，顯然依然是他的強項。他在所有交易遊戲中的表現，都比大多數的實習生優異。他的思維顯然很適合現代金融市場，所以暑期實習才過幾週，簡街的高層就決定要給他一份全職工作。

然而，山姆的弱項，出乎大家的意料之外。

簡街過去沒有人測試過山姆的社交能力，沒有一個面試者在意他是如何與他人相處的。此刻，簡街的主管告訴山姆，公司裡有不少人都在問一個問題（這個問題其實也是外界對山姆常有的疑問）：「這傢伙以為自己是誰啊？」

他們整理出一份類似罪狀的文件，羅列出對他的不滿。那年夏天發生的幾件事，讓簡街高層主管開始懷疑他們對山姆的初步印象，而所有一切都和他的社交互動有關。例如有些同事抱怨山姆坐立不安的舉動，搞得大家很煩躁，尤其是他似乎有洗撲克牌強迫症，常常動不動就洗牌。某位資深高階主管出了一個問題考一群實習生，山姆卻直接指出那個問題很蠢，讓主管覺得嚴重受辱。最令人擔憂的是，不少簡街員工對於山姆那種無視他人感受的冷漠感到困擾。

主管還舉了個例子，提到山姆對另一位實習生艾許・梅爾曼（Asher Mellman）所做的事。

簡街向來鼓勵實習生之間對賭，也鼓勵實習生找全職員工對賭。所以，實習生們一整個夏天都在互相打賭，賭任何他們能想到的東西，例如，哪支球隊會贏、某個實習生在四十五秒內能吃下多少顆軟糖、哪個實習生能得到全職工作等等。為了防止這種打賭失控，簡街給每個實習生設下每天最多賠一百美元的上限。

打賭是一種教學工具，可以教實習生把多數人根本不會打的賭或憑直覺打的賭，變成可分析的數字。這迫使他們從量化的角度，認真地思考每件事，即使是吃軟糖比賽這種芝麻小事。畢竟，簡街想找的人才，是在全球金融市場上比別人思考得更快、更好的交易員。

那天，倒不是山姆主動去惹梅爾曼，而是梅爾曼主動找山姆。山姆自己也很意外，因為他向來受不了梅爾曼。梅爾曼來自哈佛大學，山姆很快就認定他這個人「虛偽、高傲、乏味」（「他老是把曾經和知名統計學家奈特・席佛〔Nate Silver〕*合作過的事情掛在嘴上，生怕別人不知道。」）。山姆也知道，這只是他的主觀感受，倒不見得梅爾曼就是那麼討人厭。「我不是說沒有人喜歡他，」山姆說：「其實大部分的人還是很喜歡他。只是如果你不喜歡他，你就真的會很討厭他。」

梅爾曼引以為傲的特質，正好是山姆最討厭的特質。例如，梅爾曼喜歡炫耀自己吃了什麼精緻美食，在衣著上也比簡街多數實習生更花心思。「他對於什麼是好毛衣，什麼不算好毛衣，有一套自己的看法。」但山姆也知道，這可能只是他個人難以忍受的痛點。山姆說：「這件事特別刺激我，是因為它讓我發現自己對某些事情也是很在意的。我心想，拜託，你管他那麼在意自己穿什麼毛衣幹嘛？」儘管有這種自覺，山姆心裡還是很介意。

那天一早在會議室裡，梅爾曼主動找他，而且是當著簡街所有實習生面前。

「我們來打個賭吧。」梅爾曼說。

「賭什麼？」

「賭今天某個實習生會輸多少錢。」

山姆首先聯想到的是逆選擇（adverse selection）。在簡街，逆選擇是常見的話題，指最渴望和你打賭的人，也是你最該擔心的打賭對象。當有人想跟你打賭或交易，通常是有原因的：他們知道一些你不知道的事情（例如他有一個曾在小聯盟打職棒的表親）。

如果有人找你打賭，你要做的第一件事，是確保自己沒有錯過他可能知道的事情，例如某些資訊、某個不明顯的觀點等等。很多賭注在事後看起來都很蠢，因為下注的一方一開始並沒有想過為什麼要打這個賭。

這種事，簡街天天都在上演，而賭博遊戲，就是他們的訓練工具。例如，簡街的全職交易員會對一群實習生說：「我口袋裡有一些骰子，誰想當莊家，賭我口袋裡總共有幾顆骰子？」有些沒那麼精明的實習生為了給交易員留下好印象，真的會主動說要當莊家。他會仔細算過，然後喊出類似底下這樣的術語（因為他讀過簡街的指南）：「買二賣五，賺一（two at five, one up）。」

意思是，如果你猜兩個骰子以下（也就是賣），他會「買進」，如果你猜五個骰子以上（也就是買），他會「賣出」。

舉例來說，如果有實習生要「賣」（對莊家來說是「買進」），就是在賭交易員口袋裡的骰子少於兩個。當實際的骰子數少於二時，每少一個，就可以贏一元（這就是「賺一」）。如果交易員口袋裡沒有骰子，莊家就得輸兩元。相反的，如果你說要「買」（對莊家來說是「賣出」），則是在賭交易員口袋裡的骰子數多於五個。當實際的骰子數大於五時，每多一個就贏一元。因此，如果你「買」五，而交易員的口袋裡只有兩個骰子，你就輸莊家三元；但如果交易員

---

*譯註：精通統計學，是美國當代知名的統計與預測鬼才。

口袋裡有九個骰子，莊家就輸你四元。

交易員出這個題目，並不是真的要測試實習生估算別人口袋裡有多少骰子的能力，而是在測試實習生有沒有能力問一些更深層的問題，例如：「為什麼這個交易員會問我他的口袋裡有多少個骰子？他可能在掩飾什麼風險？」如果你不問這些問題，喊出「買二賣五，賺一」看起來沒有什麼不合理之處。畢竟，交易員口袋裡可能真的有一些骰子，否則他何必這樣問？

然而，喊「買二賣五，賺一」其實是不合理的。你光聽到有個實習生喊出這個數字，就知道不可以錄用他為簡街的交易員。果然，就在那個不太精明的實習生喊出「買二賣五，賺一」，而另一個比較精明的實習生喊出以五「買進」後，交易員從口袋裡掏出七百二十三個迷你骰子。

我很善於理解別人，是他們無法理解我

回到那天，山姆對梅爾曼說：「我想先確定一件事，賭注不能大於一百或小於零，對吧？」

（也就是說，任何實習生一天最多只能輸一百美元，最少是零美元。）

梅爾曼說：「對。」

山姆說：「你真的想跟我賭？」

「對。」

「為什麼？」

「好玩嘛。」

「你是買家，還是賣家？」

梅爾曼說：「看價格而定。」

這時，山姆已經得到他需要知道的大部分資訊了——梅爾曼沒有認真思考過這個賭局。「如果我是個比較成熟的人，我不會跟他賭。」山姆說，但他當時還是告訴梅爾曼：「我以五十買進。」（也就是說，山姆身為「買家」，賭當天損失最多的實習生，會輸五十美元以上。如果那天輸最多的實習生只輸四十美元，山姆就輸梅爾曼十美元；如果最大的輸家輸了六十美元，梅爾曼就輸山姆十美元。）

梅爾曼聽了，喊出「六十五」跟他對賭，山姆立刻接受。

接著，山姆馬上轉身對其他實習生喊道：「有沒有人要出九十八美元，和我賭拋硬幣？」那天的課程還沒開始，會議室裡座無虛席，實習生們已經等著看好戲了。只見山姆大喊：「誰願意跟我賭，我就給他一美元！」（「那時實習生都沉迷於賭博，尤其對期望值為正的賭博更是沉迷。」他說。）

照簡街的角度來看，山姆根本是在送錢給別人花。對於期望值為正的任何賭注，簡街的實習生幾乎有一種非賭不可的義務。因為，拋硬幣本身是機率各半的賭局，所以與山姆打賭的期望值是用一美元賭：（0.5×98 美元）−（0.5×98 美元）＋1 美元＝1 美元。

但山姆和梅爾曼的賭局中，山姆賭贏的期望值更高，因為只要當天任何實習生的損失超過六十五美元，梅爾曼就要付給他一美元。拋硬幣後，山姆和其他實習生之間，必定有其中一方會輸九十八美元。但不管誰贏誰輸，梅爾曼都要輸山姆三十三美元（98−65＝33）。

換言之，只有梅爾曼的期望值是負的。不管結果如何，他都會輸。現在，梅爾曼尷尬極了。山姆第一次拋硬幣就贏了，但這只是開始。為了極大化梅爾曼的痛苦，必須有個實習生的損失達到一百美元。

山姆這時決定加碼：「誰肯用九十九美元跟我賭拋硬幣，我就給他一美元。」

現在的他，等於有一台機器，可以創造出讓賭博雙方都享有正期望值的賭局。這台機器，就是梅爾曼。只見實習生紛紛排隊，都等著要賭。「當你以正確的方式來呈現賭局，這種輕鬆賺錢的機會就會吸引大家蜂擁而至。」山姆說。

當時的他，已經全然沉浸在賭博的氛圍中。「我贏定的，假如我用接下來的實習時間都拿來拋這枚硬幣，我會贏光他所有的錢。」有一段時間，他看起來似乎真的要這樣一直玩下去，因為第二次拋硬幣他又贏了。

山姆繼續加碼：「誰肯用九十九．五美元跟我賭拋硬幣，我就給他一美元。」這下，其他實習生們當然更覺得非賭不可，但也都感受到梅爾曼的難堪。原本要來講課的交易員也已經到了，正在旁觀整個過程。第三次拋硬幣，山姆又贏了。

山姆再加碼：「誰肯用九十九．七五美元跟我賭拋硬幣，我就給他一美元。」直到第四次擲硬幣，山姆才輸了。當時除了山姆之外，在場每個人都對梅爾曼所受的羞辱感到不安。

幾個禮拜後，當高層主管對他那一天的所作所為表示失望時，山姆還是有點意外。「他們說，其實丟第二次硬幣已經很過分了。」山姆說。梅爾曼覺得很丟臉，他並不意外，令他意外的是，簡街高層主管居然會認為他忽視自己的行為對他人的影響。

他很清楚自己在做什麼。那一天他對梅爾曼所做的事，其實跟簡街每一天對金融市場上的競爭者所做的事沒有什麼不同。「我不是不知道我在修理梅爾曼，」他說：「但重點是：我應該比較在意別人的感受，還是在意自己的觀點是否正確？」山姆認為，上司錯誤解讀了他的社交問題。他們認為他需要學習如何理解別人，但山姆認為事實正好相反。「我很善於理解別人，是他們無法理解我。」山姆說。

| 第 4 章 |

華爾街上神祕的 Jane Street

我最爽的一天

簡街資本（Jane Street Capital）的交易廳，是一個巨大的開放空間，裡面有很多奇怪的聲音。

那些音效是為了提醒交易員，可能有某個問題或議題需要他們關注。例如，玻璃碎裂的聲音是提醒交易員，他們的電腦用很爛的價格執行某筆交易。另外還有超級瑪利歐兄弟（Super Mario Bros）的無限加命（1-Up）聲音、荷馬・辛普森（Homer Simpson）說 D'oh! 的聲音*、原版《星海爭霸》（*StarCraft*）遊戲發出「你需要建造更多水晶塔！」（You Must Construct Additional Pylons!）的聲音等等。

對外人來說，這個交易廳感覺就像個電子遊樂場。交易繁忙時，那些嘈雜聲甚至讓一位透過電話面試的求職者誤以為面試官一邊打電動、一邊在面試。在那之後，簡街要求交易員在進行電話面試之前，必須先向應徵者解釋自己沒有在打電動。山姆說：「那種聲音會讓某些人抓狂，但我很愛，讓我沉浸在交易中。」

金融業的工作者與金融市場之間的互動，有點像跳舞。金融業工作者塑造金融市場，市場又反過來塑造那些人。

世界上最複雜、最有效率的遊戲

即將塑造山姆的金融市場，在過去十年間經歷了重大變化，市場也因此更安靜。不只是因為二〇〇八年的金融危機（雖然它確實有一定的影響），高盛（Goldman Sachs）、摩根士丹利（Morgan Stanley）等投資銀行，過去以投入最瘋狂的交易出名，但如今他們不再像以前那麼靈活，也受到更嚴格監管，被迫扮演像大型商業銀行那種無聊的華爾街角色。

瘋狂的交易活動，現在轉移到一種新的交易公司上演。這類公司通常很神祕，二〇一四年，山姆開始在簡街做全職交易員時，市場上最重要的金融機構——那些為全球資產定價的機構——不再是老牌的投資銀行，而是像簡街這種不透明的高頻交易公司，基本上外界沒人聽說過這些公司的名號。

相較於大型投資銀行的高階主管，這些交易公司老闆所賺的錢是成千上百倍。例如，二〇一三年，沃途金融（Virtu Financial）創辦人維尼・維奧拉（Vinnie Viola）以二・五億美元買下佛羅里達美洲豹（Florida Panthers）曲棍球隊。《富比士》的資料顯示，城堡證券（Citadel Securities）創辦人肯・格里芬（Ken Griffin）的身價是五十二億美元。簡街沒有披露獲利，甚至連員工都不知道，但山姆可以看到其交易的完整紀錄，並猜測過去五年，每年至少為少數幾位合夥人賺進二十幾億美元。山姆說：「到了二〇一四年，你只需要看摩根士丹利員工與簡街員工的平均智商，就知道發生什麼事了。」

這個新金融市場有一些特點。首先，它們自動化的程度越來越高。人與人不直接交易，而是編寫程式，讓電腦與其他電腦交易。把人抽離交易的過程，可以讓金融交易比以往更快、更頻繁。速度，成為交易過程中最有價值的一環。市場彷彿處於一種資訊砍伐（information deforestation）狀態——也就是要把資訊反映到資產價格所需的時間縮減為零。「這是世界上最複雜、最有效率的遊戲。」山姆說：「我們在優化這個遊戲上所投入的精力，比任何地方都要多。」從這

＊譯註：《辛普森家庭》中荷馬・辛普森的口頭禪。荷馬走霉運或受傷時，常不由自主的說「D'oh!」，台灣FOX頻道譯為「看！」（幹的諧音）、「該死！」或「噢！」。

種遊戲所賺到的獲利，以及高頻交易公司為了從美國證券交易所更快取得資料，所付給交易所的金額可以看出，對那些擁有「幾毫秒」時間優勢的人來說，這樣的優勢顯然每年價值數十億美元。至於這種速度是否給經濟帶來任何價值，又是另一回事了：資產價格在兩毫秒內而不是在一秒內跟著新資訊更新，這真的很重要嗎？也許未必，但這種新技術的出現，確實讓金融業能夠對實體經濟收取更高的費用。

同時改變的，還有收取那些費用者的類型。二〇一四年夏末，你仍然可以從簡街交易廳的交易員身上，看到金融市場發生的變化。較年長的交易員（超過三十歲），體格與年輕交易員不同。他們的個頭比較高大，聲音也比較宏亮。一九九九年創辦簡街的，是一群來自各地的白人。在他們的時代，交易仍是人與人之間的交易，不管是在交易廳，還是在交易所。在人群中，他們的身影需要被看到，聲音需要被聽到。他們的聰明才智沒那麼突出，他們往往心算很快，但不太擅長高階的分析思維。如果以從猿猴演化到人類的「進化演進圖」（March of Progress）來看，年長交易員可能是金融人（Financial Man）的倒數第二個階段：頭髮幾乎掉光了、近乎直立，但肩膀上仍扛著一根棍棒。他們用那根棍棒，把傳統階級制度強加在那些年輕交易員身上。

而年輕交易員，已經進化為完全的智人。這群人是從很小一部分的人中精選出來的，通常從小就被發現擁有非凡的分析能力，在中學時參加過數學營。他們讀麻省理工學院、哈佛大學、普林斯頓大學或史丹佛大學等名校，幾乎所有人都在電腦或數學方面表現出色。他們的社交能力不如年長的交易員，因為他們不太需要社交。畢竟，既然交易是由機器對機器完成的，交易員與其他人的協商能力就不那麼重要了。重要的，是他們利用機器在金融市場上取代人類的能力——無論是透過直接寫程式，或是間接下演算法指令。在他們看來，不讓電腦來負責所有心算，實在太傻了。

但即便如此，簡街對交易員缺乏社交技巧的容忍還是有限度的，而山姆顯然已經超過他們的底線了。

山姆很早就知道，自己無法表達情感，導致他與其他人之間有隔閡。但是，感受不到情感並不表示他無法表達出來。他從練習臉部表情開始著手，強迫自己的嘴巴與眼睛以不太自然的方式移動。「對我來說，偽裝情緒並不容易。」他說：「造成我身體的痛苦，感覺也很不自然。我不擅長這個，看起來就不太對勁。」

剛開始他不太確定自己的努力有沒有用，但他覺得至少不會讓情況變得更糟。學會微笑或許不能改變他對待梅爾曼的方式，但可能會改變其他人看待他的眼光。在別人說了或做了什麼後，如果能夠表達出自己的感受，至少可以避免很多誤解。

果然，在交易廳裡，他終於開始看到自己與其他人的關係在表面上開始好轉。「我是在簡街才開始掌握到訣竅。」他說：「後來就越來越容易，就像肌肉開始放鬆了一樣。這讓大家更喜歡我，讓我更能融入其中。」

你的任務不只是優化金融市場，還要優化自己

簡街把他安排在當時最賺錢的部門：國際ETF交易部。第一支在美國上市的「指數股票型基金」（Exchange-traded funds, ETF）是一九九三年設計出來的，目前仍是規模最大的一檔ETF。這是由美國證券交易所與道富環球投資管理公司（State Street Global Advisors）一起創建的基金，涵蓋了標準普爾五百指數（S&P 500）的所有股票。後來市場上出現了各式各樣的ETF，例如「印度小型股ETF」、「巴西大型股ETF」、「漁業股ETF」、「大麻股ETF」，或是跟著巴菲特投資的ETF等等。你能想到的任何投資概念，都可以用ETF的形式包裝，並出售給投資大眾。二〇二一年，有人還設計出一支ETF，裡頭涵蓋的公司主要生產的都是美國中上階層女性喜愛的產品。

簡街從一九九九年只有幾個交易員、一年做幾百萬美元生意，發展到二〇一四年已經有兩百名交易員、每年做數十億美元的生意。急速成長背後的一個重要因素，就是ETF。全球ETF

資產價值從不到一千億美元，成長至二・二兆美元（到二〇二二年將超過十兆美元）。每一筆ＥＴＦ交易，簡街都可以分一杯羹。

簡街的交易員是該公司最大的獲利來源之一，他們的職責是讓所有ＥＴＦ的價格與其包含的資產保持一致。理論上，任何資產組合的價格，都應該等於組合中的資產總合。一位簡街交易員說，交易ＥＴＦ就像在交易火腿起司三明治。如果你知道一片火腿、一片起司、一片麵包的價錢，你就知道火腿起司三明治的合理價錢應該是多少（就是三者加起來）。如果食材的成本超過三明治的價格，你應該買進三明治、賣出食材。如果三明治的價格超過食材成本，你應該買進食材、賣出三明治。

山姆的日常工作之一，是把很多火腿起司三明治的價格，調整到與食材的成本一致。每個交易日一開始，他會先花九十分鐘確定三明治裡面有什麼，因為ＥＴＦ涵蓋的股票常會在一夜間變動。這種三明治遊戲是他工作中最無聊的部分，但偶爾也會很好玩。那些創造ＥＴＦ的公司，基本上是把產品的定價任務，交給簡街和其他高頻交易公司來做。比方說，如果有投資者說他想買一億美元的印度股ＥＴＦ，他們會被引導到山姆那裡，然後山姆會給他們一個價格。

但是，山姆找出ＥＴＦ裡所涵蓋股票的股價之後，不能直接以現價來推算。因為他最終需要買進這些個股，而他的買進會推動股價上漲，而漲幅是難以預測的。另外，他還必須支付印度的交易稅，所以也要把稅金納入考量。

印度證券交易所是在孟買時間上午九點十五分開盤，也就是紐約時間晚上十一點四十五分。在印度股市開盤以前，山姆無法購買印度股票，而且會持續受到所有左右市場的消息所影響。他也要搞清楚買家的身分，因為有些買家可能比他更清楚印度股市發生什麼事。他也必須搞清楚會不會有別的高頻交易員搶在他之前買進，抬高他打算購買的股票價格。最重要的是，他只有大約十五秒的時間可以向這位投資者報價——除非很幸運，可能會有幾個小時的時間。不管哪一種情況，他還必須與其他交易員競爭同樣的交易，而每一筆交易的利潤空間並不多。

因此，ETF交易不是沒有風險的。山姆就像一直在選擇要拋哪一枚重量分布不均的硬幣，但現實世界很少提供重量分布對你特別有利的硬幣。你不會拿到一枚重量分布是八十比二十的硬幣；幸運的話，你會拿到一枚重量分布六十比四十的硬幣，但更有可能的情況，是你一整天大部分時間都拿到那種五十三比四十七的硬幣。當然，即使是一枚對你有利的硬幣，也可能會常常落在對你不利的那一面。所以就算你的計算沒問題，也還是可能賠錢。簡街的核心理念，就是要確保整體的績效，不會受任何一個交易員、任何一次拋硬幣的影響。簡街兩百多名交易員在辨識重量不均的硬幣上，都有非凡的能力。他們每天總計要拋數百萬次的硬幣，平均法則最終會出現，帶來有利的結果。然而，簡街還是會出現賠錢的交易日、賠錢的一週，甚至賠錢的月分（這種情形很少）*。山姆說：「最大的風險，是我們找不到足夠的硬幣來拋。」

就像所有簡街交易員，山姆一直在尋找讓交易決策自動化的方法。誠如作家伯恩・霍巴特（Byrne Hobart）所言，簡街交易員「一直在設法提高電腦在金融領域中取代人類的效率」。簡街交易員的任務不僅是優化金融市場，還要優化自己，把注意力集中在可能做出最有價值的決策上。你只要教會電腦做某些決定，就可以騰出時間去找新硬幣來拋。為了賦予電腦這種決策能

---

*由此可見簡街的本質。二〇一四年山姆進簡街那年，沃途金融向美國證券交易委員會（SEC）申請上市。招股說明書顯示，在一千二百三十八天的交易日中，只有一個交易日賠錢。在剛剛結束的那一年，沃途金融每天在股市交易中都有獲利。聰明的讀者可能會問，它是如何做到的呢？答案已經超出這本書的範圍，但我在二〇一四年寫的《快閃大對決》中有提到這個問題。在此想強調的重點是，雖然每家高頻交易公司看起來都差不多——交易都是自動化、都在金融市場中擔任中介，但這些公司的賺錢方式不同。像沃途金融和城堡證券這樣的公司，會付錢給美國的證券交易所來獲得速度優勢，使他們能以很小的風險與市場上的其他公司交易——這解釋了他們為什麼從未虧損。每個交易日結束時，他們在市場上沒有持有任何部位。他們的技巧，在於比對手更快為自己勾勒出股市大局——這就是為什麼，他們尋找年輕人才時，會優先招募可以加快機器速度的程式設計師，而不是能夠做出風險決策的交易員。簡街從來沒有認真參與過美國股市的速度遊戲，或許還為此感到遺憾。簡街的相對優勢一直是在更公平的市場——在那種市場中，他們無法直接花錢買到紐約證券交易所提供給高頻交易員的優勢。如果說沃途金融與城堡證券等公司是在玩速度遊戲，那麼像簡街這樣的公司則是在玩腦力遊戲。

力，你要找出可以用電腦程式碼來表達的市場型態。這樣一來，當投資者要跟你買一億美元的印度ＥＴＦ時，你就不需要坐下來計算要支付多少交易稅、買家有什麼風險，甚至不需要計算開盤時印度股價可能上漲多少。你只要按一個按鈕，就會啟動演算法，讓電腦自己判斷是否要執行交易。

當然，你還是得盯著市場。比方說，如果印度股市收盤後，有一枚核彈在孟買爆炸，你肯定不能要電腦幫你買賣股票。簡街交易員把電腦當成機械手臂使用，能幫你做很多比你自己的手臂還多的事情，但你還是必須把自己的手伸進機器手臂裡才能操作。多數情況下，電腦在交易決策上遠比人類優秀，尤其是當人類只有十五秒可以思考決策的時候。「當我找到一件還沒自動化、但可以自動化的事情，會讓我覺得自己最有價值。」山姆說：「電腦做決策比人類好，因為決策時間太短，人類必須非常迅速地做出決定。」

簡街在三明治生意中賺了錢，也在市場上尋找其他人沒注意到的統計模式而獲利。當然，只要有人交易，交易員就會設法在市場上尋找那些被大家忽略的模式。簡街與一九八〇年代傳統華爾街交易廳所做的事，本質相似，只有程度上不同：簡街讓數據完全取代直覺。

它的標準程序是這樣的：交易員一邊進行小型研究專案，一邊用眼角餘光監控著旁邊的電腦交易（對山姆來說，就跟他後來一邊開視訊會議、一邊打電動一樣）。例如，國際ＥＴＦ部門的一名交易員可能從以下這個問題開始——

油價在美國交易時間內的波動，由大型產油國公司股票組成的ETF，在尚未開盤的那些國家會有什麼情況發生？

如果油價在紐約的午間飆升，奈及利亞公司的股價可能會隨之走高，只是奈及利亞的股市這時候還沒開盤。不過，投資奈及利亞股市的ETF正在美國的交易所交易，這些在美國上市的ETF對油價波動的反應，會不會不夠快？你能不能預測到，接下來奈及利亞股市開盤時，股票一定會上漲？會不會，別人沒想到這點？以上這些問題，如果不研究歷史價格走勢，是無法回答的。簡街交易員平常花很多時間，做這種金融研究專案。

為什麼你做得那麼好，我們怎樣複製你的模式？

光是會賺錢還不夠，交易員還需要有能力解釋自己為什麼賺錢。

在簡街，除非交易員能解釋為什麼自己是出色的交易員，以及為什麼有那筆讓他賺到錢的交易，否則他就不算是一個出色的交易員。就像一位前交易員說過：「公司想知道的是，為什麼你做得那麼好，我們怎樣複製你的模式？如果你答不出來，他們就會懷疑你。」

這些小型研究專案通常不需要很正式，也不必用什麼理論來解釋為什麼某個市場缺乏效率，通常是交易員在交易過程中觀察到的異常事件而觸發的。例如，山姆曾注意到，首爾證交所的某些韓國股價上漲整整十二個小時後，東京證交所的某些日本股價也會跟著上漲。當你注意到這種情況時，你的第一個想法可能是：這只是巧合。但當你看到這種情況持續發生，你就會深入研究更多歷史數據，發現這些股票已經好幾個月呈現同樣的模式。這時你可以把握機會進行交易——在韓國股價上漲後，馬上買進日本股票。

然而，光是這樣是無法讓簡街滿意的，因為你不知道**為什麼**日本股價會在韓國股價上漲十二個小時後上漲。於是你會深入研究原因，就跟山姆一樣。他發現，那是因為韓國與日本ＥＴＦ的價格，都是由一家德國銀行的某位交易員所推動的。每隔幾天，這位德國銀行交易員就會在韓國與日本執行一些買單。下班前，他會先在韓國下單，然後把日本的買單交給亞洲的同事，等他們在東京睡醒後再處理。簡街交易員現在只要看到韓國ＥＴＦ上漲，就可以開心的買日本ＥＴＦ，直到那個德國交易員去世、退休，或意識到自己因為偷懶，付出了多大的代價。

山姆發現，很多交易之所以有利可圖，是因為別的交易員或交易演算法犯蠢，就像跟他打賭的梅爾曼。

例如，曾有長達兩個禮拜，加拿大主要股市指數每天早上開盤時的表現都很奇怪。九點三十分會不尋常地大漲或大跌，然後到了九點三十一分又恢復到之前的水準。這不是市場對新聞的正常反應，肯定發生了別的事情。

山姆深入研究後發現，一個月前有人做了一筆加拿大股市指數的選擇權交易，價值高達數十億美元。那個交易員需要在加拿大指數價格變動時，為他的投資部位避險。為此，交易員寫了一個程式，在加拿大指數上漲時買進，在加拿大指數下跌時賣出，從而導致加拿大指數的漲跌超過它本來應有的幅度。當加拿大股市的開盤價高於前一天，這個程式會買進指數，把價格推得更高，這又導致程式買進更多的股票。當該指數的開盤價低於前一天時，它就反過來做同樣的事情。於是有兩週的時間，山姆的交易部門光是在程式買進加拿大指數後賣出，並在程式賣出加拿大指數後買進，就賺了一筆小錢，一直到那個交易員突然驚覺自己的問題，才關閉了程式。山姆說：「這是對別人的愚蠢演算法，做逆向工程。」

當你繼續觀察金融市場的統計模式，能為你帶來各種特殊的見地。例如，每當巴西贏了一場世界盃球賽，巴西股市就會暴跌，因為大家認為贏球會增加腐敗的巴西總統迪爾瑪・羅賽芙（Dilma Rousseff）連任的機率。如果你能更快更準地預測巴西足球隊在下一場比賽中的獲勝機率，就可以下注賭一把。

再舉一個例子，二〇一六年十月下旬，即將到來的美國總統大選成了現代全球金融市場上最重要的選舉，簡街的國際ＥＴＦ部門交易員也要研擬交易策略，這個特別的研究專案，由山姆負責帶領。

賭川普，先大賺了三億，最後卻慘賠三億！

美國總統大選中，沒有統一的全國開票系統。五十個州各自決定如何以及何時公布其選舉數據，有些州的開票速度較慢，有些州有不錯的網站來匯總票數。「大多數的州，有大約十七個不同的網站。」山姆說。即使各州在數據收集方面非常有效率，選舉結果反映在金融市場上，還是會出現延遲。「在簡街，幾乎每個人都直覺的認為，我們可以利用時間上的延遲，來獲得交易優勢。這件事，如果我們做不到是很奇怪的。」

也就是說，簡街沒道理不能比金融市場或全球其他人，更早知道總統大選的結果。畢竟，金融市場跟一般大眾一樣，是透過ＣＮＮ來了解時事，而ＣＮＮ這些新聞不是為了讓高頻交易者獲得最大報酬而設計的，山姆說：「他們靠廣告賺錢，所以不會介意新聞延遲兩分鐘。新聞主播光是穿過播報台、走到開票地圖前，就要花十五秒。」簡街的交易員已經習慣在金融市場上，比其他人更快取得資訊，所以他們認為自己在政治市場上也同樣能做到。

很快的，他們就建好一個模型——類似新聞網、538（FiveThirtyEight，一個政治預測網站）所使用的模型——以便比其他人更快掌握資訊。山姆從其他部門招募了年輕的交易員，要求他們密切掌握各地的投票數據。他為每一個州指派一名簡街交易員，以取得最快的選舉數據。一位交易員負責密西根州，另一位負責佛羅里達州……。

大選前幾週，股市出現一個明顯的模式：只要出現對川普有利的消息，股市就會下跌；只要出現對希拉蕊有利的消息，股市就上漲。對川普有利的消息，對新興市場來說特別糟，例如墨西哥。簡街設計的交易策略並沒有那麼複雜，他們會比其他人先取得投票結果，並據此買進或賣出美國市場與新興市場的股票。

二〇一六年十一月八日晚上，山姆設計及監督的電腦運作如常，簡街交易員一如預料搶在CNN之前取得數據，有時是搶先幾秒鐘，通常是搶先幾分鐘，偶爾是搶先幾小時。一個簡街交易員大喊：「川普上！」另一個交易員就會賣出股票，然後過了五分鐘，CNN會證實這個事實，市場就會隨之波動。

簡街原本擔心，其他高頻交易公司可能也在做同樣的交易，但當晚隨著時間推移，他們發現自己想太多。山姆說：「市場是隨著CNN的速度走，而不是數據的速度。我們有信心，我們掌握的資訊比市場多。我們可以感覺到，即使有其他人也在做同樣的事情，應該也是很少數。」當晚公布的開票結果，有七次使機率往某個方向波動高達五％，而這七次簡街都搶先市場走勢的變動。

那次大選，佛羅里達狹地（Florida Panhandle）的投票結果是最戲劇性的。最初的計票顯示，希拉蕊似乎贏了佛羅里達州，因此很可能贏得大選。佛羅里達州非常重要，而狹地的選舉結果對川普的影響特別大。在簡街的模型中，川普贏了狹地之後，當選機率從五％一舉躍升至六〇％。山姆回憶道：「我們比CNN更早看到佛羅里達狹地的選舉結果。我們甚至還有時間恐慌，懷疑自己搞錯了，然後證實數據沒錯，於是大喊：『媽的，算了，趕快賣股吧！』」

結束交易時，簡街已經押了數十億美元做空標準普爾五百指數，又押下大約二・五億美元做空其他國家股市，尤其是墨西哥，這些國家的經濟最有可能因川普當選而受創。

凌晨一點左右，經過二十四小時亢奮無休的工作，山姆離開交易廳去睡覺，市場似乎已經完全接受了川普勝選的消息，簡街贏得有史以來最賺錢的一筆交易。山姆說：「那是我在簡街最爽的一天。」

三小時後，他回到交易廳，赫然發現川普當選對全球股市的影響轉向了。「本來以為是世界末日。」山姆說：「但顯然不是美國市場的末日。」美股反彈，而簡街交易大都做空美國股市。山姆說：「原本大賺三億美元，現在卻大賠三億美元。原本史上最賺錢的交易，現在變成最糟糕的交易。」再加上，川普當選了，讓山姆和他在簡街的同事很失望。他說：「感覺像是宇宙開了一個殘酷的玩笑。」

接下來簡街高層的反應，讓山姆很意外——因為他們幾乎什麼也沒做。公司沒有為此啟動大規模檢討，沒有人因此受罰或甚至受到質疑。一方面，山姆很欣賞公司區分過程與結果的管理，畢竟一個糟糕的結果，並不等於有人做錯事，就像一個好的結果，也不等於有人做對了什麼。「簡街真的不喜歡究責，他們有點像問『有人做了違反規定的事嗎？』只要答案是否定的，他們會認為，即使是執行長也可能會這麼做。」山姆說。

但另一方面，這家運作不透明、行事神祕的公司，比地表上任何人更早掌握當代最重要的一場總統選舉結果，最後卻大賠錢。事後回顧，他們花太多時間去獲取資訊，卻沒有花足夠時間思考如何運用資訊。他們直接認定，川普勝選是一場全球金融災難。事後回想，他們該做的交易是如此明顯（後見之明總是如此）：賭川普勝選，對小型國外市場的衝擊大於美國市場。他們應該買進更多標普五百指數，賣出更多海外股（例如墨西哥股市）。山姆說：「我們搞砸了一筆好到不能再好的交易。我認為事後檢討應該是這樣：我們差點就成功，我們花了很多心思做的每件事都做得很好。」

然而，簡街高層並沒有分析如何在日後改進像這樣的交易，而是認為這樣的交易打從一開始就錯了。「他們認為，我們對這種事情缺乏直覺，以後不會再這樣做了，接下來不要再講跟選舉有關的交易，直到大家忘了這件事。」這個決定讓山姆困惑，他不禁懷疑，簡街真的有在追求最大期望獲利嗎？

我是一台會思考的機器，而不是一台有感情的機器

令人意外的是，很少有人離開簡街去其他的華爾街銀行，或去其他地方上班。

山姆說：「當有資深交易員跳槽到對手那邊時，大家會邊喝酒邊哭，因為實在太難過了。」這家公司吸引了那些以前不太可能進華爾街的年輕人，讓他們對華爾街充滿興趣、投入其中，並提供他們高薪，讓他們無法想像除了為簡街工作，自己還能做什麼。他們把數學人才轉變成金融人士，而且不會明顯減損快樂感。連做得不太好的員工也會被留下來，並讓他們感覺自己是公司的一分子。「簡街從來不開除員工。」山姆說：「因為付錢讓他們什麼都不做，比讓他們把交易帶到競爭對手那裡更划算。」

為了留住山姆，簡街竭盡所能的籠絡他。他們找了山姆在麻省理工學院的兩個好友來面試，並雇用了其中一人。他們甚至雇用了山姆的弟弟蓋柏，在簡街的交易廳工作。他們讓山姆負責策

畫及執行二〇一六年總統大選期間的交易，害公司大賠錢，但沒有人因此責怪他。在他的年度考核中，上司告訴他，他的考績在同期員工中名列前茅。他不是公司裡最會賺錢的交易員，但他還年輕，而且做得很好。

進簡街一年後，他們付給山姆的年薪是三十萬美元。第二年，加到六十萬美元。第三年，他才二十五歲，簡街就準備給他一百萬美元的獎金。年度考核時，山姆要求上司描繪一下他在簡街的「錢」景。他們說，要看簡街的整體表現，如果十年後他一直表現很好，年薪可望達到一千五百萬到七千五百萬美元。一位前交易員表示：「簡街的策略，是讓人爽到捨不得離開。」

然而，山姆並不快樂。他在很多方面都不開心，那是一種難以言喻的複雜情緒，他很希望能有新的詞彙來描述那種感覺，就像愛斯基摩人創造出各種詞彙來描述冰那樣。有時候，山姆會想通自己與當下處境的關聯（通常是在洗澡時），他會把想法寫下來，像是在對自己做簡報一樣。

「我感覺不到快樂。」有一天他如此寫道，當時他已經快要離開簡街。「我感覺不到幸福，不知道為什麼，我一直沒有滿足感。我的顛峰時刻、我最驕傲的時刻，來了又去，我什麼都感覺不到，只覺得腦海中有個地方空白，那是原本應該填上快樂的地方。」

他知道自己應該感謝簡街的賞識，因為他們在他身上發現了別人看不到的價值，但他也知道自己對簡街毫無感激之情。「真正的感謝是打從內心、肺腑、從大腦中感受到喜悅、歸屬感和感激。」他寫道：「我完全沒有那種感覺，我感覺不到任何東西，至少沒有一個是正面的。我感覺不到快樂、愛、驕傲、奉獻，只感到一股尷尬籠罩著我，感覺到種種的壓力，例如應對進退必須合宜、必須表現出我對他們的愛等等，但我做不出來，因為我做不到。」

簡街是山姆接觸過的公司中，唯一不會讓他在某種程度上感到不滿的。他周遭整天都有數百個人，他們有著共同的目標，玩著有史以來最棒的遊戲。然而，他依然覺得自己與他們格格不入。他已經學會假裝對他人的言行做出反應，好讓別人更容易了解他。他所做的，只是創造了一個更好的面具，一個可能讓別人更難知道背後真正想法的面具。「我喜歡我的同事，」他寫道：「但他們似乎沒有興趣了解真正的我，也沒有興趣傾聽那些被我藏起來的想法。我越是真誠地看待我們的友誼，友誼就越容易消失。沒有人對我好奇，沒有人在乎我眼中的那個自己。他們只在乎他們看到的山姆，以及他對他們的意義。他們似乎不明白那個山姆是誰——那是我選擇要跟大家分享的所有想法所創造出來的，就像我現實生活的一個推特帳號。」

山姆認為自己是一台會思考的機器，而不是一台有感情的機器。他認為自己是透過理性思考來採取行動的人，他人生中的重大改變，往往是在別人向他提出他無法反駁的觀點之後發生的。例如，他進麻省理工學院幾天後，認識另一位新生亞當．耶蒂迪亞（Adam Yedidia，就是簡街後來雇用的那個好友），他們開始聊到功利主義。山姆認為，功利主義是人生中唯一明智的哲理。

聽著山姆滔滔不絕地談論他的信念，亞當告訴山姆：「如果你真的相信這些，你就不會吃肉了，你只要付出很小的代價吃素，就可以減輕很大的痛苦。」

對於減少痛苦這件事，山姆是很認真的，但他也喜歡吃炸雞。「亞當的話一直在我的腦中盤旋，但我一直在逃避面對腦海中的想法：我花三十分鐘享用炸雞，而這隻雞要忍受五週的折磨。」他知道，一定要改變飲食，而他的確改了。亞當說：「有些人改吃素很容易，有些人很難，他是很難的那種。通常這種很難改變的人都不會改，但他卻改了。」

認識麥卡斯科爾，也同樣改變了山姆。這位牛津哲學家的主張，在山姆聽來很有道理。麥卡斯科爾認為，我們應該以結果來論斷自己的人生，而結果是可以量化的，也就是：看你可以拯救多少人命。山姆一聽就被說服了。「這個想法非常直接，又確實可行。」山姆說：「他說的話幫我找到了一條明確的前進道路。」

我要去玩加密貨幣了，我可以賺十億美元！

在簡街三年，他致力賺最多的錢，然後用那些錢投入他支持的理念：以最有效率的方式，拯救生命。他把大部分的收入捐給牛津那群哲學家認可的三個慈善機構——兩個是牛津哲學家創立的「八萬個小時」（80,000 Hours）和「有效利他主義中心」（Centre for Effective Altruism），第三個是人道聯盟（Humane League）。

然而，山姆努力提高全世界的幸福感，自己卻感受不到一絲幸福。從二〇一四年夏天在簡街工作開始，到二〇一七年夏天，他完全沒有休過假。連美國股市休市，他也照樣工作（當美國交易員沒在看盤時，外國市場的走勢特別強勁），所以在簡街的紀錄中，他的休假天數是負數。在交易廳裡，他問了自己一個問題：

我意外碰上的這份工作，能為我帶來最大價值的可能性有多高？

乍看之下，他覺得不會太高。他甚至列了一張清單，上面列出如果不在簡街做交易，他可能會做的事情，例如從政、當記者、推廣有效利他主義、開一家科技公司（雖然我不知道要做什麼）、自己做交易。「我大概列了十個選項，試著估計每一項的期望值，結果都差不多。如果拿簡街與其中任一項比較，看不出有什麼差別，但如果將**全部**選項一起比較，差別就很明顯了。我問自己：『簡街是最佳選擇的可能性有多高？』答案是很低。顯然，如果我一直待在簡街，是找不到答案的，唯一的方法是出去闖闖，試試其他選項。」山姆回憶道。

二〇一七年夏末，他終於休了個假。當他可以自由的實驗，很快就發現清單上有一個選項，與其他選項不同。

二〇一七年，加密貨幣已經從一個他原本沒興趣的奇怪嗜好，變成一個新興的金融市場，完全獨立於其他金融市場之外。光是那一年，所有加密貨幣的價值就從一百五十億美元，飆升至七千六百億美元。

簡街沒有交易加密貨幣，據山姆所知，其他高頻交易公司也沒有在玩。簡街對加密貨幣非常不放心，甚至不准交易員用個人帳戶進行買賣（山姆有問過）。然而，當時加密貨幣每天的交易總額大約有十億美元，而且交易方式非常原始，彷彿市場上不存在高頻交易似的。

山姆做了一個粗略的計算：如果他能掌握加密貨幣市場的五％（按簡街的標準來看，這個數字不算大），一天就可賺一百萬美元或更多。由於市場二十四小時運作，不會收盤，這意味著一年的獲利高達三．六五億美元以上。他說：「這是我的粗略估計，看起來很瘋狂，所以我把它除以十，一年大約是三千萬美元。但我不好意思把這個數字拿給任何人看，他們會說：『神經病，滾啦！』」

但他覺得似乎也沒那麼不好開口。他回簡街遞辭呈之前，和那個當初慫恿他吃素的亞當通電話。亞當回憶：「山姆和其他人不一樣，他表達個人觀點時總是帶著自信，而且還是自信滿滿。他說，『我可以賺到十億美元。』我說，『你不可能賺到十億美元。』」

第2幕

第5章

說！四百萬美元哪去了？

最早的一批夥伴，紛紛離開

卡洛琳．艾里森（Caroline Ellison）只為山姆工作了幾個禮拜，就打電話給母親，哭哭啼啼地說她犯下這輩子最大的錯誤。

她是在史丹佛讀大三升大四的暑假，去簡街實習時認識山姆的。公司指派山姆負責教她那屆的實習生如何交易，她說：「我有點怕他。」

她跟山姆一樣，出身自學術家庭，父親葛蘭．艾里森（Glenn Elliso）曾是麻省理工學院的經濟系系主任。她也跟山姆一樣，從小就展現數學天賦。她第一次聽說簡街這家公司，是因為簡街為了吸引像她這樣的年輕人所贊助的數學競賽。同樣的，她也是在大學期間接觸到有效利他主義，並從中找到有共鳴的使命感。她可能比山姆更喜歡數學，她說：「以嚴謹的計量思維做決策的人，對我有一種吸引力。在接觸有效利他主義以前，我並沒有行善、做好事之類的想法。」

離開那個每天上班玩玩遊戲、增加存款數字的地方

就像山姆一樣，她被簡街錄取為全職交易員。不同的是，她沒什麼自信，很容易受別人意見的影響，尤其是與她有關係的男人。

她想過一般的正常生活，有七情六欲，想結婚生子，希望有一台休旅車載著全家到處跑。工作一年後，她意識到自己在職場上的表現只能算普普，而且對簡街，她也沒有類似山姆的那種感覺，更沒有山姆對工作的狂熱。她說：「我確實不太滿意這份工作，感覺像是缺了什麼，我不確定自己能帶來多大的貢獻。」

與此同時，她與簡街另一名交易員艾瑞克．曼尼斯（Eric Mannes）展開一段看似充滿前景，卻又缺乏希望的戀情。「我與艾瑞克那段感情真是不堪回首。」她後來試圖說明那段感情時如此寫道。為了配合山姆有限的注意力，她把這段戀情簡化成條列式的幾個重點：

- 他告訴我，他可能永遠不會愛我。

- 我非常難過，感覺非常糟糕。
- 我不想讓他知道我感覺有多糟，因為我擔心會導致他跟我分手。
- 因此，我隱藏起真實的感受，裝出開朗、淡定的樣子。
- 我盡量避免去談或去想會讓我難過的事情。
- 例如，聽他談前幾任女友，我會嫉妒、沒有安全感，所以我從來沒問過她們的事。

「跟艾瑞克在一起，我總是覺得如果他真的很了解我，就不會想和我在一起了，所以我需要隱藏起真實的自己。」她補充道。

二〇一七年秋天，簡街派她回史丹佛大學，招募有數學天賦的朋友加入簡街的高頻交易。她一到史丹佛，就打電話約山姆見面。在柏克萊喝咖啡時*，山姆對自己正在忙的事情守口如瓶。

*到二〇一七年底，柏克萊已經取代牛津，成為有效利他主義的金融之都。其中一個原因是，臉書的共同創辦人達斯汀・莫斯科維茨（Dustin Moskovitz）與妻子卡莉・圖娜（Cari Tuna）表示，他們打算捐出數十億美元財產的大部分，用於支持有效利他主義的理念。除了他們之外，還有其他人也如此表示。牛津仍是這場運動的智識中心，但舊金山灣區已經變成最有可能集資，以啟動一個相當於有效利他主義避險基金的地方。

卡洛琳回憶道：「他只說：『我正在做一件神祕的事，不能多談。』他不太敢從簡街挖角，但聊了一會兒後，他說：『我想，也許我可以告訴你我在做什麼。』」

聊到最後，卡洛琳覺得自己應該離開簡街，加入山姆正在祕密創立的加密貨幣公司。她將為山姆成立的新計量基金做加密貨幣的研究，就像她在簡街做的股票研究一樣，問一些類似這樣的問題：

比特幣的價格會不會在一天內大幅波動？

比特幣的價格相對於其他加密貨幣的價格是如何變動的？

但其實兩份工作的根本目的完全不同，因為未來在山姆的公司與她一起共事的，只會是其他的有效利他主義者。誠如山姆所說的，簡街「只是一個大家每天來上班玩玩遊戲、增加存款數字的地方。這些人除了會賺錢，他媽的還能做什麼？」。

山姆新創的阿拉米達研究公司不一樣，這是一個為了拯救無數生命而成立的平台。

卡洛琳告訴山姆，她需要考慮一下。所謂考慮，指的是回到簡街，最後一次問艾瑞克是否愛她。

結果，艾瑞克並不愛她。雖然這令人難過，卻也讓卡洛琳想開了，辭掉簡街，加入阿拉米達。

他一邊挽留我，一邊把我的東西打包裝箱

離開簡街，並不像卡洛琳想的那麼容易。

簡街以年薪二十萬美元雇用一年的交易員，是不可能那麼簡單就辭職的，尤其是去一家不可靠的加密貨幣新創公司工作。卡洛琳發現，她的離職，讓簡街對於一股新的威脅心生警覺。

簡街與其他的高頻交易公司尋找交易員的人才庫，與麥卡斯科爾和其他牛津哲學家吸收有效利他主義信徒的管道是一樣的。那些能夠為複雜的金融賭博算出期望值的人，正是那些相信他們能夠算出自己一輩子期望值的人。以華爾街的標準來看，簡街不算是個貪婪的地方，它的負責人也不像其他高頻交易公司的創辦人那樣喜歡炫富。他們沒有買職業球隊，沒有向常春藤盟校砸錢、在校園建築物上冠名，也不**反對**拯救幾條人命。但簡街畢竟還是在華爾街，為了生存，它得讓員工越來越依戀獎金，並愛上他們在曼哈頓的高級公寓及漢普頓（Hamptons）靜謐低調的避暑別墅。

有效利他主義者湧入簡街的現象，令人擔憂。這些人帶著自己的價值體系來到這裡，對簡街

以外的某個理想有著很高的忠誠度。他們不像其他華爾街的人那樣對金錢痴迷、那麼在乎獎金多寡。山姆就是因為毫無物質依戀而放棄簡街的高薪工作，轉而投入一項瘋狂的計畫，試圖靠自己賺更多的錢。一位簡街的前交易員說道：「這絲毫不影響他的生活品質，因為他根本沒有生活品質。」

短短幾個月內，卡洛琳是第二個從簡街紐約辦公室辭職的有效利他主義者。她辭職時的說法，是為了追求個人期望值的最大化。不過，這次簡街已經有準備了。她的上司（簡街的合夥人）把她拉進辦公室密談。她說：「他很生氣，冷著一張臉。」接著，他開始質疑卡洛琳內心深處的信念。他說，有效利他主義根本是鬼扯，並列舉出許多盲點，諸如：沒有準確的方法可以衡量你現在的行為，在遙遠的未來會產生什麼後果；即使真的有標準，都遠不如市場客觀；沒有人會像簡街給你那麼高的薪資，所以你的最大價值是在簡街……。這是第一次，一家招募最優秀數學人才的華爾街交易公司，被迫檢討數學在人生的局限性。卡洛琳回憶：「在長達一個小時的談話中，他試圖說服我留下來，因為功利主義是有缺陷的。我心想：『這不是我們能在一小時內解決的問題。』」

令她驚訝的是，這位簡街合夥人在發現自己的論點不被接納時，馬上翻臉。她說：「他發現無法改變我對功利主義的看法後，我的東西馬上就被打包裝箱了。」交易廳裡，沒有人跟她擁抱道別。卡洛琳抱著箱子，踏上曼哈頓下城街道，獨自一人走出公司時，當下的第一個念頭是：「天啊，我犯了天大的錯誤。」

天啊，他連續幾週不洗澡，到處都是過期食物

不過，這個念頭很快就消散了。二〇一八年三月，她搬到灣區去新公司報到以前，留給了自己一段空檔。她在部落格上描述了那種解脫的感覺。

在舊金山灣區住了一週後的我：一夫一妻制是無望的，正在消亡。不妨趁我還年輕、還夠辣，多跟真正的男人交往，同時去凍卵，留到以後再用。

三月下旬，她到新公司上班。但阿拉米達內部的情況，與山姆給她的預期完全不同。他招募了約二十名有效利他主義者（EA），大都是二十幾歲的年輕人，其中只有一人有金融市場的交易經驗。此外，他們大都不懂也不關心加密貨幣，會來這裡上班，只是因為相信山姆的論點：加密貨幣市場的效率極低，他們可以用他在簡街的交易方式，從中賺取數十億美元。

他們現在生活在山姆的世界裡，不再掩飾自己的不快樂。年輕的澳洲數學家塔拉．麥克．歐萊（Tara Mac Aulay）說：「他要求大家每天工作十八個小時，放棄正常的生活，但他自己開會都不出席，連續幾週不洗澡，到處都是過期食物，還會在辦公桌上睡覺。」

理論上，塔拉與山姆一起經營這家公司。她說：「但他完全不管理，覺得任何人如果有什麼問題的話，直接問他就好了。但是當有人真的找他一對一面談時，他又在打電動。」

那時公司的財務狀況已經很亂。幾個月前，山姆用他從簡街拿到的稅後獎金五十萬美元創立公司，當時公司的規模還很小，但短短幾個月內，他們說服了幾個更有錢的有效利他主義者，借來了一．七億美元做加密貨幣交易。沒有人確切知道究竟虧多少，只知道有好幾百萬美元。

到了二月，他們的交易系統**每天**虧損五十萬美元。除了交易損失以外，還有幾百萬美元憑空消失了。沒有人知道錢去了哪裡，員工全慌了。五人管理團隊的成員班．韋斯特（Ben West）說：「不是大部分管理團隊成員想離開，而是**整個**管理團隊都想離開。」

管理團隊的另外四人，與山姆開了一連串的會議。在第一場會議中，班問山姆，他在公司裡的理想角色是什麼。「他說像神經中樞——蜘蛛網中心的蜘蛛。」班回憶道：「也就是說，大家帶著點子去找他，由他來決定那些點子好不好。」山姆認為他的職責是傾聽大家的想法，但管理團隊成員以及公司裡的幾乎每個人都覺得，他根本沒在聽。

山姆一直活在自己的現實裡。對於莫名其妙消失的錢，他的態度是：「嗯，它可能會從某個地方冒出來，所以他媽的我們還是繼續交易吧！」他第一次嘗試開發的自動交易系統以驚人的速度虧損，接著他又開發了另一個據說更好的系統，名叫 Modelbot。Modelbot 的設計是用來搜尋全球的加密貨幣交易所，尋找可利用的效率漏洞。如果在新加坡的某個交易所可以用七九〇〇美元買進比特幣，並在日本的交易所以七九二〇美元賣出，哪怕這價差只存在幾秒鐘，Modelbot 也會一次又一次地執行，每秒可以執行數千次。

不過，這個例子讓 Modelbot 聽起來比實際運作簡單。Modelbot 的設計，是在約三十個不同的加密貨幣交易所，同時交易約五百種不同的加密貨幣。這些交易所多數位於亞洲，基本上都不受監管。前一年，幣圈爆發了類似鬱金香熱的狂潮，促成了數百種新幣上市。除了市場很大的知名貨幣（如比特幣、以太幣）以外，加密貨幣市場上還有很多幾乎沒什麼交易的垃圾幣（shitcoin）、性幣（Sexcoin）、普丁幣（PUTinCoin）、燙手山芋幣（Hot Potato Coin）等等*。但 Modelbot 並沒有分主流與非主流貨幣，只尋找可以做價差交易的任何加密貨幣。

Modelbot 可能是山姆與管理團隊之間最大的分歧來源。按照山姆的想像，只要按下 Modelbot 的按鍵，讓程式每週七天、全天候二十四小時，在加密貨幣市場上卯起來做價差交易就好了。但實際上，他無法讓 Modelbot 以他想要的方式交易，因為阿拉米達裡幾乎每個人都竭盡所能的阻止他。一位員工說：「我們完全有可能在一小時內賠光**所有**的錢。」也就是說，**原本可以直接投入有效利他主義的一．七億美元，可能在瞬間化為烏有**。這嚇壞了管理團隊其他四位有效利他主義者，一天晚上，塔拉與山姆爆發激烈爭論，後來山姆終於屈服，同意了她認為合理的妥協方案：山姆只能在至少有另一人在場監督下，才可以啟動 Modelbot；只要 Modelbot 開始虧損，就應該關閉程式。塔拉回憶：「我說：『好吧，那我要回家睡覺了。』但我前腳一離開，山姆就啟動 Modelbot，然後就睡著了。」從此以後，整個管理團隊再也不相信山姆了。

才剛加入公司，卡洛琳就從山姆那些夥伴那裡聽到這些可怕的故事。她後來回憶：「他們告訴我：『為了你好，你應該知道這裡有問題。』」卡洛琳加入公司兩週後，他們召開一次會議，宣布他們已經說服那些出借一．七億美元給阿拉米達的有效利他主義者，要求阿拉米達歸還那筆錢。這意味著，再過幾個禮拜，公司就沒有錢可以交易了。

卡洛琳不知道應該相信誰，一方面她覺得自己被騙了，因為她從簡街辭職以前，山姆沒有跟她提過阿拉米達的狀況有多糟。另一方面，公司裡的其他人她都不認識。她以為自己了解山姆，但她也覺得，如果整個管理層都嚷嚷著要辭職以示抗議，而且投資者打算收回資金，那肯定有人知道山姆一些她不知道的事。所以，她才會哭著打電話給母親。

加密貨幣交易，要非常信任員工

成立那家公司甚至不是山姆的主意，而是塔拉的主意。

塔拉本來在柏克萊管理有效利他主義中心（Centre for Effective Altruism），而山姆在簡街時是該中心的最大捐助者之一。整個二〇一七年的春季與夏季，兩人熱線通話不斷。一度，山姆還透露他對塔拉有好感。塔拉在某次兩人談話中提到，她正在用自己的個人帳戶交易加密貨幣。

塔拉不是任何人心中所想的那種加密貨幣交易者，在進入有效利他主義中心以前，她曾為紅十字會開發藥品需求模型。她沒有財金背景，也沒什麼錢，卻靠著交易加密貨幣賺進了數萬美元。山姆與塔拉聊得越多，對她的交易技巧越感興趣。塔拉不只是買進比特幣，然後看著它升值而已，她正在利用加密貨幣市場的低效率來賺錢。換成在其他的金融市場上，想要利用這種低效

---

*根據 CoinMarketCap 的資料顯示，截至二〇一八年底，共有二一七七種加密貨幣在市場上流通。它們的價值不等，有市值約六百億美元的比特幣，也有市值不到二十美元的 SHADE 幣。這些加密貨幣至少會假裝它們是為了某種特殊目的或專案而創造出來的，其創造者通常會發布相當於「使命宣言」的東西。例如性幣宣稱，是為了讓人更容易購買性愛玩具；普丁幣宣稱，是為了支持俄羅斯的經濟，「是為了向俄羅斯人民及他們的總統致敬」。燙手山芋幣最妙，某種程度上也是最誠實的，它是純粹的賭博機制，三十天就自己銷毀了。

率來獲利，需要有簡街那樣的人才、速度與專業。

山姆開了一張五萬美元的支票給塔拉，沒有任何的附加條件，所以她可以加大交易籌碼。但塔拉從未兌現那張支票，那筆錢令她不安，但不是因為山姆。塔拉回憶：「我一直說：『萬一我只是手氣好呢？』」山姆後來以數學消除了她的不安，說服她相信她的獲利績效，在統計學上有多麼不可能是靠運氣。塔拉的交易有點像簡街所做的幾乎所有交易，賭的是不同加密貨幣的相對價值。她的獲利讓山姆相信，只要創立一個避險基金，並以簡街的交易方式來交易加密貨幣，就可以賺進十億美元。

但光靠他一個人做不到。加密貨幣交易是全天候無休的，倘若要有兩個人一週七天、一天二十四小時不眠不休的投入市場，他需要再雇用至少五名交易員。他還需要程式設計師把交易員的想法轉化為程式碼，以便把交易自動化及提升速度。塔拉每週都會用筆電做幾筆交易，而山姆想要的是建立一支機器人大軍，每天做一百萬筆交易。他需要雇用一些智商比較平庸的人來做一些無聊的事情，比如尋找辦公室、為交易員買食物、支付水電費，可能還有很多他沒有想到的其他事情。

他認識一群熱心的有效利他主義者，這是他的祕密武器。山姆對加密貨幣幾乎一無所知，但他確實知道竊取加密貨幣有多容易。任何創辦加密貨幣交易公司的人都需要非常信任員工，因為任何員工都可以點擊按鈕，把加密貨幣轉進個人帳戶，而其他人根本搞不清楚發生了什麼事。華爾街的銀行無法培養出那種程度的信任，但有效利他主義者可以。

在此之前，山姆的領導經驗幾乎等於零，也從來不需要對任何人負任何責任。高中時，他曾在父母家玩解謎遊戲；在麻省理工學院時，他曾在宿舍擔任「指揮官」一年，管理二十五人的生活小組。他突然想到，既然他要開始創業了，就應該好好研究一下如何管理。但每次他翻閱有關管理或領導力的書籍或文章時，他就會很想翻白眼。只要有一個專家主張X，就會有另一位專家持相反的意見，他說：「真是鬼扯！」

不過，他對人才倒是嗅覺敏銳。他對別人的判斷，總是比別人對他的判斷敏銳許多。他的第一通求才電話，是打給王紫霄（Gary Wang）。山姆是高中時期在數學營裡認識王紫霄的，但直到大學兩人才變熟。王紫霄在中國出生，在美國長大，就讀麻省理工學院時比山姆低一年，兩人住同一個怪咖宿舍。身處在一群害羞、內向、不善社交的人之中，王紫霄總是最害羞、最不善社交、最內向的那個。他一臉單純，看起來無憂無慮，帶著天使般的微笑，但始終沉默寡言，不發一語。跟他並肩共事幾個月的人，往往一直到要離開時，都還以為他是個啞巴。有些人覺得他的沉默很無禮，但他們誤會他了。這種誤解是難免的，當別人試著跟他聊天時，他頂多只能露出不好意思的微笑。其他時候，他總是背對著大家，雙眼緊盯著電腦螢幕。

然而，不知怎的，面對山姆時他會破例。山姆看過王紫霄在麻省理工學院的程式設計比賽中獲勝，聽過那些比他更懂程式設計的人讚賞王紫霄根本是程式設計天才。山姆曾和王紫霄沒日沒夜的玩桌遊——桌遊可能是了解王紫霄的唯一途徑。山姆說：「很多人乾脆把他當成隱形人，但我後來終於了解他的本質。他雖然很安靜，但似乎不怕這個世界。他非常聰明，擅長遊戲，所以可以處理一些不是很直觀易懂的東西。」

臉書付他年薪三十萬美元，做一些很智障的事情

兩人漸漸熟了之後，在只有他們兩人的場合，王紫霄對山姆開口說話了。不管王紫霄講什麼，山姆都覺得很有道理，他甚至試圖把王紫霄推薦給簡街。

然而，不講話這個致命傷，還是讓王紫霄搞砸了面試。從麻省理工學院畢業後，王紫霄留在波士頓，擔任 Google 航班（Google Flights）的程式設計師。待在簡街的最後幾週，山姆前往波士頓，只是為了告訴王紫霄，他打算靠交易加密貨幣賺十億美元，以資助有效利他主義的理念（山姆已經說服王紫霄變成有效利他主義者）。「他當時在 Google 航班無聊死了。幾個小時後，他說他可能會加入我。」於是，山姆打電話給塔拉，說他已經找到他們的技術長了，還說她需要跟

王紫霄談談。

於是，塔拉打電話給王紫霄。「呃，那經驗挺奇妙的，跟一個不說話的人通電話，實在很難。」塔拉也跟山姆這麼說。山姆說：「你根本沒抓到重點，等你見到他本人再說吧。」

二〇一七年十月，山姆、塔拉、王紫霄聚在柏克萊的一間房子裡，用山姆領的簡街獎金作為他們的第一筆交易。從頭到尾，都是山姆在說話。那時，這種奇怪的慈善創富活動已經開始在日益壯大的有效利他主義圈子裡傳播開來，一個個毫無交易經驗、對金錢沒有特別興趣的人開始出現，提供他們的服務。

第一批人中，有一個人在山姆的世界裡扮演了核心要角：尼夏・辛（Nishad Singh）。

尼夏二十一歲，剛從加州大學柏克萊分校畢業。他也是山姆的弟弟蓋柏高中時期最好的朋友，兩人在明泉中學時一起改吃素，讀大學時一起成了有效利他主義者。大學畢業後，尼夏走上麥卡斯科爾大力宣傳的有效利他主義途徑，找到一份他能拿到的最高薪資工作，以便把收入捐給拯救生命的志業。他在臉書做起薪每年三十萬美元的工作，但才做五個月，就對那份工作失去了興趣。他說：「都是做一些很智障的事情。」

當他聽說山姆為了替有效利他主義籌得更多的錢，辭去簡街的工作，他很想了解細節，於是打電話給山姆，問他在做什麼。尼夏回憶：「我去了他們的公寓，那裡只有山姆、王紫霄及塔拉。他們給我看了他們在做的事。山姆說：『來看我做交易。』他點了幾下滑鼠，然後說：『我剛剛賺了四萬美元。』我說：『哇靠！這是**真的**嗎？』」

尼夏和王紫霄一樣，也是移民第二代。他的父母從印度剛來矽谷時，身無分文，後來成為美國的中上層階級。他們回印度時，父母對路邊飢民視若無睹，這讓尼夏深感不安。當他知道動物變成盤中飧的過程所遭到的對待時，感到更加不安，這些他都有讓父母知道。「小孩並非天真到毫無感覺，你可以感受到那有多可怕。年紀還小時，你能控制的事情不多，但我意識到我可以在這件事上做出選擇。」高中時，他開始讀彼得．辛格的書，並走上一段父母認為有點可笑的道德洗禮之旅。「我父母的態度是：『沒人在乎的事，肯定意味著不值得擔心。』後來我不再談論這件事，因為只要我一講，他們會乾脆離開餐桌。」他們對於兒子在大學時開始投入有效利他主義感到特別不解，尼夏說：「他們覺得把自己賺來的錢大部分捐掉，實在太離譜了。」

也許是因為這個原因，蓋柏的父母——喬與芭芭拉——對尼夏來說，變得很重要。「他們是最早認真對待我的成年人。」他說：「幫助我認真看待自己。」

至於蓋柏的哥哥，對他來說卻彷彿根本不存在。高中時，山姆似乎與蓋柏或其他人毫無關係，甚至很少走出自己的臥室。「山姆對我來說，只是一個隱居中的天才。」尼夏說：「他好像沒有童年，也跟我們的童年無關。」

現在尼夏長大了，很想問問這位隱居天才幾個問題。第一個問題是：

「你到底是怎麼從加密貨幣市場賺走四萬美元的？」

山姆解釋了箇街的獲利模式，並解釋加密貨幣市場是由散戶主導，而散戶不太關注不同加密貨幣交易所之間的價差。

接著尼夏追問：

「為什麼箇街或其他的高頻交易公司，不來加密貨幣市場撈錢呢？」

山姆說，箇街（可能還有其他公司）才剛接觸加密貨幣，但他們需要幾個月的時間，才能消除對加密貨幣市場的疑慮，他們很怕加密市場是一個龐大的犯罪集團。尼夏說：「我是工程師，我連股票與債券都分不清楚，怎麼可能幫上忙？」山姆說：「別擔心，你從來沒有交易過也沒關係。這只是另一個工程問題，只要你懂一點，就可以幫忙編寫交易系統的程式了。」

「會有什麼風險？」尼夏問道。

「爆了！」山姆說。

但他們沒爆，至少一開始沒有。最初幾週，他們雖然沒賺到錢，但當時他們只有幾個人，山姆的獎金還夠用。到了十二月底，他們雇用了一群人，募集了兩千五百萬美元資金。王紫霄基本上是獨自寫出整個計量系統的程式，那個月，他們獲利數百萬美元。二〇一八年一月，他們的獲利增加到**每天**五十萬美元，資本額是四千萬美元。就在這時，出現一個靠 Skype 致富的利他主義者——揚・塔林（Jaan Tallinn），塔林給了他們一・三億美元。

實際發生的才是法律，白紙黑字寫什麼並不重要

他們頭兩個月賺的錢，大部分來自兩筆交易。市場對比特幣的瘋狂需求，造成了價格的混亂。二〇一七年十二月，韓國散戶投機者把比特幣的價格推高到比美國交易所高出二〇％，有時甚至更高。如果能在韓國以外的市場買進加密貨幣，然後在韓國找到出售加密貨幣的管道，就可以鎖住巨額獲利。

然而，想要套利也沒那麼容易。首先，想在韓國的交易所開立加密貨幣帳戶，你必須是韓國人。尼夏回憶：「我們在韓國當地找到一個讀研究所的朋友，用他的名字去開戶。」

他現在明白，為什麼簡街可能需要一段時間，才能把極端的交易效率輸出到加密貨幣市場了——因為簡街會發現在法律上很麻煩，萬一被《紐約時報》發現他們為了做這個生意而雇用一位韓國研究生來當人頭，臉就丟大了。尼夏後來說：「那麼做可以說是違法的，但實務上即使你這麼做，誰會理你？根本沒人管。」

這也是尼夏學到的金融入門課：理論上，有法律監管金錢，但實際上，是人在決定怎麼用錢。「我就是從那裡學到法律是什麼的。」尼夏說：「實際發生的才是法律，白紙黑字寫什麼並不重要。」

找個韓國人當人頭還算容易的，沒有央行的許可，韓國人出售價值逾一萬美元的韓元是違法的。也就是說，就算你找到一個韓國人當人頭，你還是得想辦法把韓元兌換成美元，否則最終你只會在韓國累積滿手的韓元（來自你在韓國交易所出售的比特幣），然後在美國滿手比特幣，根本無法完成套利交易。

理想的情況，是一口氣完成整個交易流程：在韓國賣出比特幣，拿到韓元↓賣出韓元，換成美元↓用這些美元，以便宜二〇%的價格在美國繼續買比特幣↓然後再回到韓國賣出比特幣。這樣一來，你手上就沒有了比特幣，還能從交易中獲得二〇%的利潤。

問題是：韓國政府不讓你賣出韓元。

因此山姆還想過一招，就是乾脆買一架大型噴射客機，在首爾與日本外海的小島之間往返，上面載滿韓國人，每個人的手提箱裡裝著價值一萬美元的韓元。「這種方式最大的問題，是無法把規模放大。」山姆說：「為了達到成本效益，我們每天需要約一萬個韓國人。而且這樣做也會引起關注，導致被勒令停業。韓國央行如果看到你每天讓一萬名韓國人一起提著裝滿韓元的手提箱搭飛機，他們肯定會想辦法把這條路徑堵死。」

儘管如此，山姆還是沒死心，韓國比特幣的價格有幾度甚至比美國的價格高出五〇％。當時他們還發現，其實也可以不需要兌換貨幣，只要用韓元大量買**東西**，然後在韓國境外把這些東西賣掉，換取大量美元就行了。所以山姆曾考慮成立一家進出口公司，在韓國用韓元買進止痛藥泰諾（Tylenol），然後在美國以美元賣掉。山姆和那群有效利他主義的夥伴前後想了十幾個點子，最後決定透過 Ripple。

RippleNet 是一些加密貨幣的創業者在二〇一二年創立的平台，要在日常金融生活中發揮比特幣本來應該扮演的角色。Ripple 的貨幣叫「瑞波幣」，簡稱 XRP，與需要耗費大量能源來維持的比特幣不同，這是一種碳中和的加密貨幣*。與比特幣一樣，瑞波幣的幣值起伏很大，二〇一七年底，瑞波幣在韓國與美國交易所的價差，甚至比比特幣還大。如果比特幣在韓國的價格比在美國高出二〇％，那麼瑞波幣的價格就高出二五％。

這一來，也讓瑞波幣為瘋狂的加密貨幣市場帶來一種賺取價差的方式：首先，在韓國賣出瑞波幣，換到韓元之後買進比特幣。接著，把比特幣拿到美國賣出，換成美元。最後，在美國用美元買進瑞波幣，然後回到韓國把瑞波幣賣出。這樣一來，雖然在韓國買進、美國賣出比特幣要倒賠二〇％，但在美國買進、韓國賣出瑞波幣可以帶來二五％獲利，兩者相抵之後還有五％的獲利。以簡街的標準來看，每一筆五％依然是很驚人的獲利，唯一的風險，是交易過程中的五到三十秒之間，市場會發生什麼變化。

阿拉米達剛開始用這種方式交易，就是基於這樣的盤算。直到二月的某一天，有人（不是正在瘋狂交易的山姆）發現，帳目對不起來，總值四百萬美元的瑞波幣不翼而飛。當時，沒人知道這筆錢到哪去了。

價值數百萬美元的瑞波幣，真的不見了？

山姆和他的交易員用王紫霄建立的系統，每天做二十五萬筆交易。任何時刻都有很多瑞波幣與比特幣在交易，所以很有可能所謂「失蹤」的瑞波幣，只是還在交易途中。山姆猜想，這筆價值四百萬美元的瑞波幣是從美國的交易所匯出（從阿拉米達的帳戶中扣款），匯到韓國的交易所時入帳時間有落差，所以沒有記入阿拉米達的帳戶。但管理團隊其他成員不相信這個說法，堅持

＊編按：碳中和，是指在一定時間內，人為排放的二氧化碳總量與透過減碳手段消滅的二氧化碳總量正負抵銷，以維持二氧化碳的平衡。

要求山姆暫停交易，以便找出那筆錢的去向。

他們為此僵持了許久，山姆後來終於同意暫停交易兩週。這時，管理團隊其他成員證實，價值數百萬美元的瑞波幣，真的不見了。

這時，除了山姆（也許還有王紫霄）以外，每個人都很生氣。阿拉米達的一位主管說：「我們認為，有必要告訴投資者與員工，讓他們重新考慮自己的選擇，但山姆反對這麼做。」山姆仍然堅稱，瑞波幣暫時失蹤沒什麼大不了，他不認為有人偷了那筆錢，不相信錢真的不見了，也不覺得應該把那筆錢當成消失了。他告訴大夥兒，據他估計那筆錢最終出現的可能性是八〇%，所以他們應該當作自己擁有那筆錢的八〇%。一位管理者說：「萬一我們再也拿不回那筆錢，沒有人會認為我們仍擁有八〇%的瑞波幣是合理的說法，他們會說我們是騙子，投資者會指控我們詐欺。」

像這樣的爭論把山姆煩死了，他討厭在事後把機率性的情況解釋成非黑即白、非好即壞，或非對即錯。他的生活方式之所以與多數人不同，主要是因為他願意從機率的觀點來看待事情，並根據機率高低來採取行動，而且他拒絕被任何的馬後砲所動搖。瑞波幣失蹤這件事，讓他想起一個非常有趣的實驗：

假設你有一個好友名叫鮑勃，你很喜歡他。鮑勃在參加一場派對時，有人被謀殺，派對現場有二十個人，但沒人知道兇手是誰。你覺得鮑勃不可能殺人，但你又不能說鮑勃殺人的機率是零。但的確有人被殺害，沒有人知道是誰幹的。現在，你覺得也許有極小的可能性（比如一％），是鮑勃幹的。那麼，在沒有任何關於鮑勃新資訊的情況下，你要怎麼看鮑勃？對你來說，鮑勃是個什麼樣的人？

正確答案之一是：你永遠不該再接近鮑勃。因為雖然鮑勃有九九％的機率是你心目中的聖人，但萬一你錯了，你就死定了。

我們很難從機率的角度來判斷一個人的性格。鮑勃要嘛是冷血殺手，要嘛不是。無論你在發現真相之前，認為鮑勃是兇手的機率是多少，事後看都會顯得不合理，甚至荒謬。「你不可能做出一個『極可能大致正確』的猜測。」山姆說：「鮑勃要嘛完全無辜，要嘛罪大惡極。」

然而，山姆認為從機率的角度思考，是理解一個人——或者說，任何不確定狀況——的唯一方法。「你說『我不想跟鮑勃這種人相處』是不夠的，你需要換個說法。你要說『好吧，在這件事情解決以前，我要遠離鮑勃』的機率是多少？」山姆說：「這不容易回答，但現在沒有任何合理對待鮑勃的方法。」現實生活中的不確定性，結果常會讓機率推論法顯得可笑，但在山姆看來，除了用機率來思考，別無他法。「很多事情就像鮑勃一樣。」山姆說：「我認為這次的瑞波幣事件也一樣，我們要嘛拿回那筆錢，要嘛拿不回來。」

「只有讓山姆破產，他才會得到教訓！」

到了四月初，阿拉米達其他高階主管受夠了山姆這種思考實驗。一位主管說：「交易暫停後，我以為山姆會更新資訊，但他沒有。他的心態就是：『嘿，我們遇到麻煩了。我們不知道錢在哪裡，但我們知道，我們現有的錢不像我們想的那麼多。』」他們都不喜歡山姆放任不管理的心態，越來越覺得山姆根本不在乎錢到底在哪裡。他們每天做二十五萬筆交易，但系統不知何故丟失或漏記了其中好大部分的交易。這種糟糕的紀錄會帶來許多問題，例如無法誠實報稅。塔拉問道：「如果我們漏記了一〇%的交易，那要如何通過查帳呢？」

瑞波幣的失蹤，成了壓垮他們的最後一根稻草。班說：「原本可以用來幫世界解決問題的數百萬美元無故消失，讓人覺得風險很高。」在這種情況下，他們認為繼續交易太瘋狂了，但山姆還是堅持交易，因為加密貨幣不會長期處於低效率狀態，他們需要趁熱打鐵，把握機會獲利。

遺憾的是，屋漏偏逢連夜雨。二月加密貨幣的價格暴跌後，亞洲市場的狂熱消退，造成亞洲與美國交易所之間的價差消失了。就在瑞波幣消失期間，公司的交易也轉盈為虧。一月，他們以四千萬美元的資本交易，每天賺五十萬美元的獲利。二月，他們的資本變成四倍，但每天虧損五十萬美元。管理團隊的成員除了對山姆的魯莽行徑同感震驚外，各自對山姆的看法並不完全一致。塔拉老早就認定山姆不誠實，愛耍手段。班仍認為他立意良善，只是工作能力很差。不過，所有人都覺得他們簡直在自尋死路。班回憶道：「有一次我和塔拉及彼得（Peter McIntyre，另一位主管）討論如何幫助山姆，結果聊著聊著，話題變成：**怎樣才能弄走山姆？**」

然而，就像阿拉米達的其他事情一樣，這些管理者想要擺脫山姆，說來簡單，實際上很複雜。首先，山姆擁有整個公司，他刻意設計出這樣的架構，讓其他人都沒有股權，只承諾未來可能配股。在某次氣氛緊繃的會議上，有主管提議買下他的全部股份，但他們的提案不但出價遠低於山姆對公司的估值，而且還附帶一個非常羞辱人的條件：要山姆為阿拉米達未來的所有獲利繳稅。看來，至少有一些有效利他主義的夥伴打算讓山姆破產，讓他永遠無法做交易。班在會議結束後寫道：「山姆似乎很難過，但我提醒他，公司其他人的犧牲也很大。」

這時，尼夏出面了。尼夏在待人處事方面，非常體貼入微。他深怕冒犯別人，因此通常在提出自己的想法後，還會用好幾種不同方式委婉解釋。對於任何爭論，他都能看出爭論雙方各有各的道理。年輕的他，如今漸漸變成夾心餅乾，夾在山姆與那些可能不太理解山姆的人之間（基本上除了王紫霄，所有人都不理解山姆）。「這是因為我把人看得比工作重要，而山姆正好相反。」尼夏說：「雖然我不是很重感情的人，但比起山姆，我還是比他更有同理心。」

說到管理這件事，尼夏會是第一個承認自己對管理一無所知的人。他說：「我試著思考如何扮演一個稱職的管理者。我猜想，那可能需要每個禮拜和下屬一對一開會，了解他們的感受，並提出有建設性的意見回饋等等，而山姆完全不可能這麼做。大家最常抱怨的，是他一邊跟他們說話，一邊老是盯著電腦，有一搭沒一搭的回答對方。而且，他老覺得別人不管說什麼，他早就知道了。」

隨著山姆與其他主管之間的關係越來越緊張，尼夏不得不介入調停。「基本上，我同意山姆是很糟糕的管理者，他是真的毫無管理能力。」然而，在尼夏看來，山姆並沒有多說什麼，反倒是管理團隊的成員有點過火了。「他們講的話真是他媽的難聽。」他回憶道：「例如，應該把山姆趕走！他欺騙了有效利他主義！浪費了有效利他主義的人才！還說『只有讓山姆破產，他才會得到教訓！』他們甚至告訴投資者，山姆只是在假裝自己是有效利他主義者——這是他們所能想到最刻薄的攻擊。」

這些有效利他主義者，比俄羅斯財閥更無情

然而，毀了山姆還不夠，他們還希望離開公司時可以拿到遣散費。尼夏說：「他們想拿遣散費，但明明是他們自己要辭職，而且這是一家虧損的公司，他們又沒半點股份。他們認為，山姆

必須付錢請他們走人，而他們的價值超過整個公司價值的一〇〇%，因為山姆的淨值是負的。」

尼夏突然發現，這些有效利他主義者與金錢的關係還滿怪的。基本上，阿拉米達所有員工與投資者都承諾，要把他們賺來的所有財富捐給理念大致相同的慈善事業。因此你可能以為，他們不會太在意最終是誰拿到那些錢，畢竟所有錢都會用來拯救那些需要獲得幫助的陌生人。

但你錯了！有效利他主義者彼此之間的金錢交易，比俄羅斯的財閥更無情。投資者向他們索取的利率，高達**五〇%**。尼夏說：「這不是一般正常借錢，是高利貸！」而且，在一個本來應該彼此合作的企業裡，山姆卻拒絕與任何人分享任何股權。現在，這些無利可圖的有效利他主義者，索討數百萬美元的遣散費，而且竭盡所能的詆毀山姆的聲譽，直到他們拿到錢為止。「這感覺非常奇怪。」尼夏說：「大家關心的全是錢，而不是其他東西，這感覺太扯了。在我看來，這麼關心錢，已經代表著這些人沒有道德感可言。」

總之，想要山姆離開，必須是他自願才行，但他並不想離開。因此，二〇一八年四月十九日，整個管理團隊及約一半的員工，帶著一百多萬美元的遣散費離開了公司。

當時，外部投資者就像「鮑勃的朋友」一樣，處於不安的狀態。對於山姆這個人，他們聽到兩個完全不同的版本。一個版本來自管理團隊，另一個版本來自山姆本人，但都「沒有確鑿的證據」。他們無法講出任何一件山姆做過、可以被大加撻伐的事——塔拉只能說「都是一堆小事」。投資者不知道該相信誰或相信什麼，甚至不知道該如何確定真相。一位投資人說：「或許在某些方面我不該信任山姆，但也說不出個所以然。」這些投資人都是靠新創企業致富，都知道新創企業本來就是混亂的。現在，他們被迫得評估以下哪個情況才是正確的：山姆是個不計後果、虛偽的有效利他主義者，會偷走或賠光他們的所有資金？還是說，那些離開的人根本就不適合在新創避險基金工作？

最後，幾乎所有投資者都繼續投資阿拉米達，但也幾乎所有人都縮減了投資規模。山姆的可支配資本從一．七億美元驟減到四千萬美元。他無法像以前那樣做那麼多交易了，但他仍然可以交易。至於其他留下的員工，大都不明白發生了什麼事。

山姆完全學到了簡街的管理技巧，只讓一般員工看到全局的一小部分，只有山姆自己才能掌握全貌。王紫霄對電腦程式碼做的事也很相似──他寫的程式，其他人都看不懂。

尼夏說：「王紫霄是唯一知道怎麼寫程式的人，但他不跟任何人說話。」對幾乎所有仍留在阿拉米達的人來說，這家公司有點像黑盒子。尼夏對於自己要不要留下來也曾猶豫不決，後來他決定，儘管山姆與其他人處不來，他也看不懂王紫霄開發的系統，但他寧願冒險與山姆及王紫霄放手一搏，看看會怎樣。

他設法協助山姆了解別人的感受，在半數員工離職後不久，他寫信告訴山姆：「我認為在一對一的談話中，有一件事可以讓人覺得自己是被傾聽的，那就是：你可以詢問他們的情緒與感受。」

找到了！失蹤的瑞波幣，好端端的躺在韓國交易所！

接下來發生的事情，如今回顧起來，似乎有點不可思議。由於沒有人阻止山姆了，於是他啟動 Modelbot 的開關，讓它盡情交易。尼夏說：「我們啟動系統，它馬上開始為我們賺了很多錢。」

後來，他們終於找到那筆價值四百萬美元的瑞波幣，也搞清楚它的傳送路徑：從美國的 Kraken 交易所轉到韓國的 Bithumb 交易所。他們發現，這兩家交易所使用的電腦語言並不完全相容，Bithumb 可以從 Kraken 那裡收到瑞波幣，但無法接收代幣擁有者的名字。Bithumb 並未發現這個問題，因為只有瑞波幣會有這種狀況（其他加密貨幣都沒有這個問題），而且市場上只有一個大戶把大量瑞波幣從 Kraken 轉到 Bithumb。在韓國 Bithumb 交易所內，員工只看到大量的瑞波幣堆積在那裡，但完全看不出是誰的。

山姆搞清楚失蹤的瑞波幣在哪裡後，直接打電話給 Bithumb 交易所。電話在 Bithumb 內部轉接了約三次，最後傳來一個聲音：「你就是那個轉給我們兩千萬枚瑞波幣的混蛋嗎？你他媽的怎麼到現在才打電話來？」山姆聽到電話那頭有人大聲喊道：「媽的，我們終於找到他們了！」

他們甚至還為此繳了稅（山姆請他老爸來幫忙這件事），也恢復了每月數百萬美元的交易獲利。但他們再也不是原本那家公司了，不再是一個由有效利他主義者隨機組成的公司，而是一個小團隊，經歷了一場驚心動魄的鬧劇，現在大家都信任山姆了：一直以來，他都是對的！

對那些留下的人來說——甚至對一些已經辭職的人來說——山姆從一個讓他們不放心的人，變成大家願意追隨的領導者，儘管大家還是不完全了解他在做什麼，或為什麼要這樣做。一名離開的管理團隊成員後來表示：「事後看來我錯了，我們應該要有承擔更高風險的意願。」

這家從一開始就很奇怪的公司，現在變得更奇怪了。裡面的人都是最能配合創辦人的想法與感受，去調整自身想法與感受的人。

一封並不普通的工作備忘錄

「致山姆：對不起，我用第三人稱寫了以下這段話，」二〇一八年底卡洛琳寫道：「我直到最後才決定寄給你。」

這場動盪，給卡洛琳帶來很大的壓力，但她已經辭去簡街的工作，不知道有什麼地方可去。

所以，儘管她不確定自己該相信誰或相信什麼，她還是留下來了。這場他們稱之為「分裂」（The Schism）的事件已經過去，阿拉米達已經改頭換面並持續賺錢，但卡洛琳並沒有覺得一切都很好，所以她才會寫信給老闆。

「問題出在哪？」這封信一開始，像是一份普通的工作備忘錄。但接下來她寫道：

> 我對山姆有很深的感情。

這不是普通的工作備忘錄，只是乍看之下像工作備忘錄罷了！

> 為什麼這會是個問題？
>
> 這些感覺盤據了我大腦的大量空間。
>
> 導致我無法思考其他重要的事情，占用了我很多時間。
>
> 這些感覺通常是正面的或良好的，但實際上並不令人愉快。
>
> 它們影響了我的工作能力，
>
> ——主要是以毫無助益的方式放大了與工作有關的情緒。

例如，「這件事我做得很糟」→「山姆會討厭我」→難過。

這封信長達四頁，她顯然希望自己的想法能夠獲得傾聽，同時她也清楚知道，她寄信的對象可能正在一邊看信、一邊打電動。但她管不了那麼多了，還是以聽起來合乎邏輯（或至少合理）的口吻，堅持說出她內心深處的情感需求。

我覺得很尷尬，因為目前的情況似乎是我的選擇所帶來的結果。不過，我也不確定我原本該做什麼不同的選擇。我可能一開始就不該來阿拉米達工作，儘管當時我真的認為這不會是個問題（以前我與透納〔Turner〕共事時，也出現過「有點愛上老闆」的情形，但這完全不成問題）。也許我不該和山姆上床，但當時我覺得，除非我做點什麼，不然情感／欲望會隨著時間的推移而變得更強烈，變得更難以忍受。

為了山姆，她想像了他可能會怎麼看她（「他告訴我的最後一件事是，他覺得『很矛盾』。我想他所謂的矛盾是：既想和我上床，又擔心在工作上產生負面的後果」）。她列舉了山姆做過哪些讓她困擾的事，其中包括「發出令人困惑的訊號，例如告訴我，他對於和我上床感到矛盾，卻又跟我上床，然後幾個月都不理我」。她試圖對他們兩人這種若有似無的祕密關係做期望值分析，從代價開始：

- 萬一曝光會變成醜聞
- 利益衝突之類的
- 與工作有關的緊張關係

她最後納悶，如果辭掉阿拉米達的工作，切斷與山姆的所有關係，會不會更好。但另一方面……

- 如果山姆可以跟我討論一下，了解彼此的感受，並針對該怎麼做達成結論，那就再完美不過了。

再完美不過，也許吧。然而，即使在最好的情況下，那也不太可能發生。況且，情況很快就變得沒那麼好了。就在卡洛琳覺得有必要寫下備忘錄並寄給山姆之前不久，山姆已動身前往香港，原本只是短暫造訪，在他看完卡洛琳的備忘錄後，打了電話給仍在柏克萊市中心的十五名員工，說他不回去了。

第6章

永遠不賠錢的交易所

香港，趙長鵬，巴哈馬

二〇〇八年十月下旬，一個自稱中本聰（Satoshi Nakamoto，這個人的真正身分至今成謎，真是不可思議）的人發表了一篇論文，介紹比特幣的概念。論文主要是比特幣的技術說明，後來比特幣成了第一個問世的加密貨幣。

比特幣是一種「電子貨幣」，存在於一種被稱為「工作量證明鏈」（proof-of-work chain, PoW）的公共帳本上。每次當它從一個人轉移給另一個人時，把該交易添加到公共帳本上的人都會驗證其真實性。那些人後來被稱為比特幣的「礦工」，他們的工作報酬是獲得新的比特幣等等*（有意思的是，當時這份白皮書裡，並沒有「區塊鏈」這三個字）。比特幣為一般大眾提供了擺脫傳統金融體系的可能性，不再需要仰賴金融業者的誠信。中本聰寫道：「我們需要的是一個以加密證明為基礎、而不是以信任為基礎的電子支付系統。」

信任，或者說是對信任的需求，令中本聰（無論他到底是誰）感到困擾。他的論文沒有提到二〇〇八年的全球金融危機，但他的發明顯然是針對那場危機的回應。假如比特幣充分發揮作用，銀行與政府將不再能控制貨幣。比特幣可以在沒有銀行中介下擁有及轉移；它的價值不會遭到政府的侵蝕；它不需要任何人去信任任何人或任何事，當然，用戶只需要相信電腦程式碼的完整性與設計就夠了。它是健全貨幣理想的實現，也是對不信任傳統金融的解方，是一種金融創新，也是一場人民起義。加密貨幣就像一個你因為某個共同敵人而結交的朋友。被加密貨幣吸引的人（至少一開始是這樣），是那種質疑大銀行、政府及其他形式體制權威的人。

你應該去中國學中文，因為未來是中國人的世界

贊恩．塔克特（Zane Tackett），就是這種人。大家常稱他為「元老」（The OG）。二〇一三年四月，比特幣的價格徘徊在一百美元左右，當時贊恩還在科羅拉多大學就讀，偶然間看到一篇奇怪的雜誌文章，作者宣稱自己要躲起來，並懸賞一萬美元給任何找到他的人，獎金將以比特幣支付。作者解釋，比特幣支付具有不可逆轉且無法追蹤的優點。但那篇文章並沒有吸引贊恩去

尋找作者，反而吸引他去研究比特幣是什麼東西。他當時遭到詐騙，因為他上網賣了一張麥可．喬丹（Michael Jordan）的球衣卡，但買家卻取消了信用卡支付，霸占了球衣卡。金融體系竟然允許這種情況發生，贊恩感到非常憤怒。他不太喜歡大學生活，這使得他比其他人更容易接受別人給的人生建議（除了要他繼續讀大學之外）。贊恩說：「我爺爺曾說，你應該去中國學中文，因為未來是中國人的世界。」

他接受了這個建議，高中一畢業就去中國待了一年，然後又回到科羅拉多大學就讀。現在他買了一些比特幣，從科羅拉多大學輟學，搬到了北京，在一家叫OKEx的加密貨幣交易所找到了工作，成了公司裡第一個外國人員工。中國企業就像私人帝國，他們把員工當奴隸，而不是有價值的資產。「員工可能會被壓榨，因為就算你被壓榨，又能怎麼樣？」贊恩說：「沒有任何保護

---

*關於加密貨幣，我們暫時只說明到這裡，因為山姆對加密貨幣的了解就只有這樣，或者說，他交易價值數十億美元的加密貨幣，就只需要了解這麼多。此外，已經有很多作家努力向外行讀者解釋什麼是比特幣，所以再多做解釋沒有多大的意義。例如，你可以讀讀麥特．萊文（Matt Levine）在《彭博商業周刊》（*Bloomberg Businessweek*）發表的四萬字精采文章〈加密貨幣的故事〉（The Crypto Story）。耐人尋味的是，要完全了解比特幣依然是個挑戰。我們常聽到對比特幣的說明，但不知怎的，很多時候是有聽沒有懂。當你點頭附和，以為自己都懂了，但隔天早上醒來，又覺得需要再聽一遍。

勞工的政策。」爺爺對於他的中文講得越來越流利表示欣慰，但父母越來越擔心他捲入不該涉入的事情。不過，贊恩仍持續累積比特幣，而比特幣的價格持續上漲。有一天，贊恩變有錢了。贊恩說：「我賺了奇怪的錢，後來《華爾街日報》引用了我的話，我爸媽終於覺得我應該是做對了什麼。」

二〇一六年，比特幣的價格已突破四百美元，贊恩不僅富有，也在業界受到敬重，足以與加密貨幣交易所達成協議，到世界上任何他想去的地方工作。加密貨幣界的人都認識他、信任他。他有一個令人聯想到西部片神槍手的名字*，也有神槍手的瘦削身材，現在可以無拘無束地遊走四方，不依附於任何組織或任何人，從一地遊蕩到另一地，就像神槍手在狂野西部四處遊蕩那樣。他就像比特幣一樣無國界，這個月他可能在印尼，下個月在阿根廷。基本上，他完全活在比特幣的世界裡，收入是比特幣，消費也是使用比特幣。他喜歡以實際行動來證明他對這項運動的信念。他說：「我確實有點想把金錢的權力，從政府手中拿回來。」贊恩就像比特幣一樣，自有一套行事原則。

到了二〇一七年，他加入的這個運動在精神上發生了變化。比特幣的愛好者認為，中本聰創造了一種取代政府擔保貨幣（所謂的法幣）的東西，但比特幣最容易取代的並不是法幣，而是賭博。二〇一七年，比特幣的價格狂飆，吸引了新一代的投機者。它跟股市不一樣，世界上任何懂得使用電腦的人，都可以在一個禮拜任一天的任何時間交易加密貨幣，也吸引更多人創造出數以百計的新加密貨幣。這些加密貨幣通常是以「投資新事業」的名義向投機者推銷，但這些新事業幾乎都沒有什麼實際價值。例如，一種名為EOS的新加密貨幣，首次銷售就募集了四十四億美元。由於這筆錢缺乏實際應用目的，兩位創始者宣布，這筆錢將用於「資產管理」。

贊恩對這種撈錢手法很不以為然，他說：「這就像在說，『嘿，你是在告訴我，我可以跟大家說我要做這個專案，大家就會給我錢。即使最後我不做這個專案，也可以把錢留下來？』」這種撈錢方式和加密貨幣交易所的概念一樣，都可能讓中本聰本人無法苟同。比特幣最初的訴求，是消除大家對金融中介機構的倚賴，以及移除交易中的信任問題。你可以直接、輕鬆的與其他人交易比特幣，但你無法用這樣的方式去交易瑞士法郎、蘋果股票或一頭活牛。然而，加密貨幣後來的發展顯示，那些原本說要消除金融中介機構的人，最後卻自己創立了一些新的中介機構，這其中包括加密貨幣交易所（截至二〇一九年初共有**兩百五十四家**）。

這些早期加密貨幣交易所的創辦人，並不是典型的金融專家。他們是一個多元化的群體，包括技術專家、自由意志主義者、理想主義者，以及像贊恩那種無國界漂泊者。他們創立的機構，

＊譯註：美國知名的西部題材作家贊恩·格雷（Zane Grey）常在作品中使用「神槍手」這個詞。

甚至比紐約證交所之類的機構更需要客戶的信任。紐約證交所有監管者，如果紐約證交所偷你的錢，它的高階管理者會入獄受罰。但話說回來，紐約證交所很難偷走你的錢，因為你的錢不是存在紐約證交所，而是存在一個由銀行管理、由其他監管機構監督的證券戶裡。但是這些新的加密貨幣交易所沒有監管機構，它們既是交易所，也是託管者：它們不僅能讓你購買比特幣，也讓你把買來的比特幣存在那裡。

不管從哪個角度看，這整件事都很奇怪：這些人因為對傳統的信任機制有疑慮而聚在一起，他們創造出一個平行的金融體系，但相較於傳統的金融體系，這個新體系反而更需要用戶的信任。他們不受法律約束，甚至常常對法律懷有敵意，找了許多衝撞法規的方式。加密貨幣交易所常會把客戶的錢放錯地方，或是直接搞丟，也常偽造交易數據，好讓交易量看起來遠比實際交易的還多。加密貨幣交易所也容易淪為駭客攻擊的目標，或被惡質的交易者盯上，利用交易所的風險管理漏洞來牟取暴利。

我把買房子的錢都給了你們，現在我沒房子住了

他們玩的把戲很多，舉個例子來說：好幾家亞洲的加密貨幣交易所提供一種一百倍槓桿的比

特幣合約。偶爾，有些交易員會發現，他可以買入價值一億美元的比特幣，同時賣空價值一億美元的比特幣，而每筆交易只需支付一百萬美元。不管比特幣的價格走勢如何，他有一筆交易一定會賺，另一筆會賠。如果比特幣上漲一〇%，這個交易員可以趁多頭部位賺一千萬美元之後消失，讓交易所來承擔他空頭部位損失的一千萬美元。但這筆損失並不是由交易所承擔（交易所沒有足夠的資本來吸收損失），而是由交易所的顧客分攤（通常是那些有賺到錢的人）。這樣的損失可能很龐大，中國的火幣網（Huobi）就曾因巨額虧損，而扣留所有交易者近一半的獲利來彌補損失。

在以信任原則為基礎的傳統金融中，沒有人真的必須信任任何人。在以不信任原則為基礎的加密貨幣金融中，大家卻把大筆錢託付給完全陌生的人，這絕不是一種理想狀況。二〇一六年八月，贊恩清楚領悟到情況究竟有多麼不理想。

就在那個月，他任職的 Bitfinex 交易所遭到兩名紐約市駭客入侵，損失了價值逾七千萬美元的比特幣（兩名駭客被捕時，比特幣的價值已飆漲至四十六億美元）。當時住在泰國的贊恩，收到許多比特幣遭竊受災戶發來的訊息。「我收到很多恐嚇信，還有自殺遺書。」他說：「恐嚇信都是虛張聲勢，但遺書不是，讓人很心痛。例如有人說：『我把買房子的錢都放在你們那裡了，現在沒房子住了。』」他很不喜歡這種感覺，因為獲得加密貨幣同好的信任，一直是令他自豪的事。

在那之後，贊恩在一家新型的加密貨幣公司找到一份比較安全的工作。該公司專門做場外交易——也就是私下買賣大量加密貨幣給投機者，因為這些投機者出於各種理由，希望避免在公開交易中暴露身分。這家公司的創辦人曾在高盛工作，顯然看準了商機，在接下來的十八個月裡，贊恩在這個買賣價差很大（高達一個百分點或更多）的市場上輕鬆獲利。

二〇一八年底，市場再次發生變化。利差急劇收緊，從一％降至〇・〇七％，顯然是有某個交易大戶進入市場。無論這名大戶是誰，他很快就站穩了加密貨幣官方造市商的地位。

贊恩說：「速度相當快，我當時心想：『他媽的，究竟是怎麼回事？』」贊恩的交易公司就處於加密貨幣市場的核心，但竟然有很長一段時間，他們完全不知道這個新來的交易大戶是誰。贊恩說：「後來有人說，是某個吃素的傢伙，他想把所有的錢都捐給慈善機構。後來又有人說，這個吃素的傢伙搬去香港，創立自己的加密貨幣交易所。」

於是，贊恩很好奇。他找到那個吃素的傢伙所發表的白皮書副本來看，讀到白皮書中提出了一種新型的加密貨幣交易。他一看大為驚豔，而且竟然心生想為這個吃素的傢伙工作的念頭。

到目前為止，我對世界的淨影響是負的

山姆後來已經不記得他當初為何會答應飛往亞洲了。

他沒想去觀光，也怕搭飛機。飛機起飛前他一定要吃藥，聽一些舒緩的音樂。他說：「我一直都不相信像飛機這樣一大塊金屬飛得起來。」他申報的行程目的，是參加一場在澳門舉行的加密貨幣會議。但他一抵達香港，就找到了留下來的理由。

踏進這個市場以來，他第一次與幣圈的大咖共處一室，他們大都是亞洲人。這也是第一次，有效利他主義小圈子以外的人知道他是誰、知道他在做什麼。這給他帶來很大的影響。

二〇一八年十一月底以前，阿拉米達一直在暗中運作，雖然交易量占加密貨幣市場總量的五%以上，卻一直隱於無形，外界無人知曉。在簡街工作的經驗讓山姆學到，曝光沒什麼好處，避人耳目最好。他的加密貨幣交易量高達數十億美元，但卻從未以個人或阿拉米達的名義進行交易（當初之所以命名為阿拉米達研究公司，部分原因就是為了隱藏該公司與加密貨幣的關聯）。亞洲的加密貨幣交易所已經很習慣客戶不想讓別人知道自己的身分，所以你一開始與他們有生意往來時，他們就會發給你一個假名。當時最大的交易所之一 BitMEX，為阿拉米達的交易帳戶取的每個假名，都是由三個看似隨機生成的單字所組成，例如「貝殼紙鳥」（Shell-Paper-Bird），

或是「熱文物愛好者」（Hot-Relic-Fancier）。這些假名古怪有趣，所以阿拉米達的交易員還曾經委託畫家為「熱文物愛好者」畫了一張圖像。在 BitMEX 的年度交易者獲利榜上，「貝殼紙鳥」與「熱文物愛好者」都高居前十名，但沒人知道他們是同一個交易者，也沒人知道這個交易員真正的身分——直到澳門的那場會議。

在會議上，只要山姆遇到他認為可能很重要的人時，就會自我介紹說：「我是熱文物愛好者。」通常對方的反應是：「你別鬧了！」

就連山姆，也覺得自己——一個二十六歲的白人，留著一頭瘋子的髮型，穿著寬鬆的短褲與皺巴巴的T恤——沒什麼說服力。他拿出手機，打開交易帳戶，讓對方看到帳上的金額後，大家才相信他。連續幾次以後，很多人都想見他。

他以前一直覺得面對面的交流沒必要，但現在的他不得不承認，這種交流的效果很驚人。他飛往亞洲的幾個禮拜前，中國某家大型加密貨幣交易所無緣無故凍結了阿拉米達一個有一大筆錢的帳戶。阿拉米達打電話去，交易所的客服一直沒回覆。但在那場會議上，就在那家交易所的老闆與山姆見面後，馬上把錢還給了他。山姆說：「就這樣，我和每家加密貨幣公司的重要人物在一起，行程表上排滿了會議，每一場會議都比我在灣區參加的最有趣會議還要有趣。」通常他在灣區遇到的人，往往不知道該如何看待他，或如何看待阿拉米達。山姆說：「在這裡，沒有像我們這樣的人。」

回到那時，山姆還不太確定該如何看待自己創立的加密貨幣交易公司。現在他認為，他與其他有效利他主義者的內戰，是「我生平所遇到的最糟糕的事」。當初他找來一群與他有相同價值觀又令他欽佩的人，結果遭到其中半數成員的排擠，這些人至今仍在其他的有效利他主義者面前詆毀他。「我開始懷疑自己，」他說：「那是我這輩子第一次被我敬重的人圍繞，但他們卻認為我錯了，說我瘋了，讓我開始質疑起自己。」

剛飛到亞洲時，他還在不停地書寫著那次的創傷經驗。他寫道：「我確實對有效利他主義社群造成了傷害。我使得大家對彼此多了一點仇恨，少了一點信任……我嚴重削弱了自己未來行善的能力。我很確定，到目前為止，我對世界的淨影響是負的，這就是原因。」

他們在信念上投入情緒，因為這樣可以讓他們迴避責任

有意思的是，或許因為山姆寫的這些內容大都是給自己看的，因此讀起來非常「不偏頗」。他顯然覺得自己很委屈，但也意識到其他人可能更委屈。他不喜歡責備自己，但也不喜歡責怪別人。他寫道：「我是個功利主義者，責備只是人類社會的一種機制，對不同的人來說有不同的用

途。它可以阻止不良行為，可以在受挫後恢復尊嚴，也可以宣洩憤怒。我想，也許最重要的定義——至少對我來說——是每個人的行為如何反映出他們未來行為的機率分布？」

「每個人的行為如何反映出他們未來行為的機率分布」，從這句話，你可以看出山姆是如何看待別人的，或許也包括他如何看待自己。

他認為人沒有絕對的好或壞、誠實或虛偽、勇敢或懦弱，而是圍繞著某個平均值的機率分布。一個人不是只由他所做過最好的事或最壞的事來定義。「我深信，人就像機率分布，而不是平均值。」他寫道：「對我來說，其他人也有同樣想法非常重要。」其他有效利他主義者的行為，讓他重新評估了他們行為的機率分布，也促使他不太願意再雇用有效利他主義者。本來他覺得，只雇用有效利他主義者可以創造一種特殊的優勢：公司裡的每個人都信任彼此的動機，這樣大家就不必浪費時間與精力去做許多培養信任要做的事，例如不需要一對一開會，不需要眼神交流與堅定的握手，最重要的是，不需要爭論誰該領多少薪酬及為什麼。然而，事實證明並非如此。

塔拉與其他人離開後，阿拉米達不僅恢復盈利，還持續盈利。雖然不像一開始獲利那麼多，但二〇一八年底，年化報酬率已經超過一一〇%。看到公司回歸正軌，至少有一些有效利他主義者（包括留下來的員工）心想，或許山姆一直都不知道自己到底做對了什麼。「分裂」事件發生幾個月後，一名女性前員工發給山姆一則訊息問他：「為什麼大家總覺得你看錯某些EV（expected value，期望值），但結果卻證明你是對的，只是大家不理解？」山姆以三則簡短的訊息回答她。

因為他們認定山姆是邪惡的，所以不願承認任何相反的證據。

因為他們在這個信念上投入太多情緒，而這主要是因為這樣做，可以讓他們迴避任何責任或自責。

還有一個原因，在於這是試圖毀掉一個人的重大聲明，而要收回這樣的聲明很尷尬。

換句話說：大家誤解了他，認定他不值得信任，然後拒絕改變對他的看法。他需要更有效的幫助別人解決這個難題，所以他先前煞費苦心想要掌握臉部表情還不夠，他需要的是更清楚直接的表達。

需要改變的不是自己，而是商業模式

關於那次分裂危機，他留下了一些紀錄，其中有些是寫給員工的簡短文件，標題是「與我共事的一些注意事項」和「如果山姆封鎖你，代表著什麼意思」。那些紀錄當中還夾帶著一些建議，讓現在與未來的員工如何了解他。「在危機期間、發生之後，以及過了很久以後，我花了很多時間想搞清楚我該改變自己的哪些方面。」他後來說：「那是一次非常令人沮喪的經歷，最令我耿耿於懷的，是大家不喜歡我的管理，說我需要學習管理技巧。」他還是認為，沒有什麼管理技巧是值得學習的，很多管理技巧都是自相矛盾的廢話。他說：「那感覺就像瞎子給瞎子引路，因此唯一的辦法，是教自己怎麼去看清楚。」

最後，他認為自己只需要做一個改變：讓自己變得沒那麼討人厭。就連他最認同的人也抱怨過他，說他要「更平易近人」、「提供更有建設性的建議」、「別那麼負面」。但是，他真的不太明白這些批評怎麼會出現在自己身上，他覺得自己並不可怕、不難接近。既然無法改變人性，他決定未來無論有人說了什麼或做了什麼，他都不會露出任何負面的反應。他打算對別人的言行展露出更多興趣，即使他心裡不認同，也會表示同意。不管對方說了什麼蠢話，他都會回覆：「對啊！好喔！是的！」他說：「這樣做雖然有代價，但整體來說還是值得的。通常，你認同對方的觀點，對方會更喜歡你。」於是，他從一個你意外發現他竟然認同你的人，變成一個你意外發現他其實根本不認同你的人。山姆意識到，需要改變的不是他自己，而是他的商業模式。

截至二〇一九年初，他自己設定的捐款目標與他交易加密貨幣的獲利還有很大的落差。二〇一八年，阿拉米達的交易資本是四千萬美元，創造出三千萬美元的獲利。但有效利他主義的投資者拿走了一半，留下一千五百萬美元。其中五百萬用來支付離職者的薪資與遣散費，另外的五百萬用於費用支出，剩下的五百萬則拿去繳稅，所以扣掉一切開支，他們只向有效利他主義志業捐了一百五十萬美元。

山姆認為這個金額太少了，他說：「我們需要獲得更多資金，或以更便宜的方式來創造更高的報酬。」

但是那個時候，隨著他的聲譽在有效利他主義圈子一落千丈，他也不知道要去哪裡獲得新資本。加密貨幣市場的效率日益提高。華爾街的大型高頻交易公司，如塔研資本（Tower Research Capital）、Jump Trading或甚至是簡街，都跳進了這個市場。即使山姆找到更多的資金，獲利也會變少。

每秒追蹤，一個永遠不會賠錢的交易所

創立一家加密貨幣交易所，是那麼理所當然，但也令人難以想像。說理所當然，是因為加密貨幣交易所是搖錢樹，在這股史上罕見的投機狂潮中，交易所就像身處核心的賭場，對每一筆賭

注都收取費用，全球六家最大的加密貨幣交易所創辦人，當時可能都已經是億萬富豪了（雖然這些交易所常搞丟客戶的錢）。說難以想像，則是因為山姆這個人，以及他與人互動的方式，都無法和「創辦一家交易所」聯想在一起。他完全不知道經營一家交易所，該如何與一般人打交道。為了開一家成功的交易所，你需要吸引一群人，需要引起廣泛受眾的共鳴——說白了，就是你需要**客戶**，**客戶**只有在信任你的情況下才會蜂擁而至。而他們是否信任你，取決於他們是否知道你的為人，或自以為知道你的為人。但是山姆連自己的員工是否知道他的為人都不確定（所以他才需要寫備忘錄來解釋），更何況是外人。

況且他已經試過，而且是失敗收場。早在二〇一八年五月在柏克萊時，山姆就請王紫霄為比特幣交易所編寫程式碼，王紫霄一個月內就完成了。那個程式名叫 CryptonBTC，他們把它放到網上，卻不知道如何吸引大家的注意。沒有人用它做交易，彷彿這支程式根本不存在似的。儘管如此，王紫霄第一次編寫 CryptonBTC 的過程，算是合作愉快，也讓山姆了解到，如果他要求王紫霄創建一個加密貨幣期貨交易所，王紫霄應該也可以在一個月內完成。對用戶來說，那個系統將比現有的任何交易所都更可靠、更安全。王紫霄簡直是個天才。

在香港，山姆與他的小團隊開始向現有交易所那些身價數十億的創辦人推銷一個想法：付錢請阿拉米達（其實就是王紫霄）開發出一種與現有的交易所明顯不同的加密貨幣交易所。這種新的交易所將由阿拉米達提供技術，而現有的交易所提供客戶與信任。這其中最有可能的買家，也是山姆親自推銷的對象，是人稱CZ的趙長鵬。

趙長鵬是幣安（Binance）交易所的執行長。他生於江蘇省，在加拿大成長與受教育，最終以加拿大公民的身分回到中國。他曾在金融業外圍做過一些普通的工作（包括在彭博社做過開發人員），後來到OKCoin交易所擔任技術長。他於二〇一五年離開OKCoin，於二〇一七年創立幣安交易所。兩年後，業界刊物稱他是「加密貨幣領域最有權勢的人」。

雖然這個說法在當時可能言過其實，但也即將成真。二〇一九年的年中，幣安仍然只是一個加密貨幣的現貨交易所（也就是說，它不交易加密貨幣期貨或其他衍生性商品），規模也跟其他交易所差不多，而且無法為多數客戶提供他們渴望的槓桿（幣圈每個人想交易的金額，都比自有資本還高）。幣安的客戶交易各種加密貨幣，但通常不會從交易所借錢來交易。趙長鵬比較喜歡維持這種模式，所以他對山姆的提議（建立一個只交易加密貨幣期貨合約的交易所）持保留態度。

期貨交易所在幾個重要的面向上，與現貨交易所不同。在期貨交易所，交易者只拿出交易金額的一小部分作為擔保。在虧損的交易中，交易所通常會在當天結束時要求更多的保證金。如果一筆交易迅速惡化，有可能會耗盡保證金，讓交易所承擔損失——按傳統做法，交易所會轉向其他客戶來弭平損失。

但是FTX交易所（其實是王紫霄）提出的設計，以一種巧妙的方式解決了這個問題。它不是每天追蹤客戶的投資部位，而是每秒追蹤。任何客戶的交易一旦出現虧損，就會被清算。這當然會讓投資部位虧損的客戶感到不快，但這樣一來，其他客戶就不會被迫分攤虧損——徹底根除了交易所問世以來一直困擾它們的問題。交易所的損失再也不需要強迫其他用戶買單了，因為交易所永遠不會虧損。

被趙長鵬拒絕，乾脆自立門戶

山姆在二〇一八年底剛搬到香港後不久，第一次見到趙長鵬。幣安希望每家加密貨幣公司支付十五萬美元，用來贊助二〇一九年初在新加坡舉行的大會。山姆也出錢贊助了，所以趙長鵬為了表示感謝，邀他一起上台。此後山姆常說：「那一刻，確立了我們在加密貨幣界的正統性。」他等於是付了錢，請趙長鵬當他的朋友。

然而回到當時，除了兩人沒什麼共通點之外，山姆對趙長鵬本來就沒什麼好感。山姆活在自己的腦子裡，靠思考做決定（至少他覺得自己是如此）。趙長鵬則是比較依賴直覺，即使他有原創的想法，也從來沒有表達出來。山姆想的是把整個市場的餅做大，而趙長鵬更關心自己分到的餅有多大。山姆的目標是建立一個迎合法人與大戶的交易所，趙長鵬則是鎖定散戶與小戶。山姆討厭衝突，所以不太記恨；趙長鵬則是在衝突中成長茁壯，還會刻意培養導致衝突的情緒。

趙長鵬有一個由盟友與敵人組成的複雜網絡。二〇一七年他創立幣安時，募資簡報上所列的資格，大都是他與幣圈其他大咖的社交關係（贊恩就是其中之一。在一份簡短的自傳中，趙長鵬突兀地描述了他與贊恩的關係，說他與贊恩是「亦師亦友」）。至於山姆，則幾乎毫無社交關係。在與趙長鵬的互動中，山姆只有兩種反應：要嘛展現他努力學習的臉部表情，要嘛一臉茫然地盯著趙長鵬說話。山姆說：「趙長鵬喜歡信口開河，他那些想法說不上愚蠢，也算不上精明。在他必須做出決定前，我對他沒有太多感覺。」

趙長鵬要做的第一個決定，是要不要支付四千萬美元給山姆，以取得他那個精心設計的期貨交易所。

二〇一九年三月在考慮了幾週後，趙長鵬決定不要，然後回頭要求幣安的人自己開發一家期貨交易所。山姆覺得這個反應很正常，只是有點令人失望。「他頂多就是一個混蛋。他**應該要表現得**更大器一點，但他沒有。」山姆說道。

山姆是在趙長鵬拒絕他以後，才決定自己開一家交易所。他的想法很簡單：第一家設計得夠好的加密貨幣期貨交易所，不僅可以滿足散戶的需求，也可以滿足像簡街那種大型法人戶的需求。

不過，山姆還是感到不安。他說：「我們打算打造出一款優於市面上任何產品的東西。如果它成功了，其價值會高達數十億美元，但我認為它失敗的機率超過五〇%。我從來沒做過行銷，從來沒跟媒體談過，也從來沒有客戶，這跟我以前做過的任何事情都不一樣。」於是，他開始招募可能知道這些事情該怎麼做的人才。這種人與他共事過的夥伴都不一樣，但他們在幣圈有很強的人脈，例如贊恩的加入，就為他帶來了幣圈的極大信任感。

不過，把贊恩拉進來之前，他先吸引來了萊恩．薩拉梅（Ryan Salame）。

越來越多穿著西裝、嚴肅冷靜的人跳進幣圈

如果要說與有效利他主義者相反的人，那應該就是萊恩了。萊恩是熱愛自由、厭惡稅務的共和黨人，本來在安永會計師事務所（Ernst & Young）擔任稅務會計師，在加密貨幣交易公司 Circle 請他去記帳後，才終於從痛苦與無聊的工作中解脫。萊恩大約只花兩秒就意識到，加密貨幣交易比稅務會計有趣。山姆找上他時，他正在香港的 Circle 交易室擔任業務，而且已成了世俗享樂的活廣告。加密貨幣圈任何想要享樂的人，都可以把萊恩當成盟友。想找樂子，找萊恩準沒錯。

萊恩不僅長得帥，觀察力也非常敏銳。當阿拉米達擴大香港的交易規模而壓縮到其他所有人

的利差時，萊恩發現阿拉米達的交易策略，遠比其他的市場參與者聰明多了。他不知道山姆是何許人，但他注意到趙長鵬似乎想和山姆維持密切的關係，甚至讓山姆在幣安舉辦的大會上為阿拉米達設立一個攤位。萊恩還注意到，山姆與他的交易員們缺乏加密貨幣的社交禮儀。萊恩說：「他們不會在聊天室裡回應你，對你的笑話也毫無反應，這些都不是你在幣圈會看到的反應。山姆感覺就是與眾不同，之前沒有人在任何活動中見過他。」

後來，萊恩造訪了山姆位於香港的新辦公室。他說：「你和山姆聊上五分鐘，就會發現他不太一樣。」山姆對一般社交不感興趣，這一點對他公司的影響，甚至比萊恩所想的還大。

「那裡就像一群宅男在大學宿舍裡緊盯著電腦螢幕，他們幾乎都不離開辦公室。」萊恩說，他看得出來山姆需要他，透過他跟幣圈的人建立社交關係，讓大家覺得跟他在一起自在一些，因為當時大家還是覺得跟山姆相處起來很怪。萊恩說：「山姆忘了，剛開始的時候有多少人覺得他是騙子，都認為他肯定背後在搞什麼鬼。」

不過在社交方面，山姆與幣圈的人打交道確實有一個優勢。

加密貨幣的價格漲得越高，就有越多西裝革履、嚴肅冷靜的人湧入幣圈，這讓贊恩這樣的原始信徒很受不了。萊恩或許也算是其中一個，只是他沒那麼在意。那些投入幣圈的高盛人士、創投業者、企業律師，都是傳統人士入侵幣圈的例子。他們想靠加密貨幣快速致富，但沒有最初推動這股快速致富浪潮的人所持有的信念。為了尋求與原始信徒的共通點，這些假掰的傳統人士會不吝展現出對加密技術的熱情。他們大讚區塊鏈的優點，喊著「區塊鏈將會改變一切！」，希望這樣就夠了。在他們眼中，那些蔑視銀行、政府、任何機構權威的說法，都言過其實。

加密貨幣的原始信徒因各自不同的原因而被吸引到幣圈，他們對後來那些純粹為了撈錢而加入幣圈的人，頂多是抱著複雜的感覺。但在面對像山姆這樣的人時，萊恩認為原始信徒們比較可能暫時不做評斷。山姆與他們有一個共同的重要特徵：對身處的世界深感不滿。然而，與他們不同的是，山姆對政府或銀行並沒有特別的敵意，他只是覺得大人們的世界運作方式沒什麼意義。

對山姆來說，與其說萊恩是個大人，不如說是一個新物種「幣圈兄弟」的代表。山姆覺得自己需要像萊恩這種人的幫忙，他雇用萊恩時，還不太確定要萊恩扮演什麼角色。萊恩說：「這份工作本質上就是**把一切變得更好**。」

到底，什麼是FTX？什麼是FTT？

為了創辦加密貨幣交易所，山姆需要加密貨幣的人才，也需要資金來支付這些人才。獲得這筆錢的老派方法，是拉下臉去找親友借錢或向創投業者募資。山姆沒有朋友可以借他那麼多錢，也沒認識任何創投業者，他只有代幣（token）。這種代幣與二〇一七年以來幣圈創造出來、並向大眾販售的數千種加密貨幣，屬於同一類貨幣。

FTX交易所發行的代幣名叫FTT。FTT最重要的特色，是所有的持有者可以一起獲得FTX交易所約三分之一的年收入。例如，二〇二一年FTX交易所的營收是十億美元，其中有三‧三三億美元將提撥出來，用於「回購銷毀」FTT。FTX回購代幣的方式，就像上市公司回購股票一樣，是為了提高流通在外股票的價值。FTT不僅運作上類似FTX的股票，它其實**就是**FTX的股票，甚至對公司內部的某些決策有投票權。由於持有FTT可以讓你分享公司的收入，而不是淨利，所以它可說是比股票更有價值。山姆說：「幣圈人士可能會說：『我為什麼要你的股權？我寧願直接買代幣。』創投業者可能會說：『什麼是代幣？』」

不過，這些代幣有一個麻煩：不准在美國境內銷售。新加密貨幣的暴增，導致發行者與證券監管機構之間，彷彿在玩貓捉老鼠遊戲似的。美國的證管會（SEC）可說是全球最積極的證券監管機構，極力主張加密貨幣屬於證券類（顯然是這樣），因此對美國投資者構成投資上的風險。SEC規定，除非這些加密貨幣先獲得證管會的批准（這似乎極不可能），否則禁止在美國銷售。想賣加密貨幣給美國人的交易所與發行者則堅稱，這些加密貨幣不是證券，比較像是星巴克的集點「星禮程」（Starbucks Rewards）。由於FTX是在加勒比海的安地卡（Antigua）註冊成立、在香港營運，原則上不允許美國投資者在其交易所內交易，原則上也不向美國人發售加密貨幣，因此它不在證管會的管轄範圍內。

總之，FTT的買家只能是外國人，或是住在海外的美國人。而現在，山姆正用他奇特的方式招募這些人才。在FTT正式推出的三週前，他飛到台北參加一場大會。所有大型加密貨幣的業者都出席某大交易所舉辦的派對，山姆也到場了。他後來在日記中寫道：「這是一個充斥著美酒、美女、雷射燈光、震天價響音樂的夜晚。但我在桌子之間走動時，似乎有一股奇怪的小氣流跟著我。我從趙長鵬身邊走過幾次以後，才明白那是什麼。每次我經過他身邊，他就把目光移開原本關注的對象，熱情的過來招呼我：『大家都在關注我們。』這是趙長鵬第一次表現出他對我的興趣比我對他的興趣還高。」

FTX憑空鑄造出三．五億枚的FTT幣。山姆以一枚五美分的價格，把其中一大部分賣給員工；另一大部分以十美分的價格，賣給像趙長鵬這樣的幣圈大咖。趙長鵬起初不願買，FTX的多數員工（除了萊恩）也不願買，但其他外部投資者卻買了很多，所以山姆後來提高售價，先是漲到二十美分，後來又漲到七十美分。二〇一九年七月二十九日，FTT在FTX交易所上市，公開向一般大眾販售（尼夏說：「這是我見過山姆最緊張的一次。」）。

FTT開盤的報價是一美元，後來漲到一．五美元。也就是說，短短兩個月內，萊恩賺了三十倍，外部買家賺了十五倍。在最初鑄造的三．五億枚FTT幣中，FTX以低於現價約一美元的價格售出約六千萬枚。FTT上市約一週左右，山姆從原本不確定自己能否獲得大眾信任，變成後悔把FTT賣得太便宜。至於有多便宜，從幾週後的一件事可以明顯看出：趙長鵬打電話給山姆，提議以八千萬美元收購FTX二〇%的股份。

這就像一個盲目探勘油井的投機客，意外發現自家後院有油田一樣。山姆原本沒想過要經營一家加密貨幣交易所，他只是蓋了一個賭場，讓賭客有機會開槓桿下注，而且似乎不會給賭場或其他賭徒帶來任何風險（這正是幣圈想要的理想）。他創辦交易所雖然很偶然，但時機很完美，因為當時簡街等法人大戶正進入加密貨幣市場，需要一家專業級的期貨交易所。

山姆挑選的營運地點，也同樣既偶然又完美，香港可能是當時世界上唯一讓他與趙長鵬都感到放心的地方。香港就像一個有旁白配音的棋盤，每場賽局進行時，都會有人在一旁宣告遊戲規則的改變。香港的監管機構提供了一個靈活的環境，讓加密貨幣交易所幾乎可以做任何想做的事情，但監管機構也頻頻修改規定，以維持市場的吸引力。

最重要的，是香港——乃至於整個亞洲——到處都是充滿雄心壯志的年輕人。他們沒有特別的資歷，不在乎放棄自己正在做的事情，去為一個幾乎不知名的人所經營的加密貨幣交易所工作。

山姆正需要這樣的人：FTX應該從一開始，就乾脆在門口掛一個牌子，上面寫著：誠徵人才，經驗不拘。舉例來說，他找來幾乎沒有媒體與行銷經驗的田文欣來當公關長，找來原本在火幣網的年輕女業務員王喆（Constance Wang）來當營運長。別人眼中的基本條件，山姆總是換個方式想。他說：「找一個人來這裡做他們以前就做過的事情，不是一個好徵兆。這也算是一種逆選擇（adverse selection）*：他們如果真的很強，又何必來找你呢？」

走路去上班，你的幸福感會增加一五%

拉姆尼克・阿羅拉（Ramnik Arora）的想法很妙，他想找的是一份走路就能上班的工作。他在印度長大，在史丹佛大學取得資工碩士學位，曾在高盛工作過一段時間，現在結了婚，在東灣（East Bay）定居下來。三年來，他每天辛苦地從柏克萊通勤到門洛帕克（Menlo Park）的臉書上班。他一開始所屬的團隊，是負責線上廣告的即時拍賣——目標是在完美的時間，向完美的對象展示完美的廣告。後來他換到臉書開發的加密貨幣 Libra 團隊，但後來失敗收場。

在高盛與臉書之間的某個時點，拉姆尼克放棄了在工作中尋找熱情。如果他看起來比實際年齡大，那是因為他已經放棄了年輕人才會有的一樣東西：希望。他說：「我們這一代最聰明的人，要嘛在買賣股票，要嘛在預測你是否會點擊廣告，這是我們這個世代的悲劇。」這場悲劇削弱了他的雄心壯志，他越來越少思考如何改變世界，只想讓自己與妻子過更舒適的生活。他說：「我看過一篇研究，如果你可以走路去上班，你的幸福感會增加一五%。」

因此，為了追求家庭幸福，二〇二〇年春末，他在 LinkedIn 上輸入「加密貨幣」與「柏克萊」這兩個關鍵字，螢幕上只出現一個結果：阿拉米達研究公司。他從未聽過這家公司，但還是寄出了履歷。幾分鐘後，他就收到山姆的 Zoom 視訊邀請。山姆想跟他談的不是阿拉米達，而是阿拉米達推出的新加密貨幣交易所ＦＴＸ。山姆透過 Zoom 所說出的數字，讓拉姆尼克大為震驚。當時，ＦＴＸ才剛成立一年多一點，二〇一九年的下半年就創造了約一千萬美元的收入。二〇二〇年的營收可望一舉躍升到八千萬至一億美元之間。山姆願意向一個完全陌生的人透露這些數字，也同樣令他震驚。

面試過程中，拉姆尼克注意到山姆不在柏克萊，而是在香港，當時是凌晨三點。但山姆身後持續有人走動，就像平常白天上班一樣。不管山姆在第一次通話中說了什麼，拉姆尼克只記得他聽到一種他自己已經放棄的聲音，就是：熱情的聲音。

＊譯註：交易雙方因握有不同程度的資訊，形成資訊不對稱。訊息充足的一方，品質越低，越積極參與交易。缺乏資訊的一方為了避免因資訊缺乏而受損，反而做出損害自身的選擇。

他接受了FTX的工作，薪水比他在臉書的年薪少八〇%（也比 TikTok 開出的年薪少九五%）。他是山姆雇用的第五十位員工（阿拉米達與FTX合計），職稱是產品長——這真的很怪，因為拉姆尼克對FTX的產品一無所知。在 Zoom 上，山姆曾說，他其實不知道拉姆尼克可以為FTX做什麼，反正等來了之後再說。

拉姆尼克搬到香港後，「缺乏工作目標」成了一個大問題。FTX顯然不需要產品長，公司內部根本沒有這種工作。王紫霄已經寫好所有的程式，一小群年輕的中國女性和熱愛加密貨幣的傢伙早就在推銷產品了，他們都不需要拉姆尼克的協助。如果產品出問題，公司裡有開發人員負責修復。尼夏基本上是負責管理這些開發人員，以及處理對工作不滿或對山姆的管理風格不滿的人。

拉姆尼克剛到職的二十一天，被隔離在香港的一家酒店房間裡，無聊得要死，不知道自己該做什麼。他稍微調整了交易所的程式碼（亦即產品），但每次他這麼做時，都必須向尼夏報告他做了什麼。他發了訊息給山姆，但山姆拖了兩天才回覆。他結束隔離時，問尼夏：「我對公司來說究竟是加分，還是減分？」尼夏說：「減分。我檢查你工作所花的時間，比我親自做的時間還要多。」拉姆尼克其實很感謝尼夏的直言，他決定找點別的事來做。

沒多久，他開始扮演另一種角色，這角色在公司與山姆的生活中從未出現過。「我很快就變成了幫山姆處理隨機事件的助手。」拉姆尼克說：「他叫我做的第一件事，是找一個審計員，因為公司裡沒有。」由於山姆不在乎職稱，拉姆尼克一直掛著「產品長」的頭銜，但更準確的說，他其實是幫山姆打雜的人。拉姆尼克說：「基本上，我的工作內容就是『很多事情需要去處理』。」有意思的是，這些事情或多或少都和「信任」有關。例如，FTX如何取得大家的信任？

FTX差點變成台灣大型色情帝國的金融引擎

山姆沒有雇用傳統定義的「大人」，但現在他有了拉姆尼克，拉姆尼克有一些類似大人的特質：他開口前會先深思熟慮、曾在高盛與臉書任職多年、剛滿三十三歲但看起來像三十五歲、說話時不會抖腳、穿長褲、已婚、人生觀近似溫米克（Wemmick）*。他和山姆或目前為止設法在山姆的管理風格中倖存下來的人不一樣，也就是說，他認為工作與私生活不該混在一起。他能夠想像大人會怎麼看事情（例如，當他們發現你和不該上床的人上了床）。

當山姆想讓FTX成為第一個掛牌交易Swag幣的交易所時，拉姆尼克出面阻止了這件事。

---

*編按：溫米克是狄更斯小說《遠大前程》（*Great Expectations*）裡的人物，任職於律師事務所。

Swag是台灣的色情企業*，當時Swag承諾，只要FTX為Swag幣創造市場，Swag就會付FTX一大筆錢，FTX將因此變成台灣一個大型色情帝國的金融引擎。拉姆尼克說：「我必須勸阻他。在說服他放棄這個案子的過程中，我覺得這是一個岔口，一踏出去就沒有回頭路了。山姆一心想做那個案子，但我說：『他媽的我們絕對不能做。』」

在幣圈裡，拉姆尼克的特質幾乎沒什麼助益，甚至可能是一種劣勢。但在幣圈以外，這樣的特質相當珍貴。

拉姆尼克發現，其實大家認同的不是公司，而是人。他們可能永遠不會相信這家新的交易所，但如果他們覺得自己知道交易所的創辦人是誰，就可能會信任他，就算他是個怪咖。拉姆尼克說：「我們提出的第一個問題是，能不能讓山姆上電視？這看起來不太可能，但田文欣不知怎的辦到了。」

為了知道「FTX公關長」這個陌生的新角色應該做什麼，田文欣打電話給紐約的公關公司「M集團戰略傳播公司」（M Group Strategic Communications）。該公司的負責人傑・莫拉奇斯（Jay Morakis）起初有點遲疑，他說：「我以為那是一家來自中國的可疑企業。」但他後來聽到山姆的簡介，並在彭博電視台（Bloomberg TV）上看到山姆首次公開受訪後，他完全改觀了。「在我多年的公關經驗中，我從來沒碰過像這樣的例子。」他說：「我現在五十歲，開了二十年的公關公司，從來沒見過這種事。我們公司裡的每個人都想見山姆，一堆執行長打電話問我：『你可不可以把你為山姆做的公關策略，也套用在我們公司？』」二〇二一年，他不得不澄清，其實他什麼也沒做，山姆就……突然自己爆紅了。

二〇二一年下半年，山姆的媒體曝光效應超出了所有人的預期。這個一直與世界保持距離、全世界大部分時間也與他保持距離的人，不知怎的，突然透過媒體在大家的想像中活躍了起來。在幣圈內，山姆變得越來越有名；不過在幣圈外，他依然沒沒無聞，因此也不受信任。

拉姆尼克的新角色之一，就是解決這個問題。他說：「一件事情是否可信，你是如何判斷的？答案是：關聯性。信任，通常是源自先前已存在的關係。」但山姆沒有這一類的關係。十八歲以前，他幾乎毫無人際關係；十八歲以後，他開始認識一群有效利他主義者（但其中有很多人後來對他在該社群製造分裂感到憤怒），以及一群簡街的交易員（他們對於他離職去創業，還從簡街挖角，同樣很惱火）。

因此，拉姆尼克開始幫山姆建立新的關係，並決定從一些創投業者開始。FTX不是真的需要資金，但如果能找到合適的創投業者與山姆建立關係，或許可以幫他們更輕鬆地進入幣圈外的

＊編按：Swag原是由黃立成創立的網紅直播平台，後來表演尺度越來越大，最後變成一個成人影音內容平台。

世界。拉姆尼克說：「我們討論了正當性與信任，例如：『我們能從**信譽良好**的創投業者獲得資金嗎？』避開中國的創投非常重要，我們希望與美國的公司產生關聯。」

他們不看數據，而是看你講故事的時候多興奮

不過，幣圈的人與創投圈的人第一次對話時，通常有點尷尬。「他們想看看我們是怎樣做內控的。」拉姆尼克說：「但我們根本沒有內控。」創投業者看得出來ＦＴＸ的成長有多快（就像挖到油田噴井的探勘者），但他們不確定現在看到的噴發是已經接近尾聲，還是剛開始。這會是一筆隨著加密貨幣熱潮消失的大交易，還是說山姆正在打造某種更長久的東西？如果是後者，他需要接觸美國的投資者，為此，ＦＴＸ就需要內控。此外，ＦＴＸ也需要取得營運許可及受到監管。

在獲得創投的信任方面，最大的問題在於：加密貨幣期貨交易所並沒有全球營運許可。有些國家或地區（例如香港）為現貨交易所提供營運執照，也同意對期貨交易睜一眼閉一眼，但多數國家（如美國）根本不提供營運執照。美國政府甚至不確定該由哪個機構來監管加密貨幣市場：是證管會（ＳＥＣ），或是商品期貨交易委員會（ＣＦＴＣ）？

在美國，這個「誰來監管加密貨幣產品」的問題，取決於該產品該定義為「證券」還是「商品」。早在二〇一五年，比特幣就已經被定義為一種商品，所以受到CFTC的監管。但FTT——或所謂的比特槓桿代幣（leveraged Bitcoin token）——可能被定義為證券，所以屬於SEC的管轄範圍。

當時（也就是二〇二一年初），SEC與CFTC都在某種程度上宣稱擁有監管權，但兩者都沒有採取太多行動。由於沒有適當的法規，在美國成立加密貨幣事業的人常要面臨訴訟與罰款的風險，因為他們沒有明確獲准做這種生意（也就是買賣比特幣以外的其他一切營業活動）。加密貨幣業者懇求監管機構，允許他們出售新的加密貨幣，或為加密貨幣的存款支付利息，或建立加密期貨合約。對此，監管機構往往含糊其辭、語焉不詳。於是加密貨幣業者只好先做再說，但結果往往是遭到監管機構開罰。山姆說：「這就好像在跟監管機構玩『二十個問題』（Twenty Questions）的遊戲*，但只要你問錯問題，就會被罰款。」

至於山姆，從來沒跟創投業者接觸過，對他來說這猶如一種全新的遊戲，拉姆尼克就在旁邊

---

*譯註：一種兩人遊戲，其中一個人想一個名詞，另一個人可以問二十個相關的是非題，試著從問題的答案中猜到那個名詞。目標是盡可能以最少的問題猜出答案。

看著他摸索這個遊戲。二〇二一年初，創投業者Jump Trading公司提議收購ＦＴＸ股份，收購價將使ＦＴＸ的估值達到四十億美元。拉姆尼克回憶道：「山姆拒絕了，他說估值應該是兩百億美元。」Jump Trading回應，如果山姆能找到對這個價格感興趣的人，他們也可以接受這價格——可見市場上對新企業的估值有多麼主觀。

向創投業者推銷一家新企業，顯然不像賣沙發，而比較像是推銷一個電影創意。創投的熱中程度，主要不是看你提供的具體數據，而是看你講述故事時有多興奮。感覺就像他們每天都在聽很多故事，然後挑選出他們最喜歡的。他們的評論其實沒什麼道理，山姆很快就發現，這些人聽到的故事大都沒什麼說服力。「多數人講的故事，很容易證明是虛假的。」他說，但他與拉姆尼克講的故事不一樣。他們講的故事，大致是這樣的：

全球股市每天的交易量是六千億美元，加密貨幣目前的每日交易量是兩千億美元，而且兩者的差距正在縮小。短短十八個月內，ＦＴＸ從沒沒無聞，發展成全球第五大加密貨幣交易所，而且每天不斷從競爭對手的手中奪取市占率。

ＦＴＸ目前是市場上唯一把取得營運執照及合法化，列為優先要務的加密貨幣交易所，也是唯一沒有以任何方式冒犯過美國金融監管機構的加密貨幣交易所。一旦在美國獲得營運許可，像ＦＴＸ這樣的交易所也可以交易股票，或是任何大家有興趣交易的東西，進而與紐約證券交易所等交易機構競爭。

因此，山姆已成立一家叫做 FTX US 的公司，但他很謹慎地確保客戶不會在上面做可能引起證管會反對的交易。拉姆尼克說：「我們要強調的重點是：『你看，我們的成長速度有多快，這個市場非常龐大，我們將成為值得信賴的業者。』」

他們當時的處境，是一種雞生蛋、蛋生雞的迴圈：要想成為值得信賴的業者，就要獲得知名創投的投資；要想獲得創投的資金，他們就要先成為值得信賴的業者。不過，實際上他們募資的過程根本沒什麼章法可言。有一家創投聽了他們的說明後，就寄來投資意向書，說：「我們實在太喜歡你們了，你們隨便填個數字就行了。」於是山姆填了一個數字：兩百億美元。結果那家創投從此已讀不回，直到拉姆尼克打電話去問，他們才說改變主意了。

英國的創投業者 Hedosophia 也打電話來，說他們願意接受山姆的估值，並出價一億美元購買FTX〇．〇五％的股份。拉姆尼克根本不知道對方是誰，所以安排了一場電話會議。他說：「那種感覺很奇怪，他們不太熟悉我們的事業，連一些很基本的事情都不知道，例如不知道 FTX US 的存在，就說要投資。」Hedosophia 寄了投資意向書給拉姆尼克，但後來因加密貨幣行情下跌而改變主意，撤回意向書。

全球最大的私人投資公司黑石集團（Blackstone）也打電話給山姆，說他們覺得兩百億美元的估值太高了，並表示黑石集團有意以一百五十億美元的估值投資ＦＴＸ。拉姆尼克回憶：「山姆說：『如果你認為估值太高，我可以讓你以兩百億美元的估值做空十億股我們的股票。』黑石集團回覆說：『但我們不做空股票。』山姆的回應是：如果你在簡街工作，第一個禮拜就被炒魷魚了。」＊

創投業者都沒發現山姆其實一邊和他們談話，一邊打電動，但多數人都能感覺到，山姆並不在乎他們說什麼。拉姆尼克開始覺得，山姆展現的不在乎，反而讓他們對他更感興趣。當然，ＦＴＸ當時有獲利，並不需要資金，這可能也有些影響。

最後，從二〇二〇年夏天到二〇二一年春天，他們總共做了四輪融資，以二十三億美元的價格出售了約六％的股份。大約有**一百五十家**創投參與融資。他們都接受了山姆的要求：只單純投資，不給董事會席位（其實他根本沒有成立董事會）或任何形式的事業掌控權。

然而，在山姆所設計的大迷宮中，ＦＴＸ只是其中一小部分。他擁有阿拉米達的九成股份，而阿拉米達的性質正在改變：它仍是一家計量交易公司，績效有好有壞，但它的交易員正以新的方式交易越來越多的資金。這時的加密貨幣世界，猶如創造了一批不受監管的新銀行。例如，大家把加密貨幣存入一些加密貨幣貸款平台，諸如 Genesis Global Capital、Celsius Network 這樣的公司，並獲得一定利率的利息。這些偽銀行再把客戶存進來的加密貨幣，出借給阿拉米達這樣的交易公司。二〇一八年初，那些有錢的有效利他主義者向山姆收取每年五〇%的利率，但三年後的今天，Genesis和Celsius願意只以六%到二〇%的利率，為阿拉米達提供高達數十億美元的貸款。阿拉米達內部還有其他更神祕的數十億美元資金，是外界沒有人知道的。拉姆尼克說：「FTX比大家所想的還小，阿拉米達比較大，而且大多了。」

*當然，還有另一種觀點需要考量——這些創投業者怎麼看這個古怪的新加密貨幣創業者。Ribbit Capital的尼克．沙萊克（Nick Shalek）回憶道：「我和他通電話時，問了他一個問題，他講了一個小時。我問他第二個問題，他又講了一個小時。」沙萊克和許多創投業者一樣，對山姆這種毫不掩飾的直白作風感到訝異。「他說，如果他要做一個價值一百萬美元的決定，他只要花五秒。如果是價值一千萬美元的決定，他只花幾分鐘。如果是價值一億美元的決定，他會花幾個小時。而且，聽起來他是認真的。我心想，天啊，你不能對監管者或記者……或任何人說這種話。」這個直白的工作狂正打算主宰金融界，而且似乎有實現這個目標的可信計畫。沙萊克說：「對他來說，他要建立的事業將會是全球最大的加密貨幣交易所，然後進一步擴張，變成全球最大的金融機構。」沙萊克和其他人一樣，很快就發現山姆與他接觸過的多數創業者不同。「他不是愛作秀或善於推銷的那種人。他對於如何經營事業，有一種非常規的思維方式。對他來說，一切都是機率，他可以憑空抓出那些機率。然後，再看情況調整機率。他睡在懶骨頭沙發上，獨自包辦一切事務，而且他似乎對我們的任何看法都不太感興趣。這沒關係，但我們都覺得他很特別，應該親自找他談談。」但他們想親自造訪山姆是不可能的。新冠疫情期間，香港政府要求入境者都必須在飯店隔離十四天。那些原始投資者主要是透過Zoom來了解及解讀山姆，當時正值史上最大的創投熱潮之一。

期望值會在做愛前達到高峰，在做愛後暴跌

阿拉米達與ＦＴＸ的分界，打從一開始就一直很模糊。兩者在法律上是不同的公司，但由同一人所有。辦公室都位於某辦公大樓二十六樓的同一個大房間，可以一起眺望維多利亞港周圍林立的高樓大廈，以及二十英里外的中國。阿拉米達與ＦＴＸ共用一長排相同的交易桌，山姆的辦公桌就位於那長排的末端，可以清楚監督兩家公司的營運。

怪的是，沒有人覺得阿拉米達為ＦＴＸ的啟用成本提供五百萬至一千萬美元的資金，有什麼不對勁。同樣奇怪的是，也沒有人覺得ＦＴＸ出售ＦＴＴ幣，但所得資金不是用來擴大ＦＴＸ，而是在阿拉米達內部交易，有什麼不妥。大家似乎覺得，阿拉米達掌控所有剩餘的ＦＴＴ幣，並用那些ＦＴＴ幣來擔保其交易活動，是再自然不過的事。

山姆甚至沒有試圖隱瞞他在做什麼。他在給員工的備忘錄寫道：ＦＴＴ「獨自解決了阿拉米達的股權問題」。他保留了阿拉米達的九成股份，王紫霄擁有剩下的一成。即使山姆把ＦＴＸ的部分股份賣給了一百五十家創投，他仍擁有公司一半以上的股份。第三大股東尼夏，僅持有五％的股份。

與此同時，山姆似乎同時經營這兩家公司，又似乎放任這兩家公司獨立營運，他自己則每天

忙著向外界宣傳FTX與他自己。隨著FTX的蓬勃發展，他發現越來越難找到他認可的人來阿拉米達工作。合格的人才或許會來阿拉米達應徵，但是當他們看到FTX的成長，往往會說他們更想在FTX工作。山姆說：「我幾乎不可能找到想在阿拉米達工作的聰明人。」於是，在管理阿拉米達時，他只好繼續依靠現有的員工。

但他還是無法在管理阿拉米達日常交易的同時，為迅速成長中的FTX擔任對外的負責人。他看到阿拉米達裡沒人有資格經營這家公司，所以把管理工作交給了兩個人。一個，是聰明但不善社交的交易員薩姆・特拉布科（Sam Trabucco）。山姆在高中數學營時就認識薩姆，前一年把他從海納高頻交易公司（Susquehanna）挖角過來。薩姆一加入阿拉米達，就迅速投入交易，投入程度是唯一可與山姆匹敵的人：他可以連續幾週都一直待在香港辦公室裡。

問題是，當山姆一把他升任為管理者後，他對工作的興趣就消失了，突然從生活中找到了新樂趣。二〇二一年夏末，薩姆明顯的轉變令人困惑，阿拉米達的一名員工表示：「他一當上阿拉米達的共同執行長，心思就完全抽離了。」

這一來，山姆這個私人避險基金就落到了另一位共同執行長卡洛琳手中。任命他們兩人擔任共同執行長時，山姆原本的想像是：卡洛琳負責管理員工，薩姆負責管理交易風險。他說：「大家真的很喜歡她的管理。」到了二〇二一年秋天，卡洛琳等於同時負責管理員工及交易風險，而她本人則只對山姆負責。

但現在這種局面也帶來了困擾，因為他們兩人正暗中交往。這種隱密的關係給卡洛琳帶來的煩惱遠比山姆更多。她想改善及延展兩人的關係，但山姆並不想。山姆前往香港後，他以一份備忘錄回覆了卡洛琳寄來的第一份備忘錄，上面列出兩人上了床的利弊。那份備忘錄的標題，叫做「**反對的理由**」：

很多時候，我感覺自己好像缺少靈魂，在某些情況下尤其明顯。但最終，有一個強而有力的論點是：我的同理心是假的、情感是假的、臉部表情是假的。我感覺不到快樂。和一個你無法讓他快樂的人交往，有什麼意義呢？

我從很久以前就經常感到無聊，也很早就有幽閉恐懼症。雖然目前看來，我可能不像往常那樣擔心這些問題，但這些情緒的潛在傾向可能很強，強到蓋過其他一切。

我對於自己想要什麼感到矛盾。有時我真的很想和你在一起；有時我想連續工作六十個小時，什麼都不想。

我擔心我們之間的權力消長關係。

萬一我們的關係變成公關醜聞，那可能會毀了阿拉米達。

某種程度上來說，這對當前有效利他主義圈子的混亂局面相當不利。那是我需要解決的爛攤子。

我會傷別人的心。就連那些被我激勵的人，我也無法讓他們感到快樂。我讓交往的對象感到痛苦。跟有這樣特質的人（1你無法讓他快樂，2不尊重任何人，3老是想著一些討厭的事，4沒時間陪你，5經常想要一個人獨處）在一起，真的很糟糕。

跟員工約會真的有很多麻煩。

在這份清單之後，是另一份比較簡短的清單，標題是「**贊成的理由**」：

我真他媽的喜歡你。

我真的很喜歡和你說話。我覺得跟你傾訴想法，比跟其他人要自在多了。

你和我有一些共同的重要興趣。

你是個好人。

我真的很喜歡和你上床。

你聰明又令人佩服。

你有很好的判斷力，不會滿口胡言。

你很欣賞真正的我。

收到備忘錄後，卡洛琳依然跟著山姆的腳步從柏克萊搬到了香港，並恢復了兩人的關係。兩年後，他們的關係基本上沒什麼改變。現在，山姆更能看出為何他對卡洛琳可能有感情，不是全憑感覺。卡洛琳想跟一個非傳統的男人發展一段傳統的愛情，而山姆只想做當下期望值最高的事。至於他對卡洛琳的期望值估算，似乎在他們做愛前達到了高峰，並在做愛後立即暴跌。

卡洛琳不喜歡這樣，並為此連續寫了好幾封冗長的備忘錄給山姆。二〇二一年七月初，她寫道：「我想從我們的關係中得到一些東西，但我覺得我得到的，沒有我想要的那麼多。」接著她以常見的條列式重點表達如下：

- 溝通我們的感受與偏好
- 一致的肯定／正面強化
- 至少在某些情況下，肯定我們的交往關係山姆的腦子裡也有一份清單，上面列出了倘若大家知道他們兩人睡在一起，可能會發生哪些糟糕的後果。卡洛琳認為山姆那份清單，掩蓋了他的真實動機。六天後，她又發了一份備忘錄，寫道：「我想，最困擾我的是，你覺得跟我在一起很丟臉。」接著，她解釋為什麼這種想法令她感到困擾。

- 我覺得別人若是知道我們在交往，我會很開心。我以前談戀愛時，不見得有這種感覺。歸根究柢在於，這個人會不會讓我覺得很丟臉，以及大家要是知道我和這個人交往，會不會對我的印象變好／變差。
- 如果你也認為別人知道我們在交往很好，只是覺得不要公開比較好，我應該不會那麼介意。
- 我還是覺得，如果我更好／更出色，你就不會覺得別人知道我們在交往很丟臉了。

他們內心深處關注的目標依舊不同。卡洛琳覺得，即使山姆把她拔擢為阿拉米達的執行長，但他並不覺得她表現得很好。這點卡洛琳自己也不否認，她在隨後的備忘錄中寫道：「感覺我在管理阿拉米達方面，做得比你全職管理這家公司時還糟。而且，如果你沒有偶爾干預的話，我就會搞砸重要的事情。」

十八個月前，阿拉米達以來自有效利他主義者的四千萬美元資金，勉強維持營運。如今阿拉米達有數十億美元的資金（大部分是從偽銀行的陌生人那裡借來的），還有一些不太知名的加密貨幣（例如ＦＴＴ），價值介於零美元到八百億美元之間（價值多寡要看由誰計算）。公司的運作變得更複雜了，她顯然需要幫助。她再次興起想跟老闆講清楚的念頭：要嘛辭職，要嘛與他分手，或是辭職加上分手。

然而，就在她做出決定前，山姆又在二〇二一年八月離開了。這次是去巴哈馬考察，看那裡是否可以作為分區辦公室或災難恢復站，以防中國政府突然關閉他們的業務。他非常喜歡巴哈馬，當場就決定留下來。於是，三年內，他第二次發訊息給公司團隊，說他不會再回去了。

| 第7章 |

班上的惡霸與怪咖

打敗幣安，擺脫趙長鵬

即使不是心理醫生，也看得出山姆與卡洛琳之間的關係模式。不過，他們碰巧就有一位心理醫生——喬治．勒納（George Lerner）。

二〇二〇年底，喬治可能是世界上研究有效利他主義者內心世界的權威。這個獨特的角色是自然而然地向他敞開了大門，就像他當初接觸精神醫學一樣。他之所以受到精神醫學的吸引，是因為這個領域讓他可以馬上與他人建立親近的關係。他說：「坦白說，傾聽別人的故事，還有錢賺，這感覺還挺棒的。」

他剛進貝勒醫學院（Baylor College of Medicine）就讀時，老師要求學生在聽到想從事的領域時舉手，當老師喊到「外科醫生」時，許多學生舉起了手，喊到「精神科醫生」時，只有喬治舉手。他在舊金山的加州大學取得住院醫師資格，並留在那裡教書及看診。

喬治在俄羅斯出生，十一歲隨家人移民到加州。這個經歷讓他融合了兩地的文化，形成一種奇怪的組合。他的眼睛、頭髮、不變的鬍渣，讓他看起來彷彿是從杜斯妥也夫斯基（Dostoevsky）小說中跑出來的人物。除了笑容，他所有一切看起來都灰撲撲的，全身上下彷彿都籠罩在陰鬱中，但是他的嘴角卻流露出笑意，甚至是喜悅。那種感覺就像是從深不可測的絕望深淵中被拉出來，只是還沒完全拉出來就停在那裡。或許他的病人就是從他的舉止中，找到自己當時正好需要的寄託。

最初來找喬治的病人都是律師。最早是一個律師先來，這個律師又推薦其他律師，如此口耳相傳，不久後他整天都在聽律師講他們的問題。喬治說：「他們一直介紹同事過來。」這些律師主要想談談他們失敗的感情生活，聽久就膩了。但在這波律師潮過後，接著來的是第二波的科技業高階主管，他們更想談的是自己的工作。「科技業的人不太談感情生活，他們希望我教他們如何變成更好的工程師。」

二〇一七年左右，也就是加密貨幣開始走紅的那年，幣圈的人也開始出現在他的診間。這群人主要分為兩大類：一類是原始信徒，在比特幣還是一種古老宗教時就踏入這個圈子。喬治說：「他們是自由意志主義者，總是獨來獨往，因為他們的觀點使他們難以融入大公司。他們常抱怨工作上遇到的人逼他們接受親政府的觀點。他們有點偏執，世界對他們來說充滿了陰謀。」喬治見過很多這樣的人，所以他知道這群人投入幣圈並非偶然。「比特幣就像吹著一種特別誘人的口哨，吸引這些人進來。」喬治說：「他們在一般正規企業上班，但工作之餘對加密貨幣特別熱中。他們很想分享自己對政府的恐懼，但很多時候，他們的配偶或家人早已聽到厭煩。」他們來找喬治，是因為需要有人傾聽，畢竟比特幣沒有耳朵。

喬治滿適合扮演這個角色。他有一種與生俱來的能力，能輕易接受他人的想法和觀點。「在我住院實習期間，這個特點其實對我不利，因為我很難辨識出精神病。」他說：「我在聽完病人的描述後，會說：『我完全可以理解為什麼你老覺得老闆在監聽你的電話。』」

接著，比特幣價格上漲之後，為喬治的候診室帶來了另一群不一樣的幣圈人士。喬治說：「第二種幣圈人士是年輕、時髦、想賺錢的人。」喬治覺得這種人比較沒那麼有趣，他們只是擔心政府會對他們的獲利課稅。

可以搞婚外情嗎？我們來做一下成本效益分析吧

後來，有效利他主義者開始出現，喬治對這些病人也產生了更強烈的興趣。山姆的弟弟蓋柏是第一個來找喬治的有效利他主義者，緊隨其後的是卡洛琳及阿拉米達的其他員工。一年後，山姆也來了，這時喬治治療的有效利他主義者加起來大約有二十個。這一群人的出現，減輕了喬治對自己的擔憂：他本來還在擔心自己的同理心有限，一般人帶著一般的情感問題來找他時，他常常得假裝理解他們。有效利他主義者不需要他的同理心，他們甚至覺得不該關注自己的感受。他們一心一意只想追求生活的最大效益，所以會竭盡所能把情感的影響減到最低。喬治說：「照他們的說法，是情感阻礙了他們把決策簡化為數字的能力。例如，他們會問，我可以搞婚外情嗎？我們來做一下成本效益分析吧。有效利他主義者喜歡用這種方式。」這種方式也適合喬治，他無法感受到病人的情緒，但可以覺察到他們的想法。

喬治永遠不會成為有效利他主義者，他自己也不確定利他是不是合乎人性，但他很喜歡他們。首先，他們很有意思，都很年輕——他們就只是孩子，剛展開人生旅程。「一開始我感覺他們是在玩遊戲。他們的智力與世界觀都比較特別，屬於異類。」不久，他發現這不是遊戲，他們都非常真誠，真心根據結果來判斷行為是否道德。他們的生活目標，就是追求結果的最佳化。喬治接受了他們的觀點，就像他接受那些認為政府在監視他們的幣圈人士一樣。他說：「我的職責不是去質疑他們，他們是真心認同這樣的理念。只要是真心的，我就可以接受。而且，也許那真的是一種造福世界的方式，即使感覺有點奇怪。」

喬治發現，這群人來治療時，不但喜歡談個人問題，也喜歡談有效利他的理念。喬治覺得他們談理念時，比談個人問題更有意思。不過，喬治也很注意聆聽他們的個人問題，這可以幫他辨識他們行為的共同模式。例如，他們都宣稱自己關愛「人類」，但卻又不輕易去愛真實、有血有肉的人。喬治說：「他們關注的重點不是從人開始，而是從苦難開始。他們以同樣的方式關心動物，也關心地球會不會被小行星撞擊，但他們並不會渴望良好的人際關係。」

他們也關心行為背後的邏輯。對他們來說，「一以貫之」不是什麼微不足道的小事，而是智慧的象徵。他們把邏輯與嚴謹，帶入某些最感性的決定之中，例如「要不要生孩子」。喬治說：「很多有效利他主義者決定不生小孩，因為他們覺得孩子會影響生活品質，而且生養孩子也會削弱他們影響世界的能力。」畢竟，把一個孩子培養成有效利他主義者所花的時間，可以用來說服無數的人成為有效利他主義者。「感覺生孩子是一種自私的行為，在有效利他主義的論點中，如果生孩子有正當理由，就是：孩子等同於幸福，幸福就能提高生產力。如果他們能說服自己相信這點，也許就會生小孩。」

然而，這一切想法都是違反人類天性的，他們必須很刻意讓自己有這種想法，才能過這樣的生活。喬治說：「有效利他主義有兩個部分，一部分是重視結果，另一個部分是跟個人犧牲有關。」有效利他主義者大致上都同意第一部分，但對於第二部分就出現嚴重的分歧。「致力拯救他人生命」這種理念說得容易，但你願意落實到什麼程度？你願意放棄生孩子嗎？你願意捐腎嗎？喬治認為，山姆是活在這個光譜的一端。山姆對身體疼痛的耐受性極低，所以他不可能捐腎，但除此之外，其他任何事情他都很樂意犧牲。

而卡洛琳並非如此，她對自己缺乏信心。喬治說：「山姆給了她真正的內在力量。」在喬治的有效利他主義病人中，卡洛琳在「為理念犧牲」的光譜上，是屬於另一端。二〇一八年她第一次來找喬治時，想要談的問題有兩個：一個是她的注意力不足過動症，另一個是她複雜的多角戀情。但接下來的每一次治療，卡洛琳都只想討論一個問題：山姆。她已經愛上山姆了，但山姆不愛她，光是這點，就讓她過得很不快樂。喬治說：「她可能很樂意用認同有效利他主義，來換取山姆的愛。」

「如果我是她的朋友，而不是她的心理醫生，我會說，你永遠不會從這個傢伙身上得到你想要的。」不過，看著她一直渴望山姆公開承認兩人的關係，還是覺得頗難過。在香港待了快兩年，她終於讓核心圈子裡的幾個人（其他的有效利他主義者）知道這件事。喬治說：「對她來說，這是兩人關係最重要的一刻。山姆覺得不妥，但她似乎很滿意。這是對兩人關係的肯定，也代表某種程度的承諾。」隨後，山姆就啟程前往巴哈馬，再也沒有回來了。幾週後，山姆打電話給喬治，建議他從舊金山搬到巴哈馬，擔任整個ＦＴＸ的精神科醫師。

我是個「沒有感情的人」，我「從來沒有感到快樂過」

在分裂事件之後、啟程前往香港之前，山姆一直在尋找新的治療師。但看過許多治療師都沒用，主要是因為他們不相信山姆的陳述，認為他沒有講真話。山姆說：「之前的治療師對我的很多方面都表示懷疑。」例如，他告訴這些心理醫生，自己打從年紀很小就決定永遠不要生孩子，說自己是個「沒有感情的人」、「從來沒有感到快樂過」（心理醫生說這叫「失樂症」〔anhedonia〕）。那些心理醫生雖然會邊聽邊點頭，但聽完會說不相信他的說法。「彷彿他們比我更了解自己似的，我不知道該怎麼跟他們溝通，我知道自己有些地方不太正常，但他們不願接受。」山姆說。

他之所以喜歡喬治，是因為喬治接受他本來的樣子，對於談論他的感受也完全沒什麼興趣。「社交問題基本上是無解的。」山姆說。他不需要治療師來處理他的問題，但他確實需要有人來為他開處方。山姆感興趣的問題，都是**別人**的問題。他很快就發現，喬治可以幫他解決別人的問題。例如兩名員工吵架，喬治可以幫山姆想出解決爭端的辦法。對多數人來說，喬治是心理醫生；對山姆來說，喬治成了管理顧問（喬治的說法是：「山姆從來不想談自己，我們都是在談工作。」）。

卡洛琳堅持要公開她與山姆的感情關係，並不是導致山姆留在巴哈馬、不回香港的理由。在喬治看來，有好幾個因素影響了這個決定。當時香港政府要求入境者必須先隔離十四到二十一天，這導致出國變得極其困難。此外，中國政府常常任意逮捕加密貨幣交易所的負責人，並凍結他們的資金，這讓FTX每個人都很緊張。律師與幾名中國員工不斷向山姆提出這個風險問題，FTX的員工甚至為山姆及王紫霄策畫了一個逃命計畫，萬一中國警察前來逮人，這個計畫可以馬上啟動，他們稱之為「〇〇七計畫」。FTX的辦公室門口有兩個彪形大漢守著，辦公室後方有一個出口，還有一架加滿油的噴射機隨時準備好載他們到安全的地方（不過山姆本人對此一無所知）。

對山姆來說，中國警察再可怕，都比不上卡洛琳帶來的煩惱。他離開香港前不久寫信告訴她：「對你說這些話，我心裡很難過。」接著，他開始以商業備忘錄的格式寫道：

一、我**真的真的**不喜歡別人知道我們在交往。主要原因是：

1這讓我很難做好管理，因為我擔心有偏見。

2這可能導致非常糟糕的公關後果。

3這讓我覺得很不舒服。

4這也會讓你周圍的同事更不舒服。

二、我很不高興聽到辦公室裡有人談論這件事。

1我知道你可能樂見風聲走漏，但我不喜歡。對我來說，這幾乎犯了我的大忌。

2我也認為，你樂見消息走漏是不對的。我想，你忘了這可能產生的次級效應。

三、這可能以多種方式發生，例如：

1如果我在我們都參加的大型活動上，刻意走到你面前跟你道別，那就很容易露餡。

2選擇見面的方式過於輕率（這至少我們兩個都有錯）。

3告訴別人。

四、我很擔心自己最終會陷入一段對生活產生嚴重負面影響的感情。

五、最重要的是，我真的想讓你變得更強，但我擔心自己可能在無意中做了相反的事。

1我擔心你太急於在我面前證明自己了。

a你不需要，你已經做到了。

2我擔心你會因為害怕我的批判，而對某些事情非常反感。

他最後以一句話總結：「我真的很抱歉，我是個非常不適合交往的人。」

交易所不能設在台灣，因為中國隨時可能入侵

總之，二〇二一年夏末，最困難的一件事不是離開香港，而是想出該去哪裡。這個地點必須是金融監管已經明確允許加密期貨交易所的地方，這一來就先排除了歐美兩地。台灣也不適合，因為中國隨時可能入侵。安地卡的法律很好，但網路不好。烏拉圭？感覺怪怪的。杜拜也許行得通，但是對ＦＴＸ龐大且不斷增加的中國女性員工來說卻很不方便。山姆無法接受一個國家的政府竟然還規定人民穿什麼、不能穿什麼。新加坡、直布羅陀、以色列……在這份ＦＴＸ可合法經營的清單上，有很多地方因為各種原因而不適合。

奇怪的是，剛開始巴哈馬並沒有被列入清單，是後來萊恩去巴哈馬物色度假屋，碰巧得知巴哈馬的證管會正在制定新的加密貨幣法規*。巴哈馬的網路很棒，是透過佛羅里達州的海底電纜連線。那裡的稅制不差，可抵免你在其他國家繳納的稅款，外加有很多尚未使用的辦公空間，以及大量閒置著、等待被改造成員工宿舍的豪華公寓。而且，當地政府想吸引各行各業前去投資，所以山姆一去考察，就有機會見到新當選的巴哈馬總理，新總理很老實的告訴他：「山姆，我們巴哈馬快破產了。」

但山姆沒有破產，山姆有錢得不得了。阿拉米達不必再向有效利他主義者借高利貸。Celsius、Genesis等新的加密貨幣貸款機構願意以低至六%的利率，提供阿拉米達總計一百億至一百五十億美元的資金。也因為取得大量廉價的資金，交易的獲利持續上升：從二〇一八年的五千萬美元，增至二〇一九年的一億美元，二〇二〇年增至十億美元，二〇二一年又再次增加。

而且，這只是交易上的獲利，還不包括山姆持有、潛在未實現收益龐大的大量加密貨幣。二

---

*以下是附註，在書頁上的呈現，就像現實生活中在故事主軸之外的題外話。因為你應該先知道一個背景故事及一個人，才能了解整個情況及接下來發生的事。早在一九七〇年代，巴哈馬在制定保險法規方面因為行動遲緩，而錯失一項龐大的商機，眼睜睜看著蓬勃發展的再保險業，紛紛跑到百慕達落腳。巴哈馬也因完全依賴遊輪旅遊業而付出代價，新冠疫情期間所有郵輪停駛，重創當地經濟。二〇一五年，克莉絲蒂娜·羅爾（Christina Rolle）接掌了巴哈馬的首席金融監管職位，擔任巴哈馬證管會的執行董事。她不耍官威、沉默寡言、慎思熟慮，對世界充滿好奇。她發現，金融服務業是少數可以為當地增加中產階級的管道。二〇一八年底，參加了多場國際會議之後，她發現很多國家似乎都在迴避加密貨幣交易。於是，她著手做了美國監管機構迄今未做的事：坐下來起草法規，把大部分加密金融合法化。「這種技術不會消失，接下來將以我們無法預知的方式，為傳統金融服務業帶來破壞性的影響。」她說，她也知道有風險：「當時我們心中沒有預設什麼樣的人會出現，我們不知道誰會來。我原本只是覺得，畢竟巴哈馬太小了，沒有人會優先想到這裡來，但至少我們會成為市場上的參與者之一。」但沒想到二〇二一年夏末，全球最熱門的加密貨幣交易所創辦人突然來到巴哈馬，讓羅爾成了一個有遠見的天才。但她依然很謹慎，二〇二二年初，她說：「我擔心的是，某天早上醒來，赫然看到一個我沒料到的大頭條。因為有太多人站在一旁觀望，等著說：『看吧！我早就告訴過你了。』很多人對加密貨幣一直抱著懷疑的態度。」請讀者先記住這個攸關後續發展的附註。

○二○年三月，矽谷工程師阿納托利．雅科文科（Anatoly Yakovenko）推出一種更好的新區塊鏈，解決了比特幣作為交易工具的最大缺點：速度太慢。比特幣每秒只能驗證七筆交易，新的索拉納（Solana）區塊鏈號稱每秒處理多達六．五萬筆交易。山姆自己無法判斷，但他問了有能力判斷的人之後，很快就認定索拉納可能是未來加密貨幣的主流。就算最後不是主流，索拉納的故事也足以讓大家看好，進而推高價格。十八個月後，阿拉米達擁有約一五％的索拉納幣（簡稱索幣），大部分是以二十五美分購入。當時索幣的市價已經漲到二四九美元，是山姆買入價的一千倍，所以山姆持有的索幣市值約為一百二十億美元。沒人知道如此龐大數量的索幣有多少轉售價值，但索幣確實有市場，每天的交易額高達二十億美元。山姆說：「我簡直不敢相信。」

索拉納這個例子，是當時所做的一切決定的縮影。「我們曾經說可以在類似的投資上帶來好到不可思議的報酬，這就是最有力的證據，證明我們的想法完全正確。」他說：「這是一種自我應驗，我們持有的龐大部位，是導致它上漲的原因之一。」

山姆的寶庫裡還有更多類似這樣的東西。例如，阿拉米達也擁有近半數的FTT幣，這等於為山姆創造了FTX的第二大股東，可獲得FTX總收入的六分之一左右。在過去的十八個月裡，FTT的價格從約三美元漲到約八十美元。同樣的，這裡也很難算出，要是山姆一次賣光這些FTT可以獲得多少錢，但加密貨幣貸款機構很樂意以這些FTT當抵押，借給他數十億美元，所以他不需要賣掉FTT就可以獲得資金。

此外，山姆還有FTX的股權，這是非常實在的東西。多家創投業者付出二十三億美元，才買到FTX的六％股份。山姆有充分的理由認為，現在他可以出售更少的股份給更多投資者，以換取比二十三億美元多出數十億的資金。

FTX支撐著他這個不斷壯大的帝國：一個營收與獲利持續成長的真實企業。它甚至不需要創投資金（山姆似乎是為了證明這點，以兩億美元向紅杉資本〔Sequoia Capital〕出售了FTX的部分股權，然後從阿拉米達拿出兩億美元，反過來投資紅杉的一檔基金）。FTX現在是全球成長最快的加密貨幣交易所，也是大型專業交易者的賭場首選。在不到三年的時間裡，它的交易額市占率從〇％升至一〇％。二〇二一年，營收高達十億美元。

兄弟，我們在美國是一家該死的無照證券交易所

然而，FTX顯然還有很大的成長空間。它的最大競爭對手是幣安，幣安的交易量是FTX的五倍，這表示幣安的營收大約是FTX的五倍，市值可能也是FTX的五倍。那些試圖估算富人身價的專家，很難給趙長鵬估出一個數字，因為沒人知道趙長鵬持有多少幣安的股份。二〇二

一年，《富比士》把趙長鵬的身價排在山姆後面，但山姆與FTX內部的其他人都不相信這些數字，山姆認為趙長鵬可能是全球首富。但是，對那些為山姆提供資金的人來說，趙長鵬的富豪地位似乎沒那麼穩。二〇二一年秋季《富比士》調查山姆的身價時，認為他是全球三十歲以下的首富。創投業者看山姆時，都認為他可能很快就會取代趙長鵬，成為世界首富。

這一切都解釋了山姆此時此刻要做的事（以及後來覺得更難解釋，或甚至難以置信的事）：他打算把FTX打造成一家全球監管最嚴格、最守法、最遵守規則的加密貨幣交易所。盡可能取得最多的營運執照，以便合法且公開的在許多國家發展業務。本質上，他是在押注，賭法治最終將給難以駕馭的加密貨幣市場帶來秩序。二〇二一年底，約一六％的美國人宣稱自己涉足加密貨幣市場，亞洲的參與率可能更高。山姆認為，監管機構遲早會介入加密貨幣市場，並驅逐無照的交易所。

這個策略與幣安正好相反。二〇一九年五月FTX剛創立時，幣安只是少數幾家市占率差不多大（約一〇％）的加密貨幣交易所之一。另一家交易所 BitMEX 很快就因為「故意不建立、實施、維持反洗錢計畫」，而惹毛了美國司法部，其創辦人（兩名美國人與一名英國人）分別被處以罰款、緩刑與軟禁。據報導，另兩家交易所 OKEx 與火幣的高階主管被中國警方強行帶走，資產也遭到凍結。趙長鵬在三年前（亦即二〇一七年底），搶在中國政府對他出手（中國政府在那一年前後，曾多次整肅加密貨幣產業）之前離開了中國。趙長鵬先在新加坡落腳，後來轉往杜拜定居。杜拜的魅力之一，是它與美國沒有引渡條約，這點對趙長鵬來說非常重要，因為他往往對新法規視而不見，抱著僥倖的心態，指望監管機構沒有足夠人力或資源採取行動。

短短兩年內，幣安的交易市占率就從一〇％飆升至五〇％。它提供的金融產品若不是當地監管機構禁止，就是尚未核准，而且監管機構似乎也不願出手干預。幣安自己發行的幣安幣（BNB）就是一例，BNB之於幣安，就像FTT之於FTX：持有該幣可以分得該交易所的營收。你可以說比特幣不是一種證券，美國商品期貨交易委員會也將它視為一種商品，但BNB或FTT不同，它們被創造出來賣給投資者，以便為盈利企業募資。它們會支付利息給持有者，付息的形式是享有較低的交易所手續費及「回購銷毀協議」。它們幾乎符合證券的一切定義，所以如果你想在美國把它們賣給美國投資者，美國證管會不可能睜一隻眼閉一隻眼。

然而，幣安卻明目張膽地在美國境內向美國人出售BNB，以及許多其他的東西。二〇一八年，幣安的法規遵循長向同事發出一則非常經典的簡訊：「兄弟，我們在美國是一家該死的無照證券交易所。」（這則簡訊及其他類似的資訊，是五年後的二〇二三年六月，在美國證管會對幣安提起訴訟時揭露的。）

看在美國金融監管機構眼中，加密貨幣交易所至少分為四大類。首先是一小群規模較小的美國交易所只掛牌交易比特幣與以太幣，這兩種存在時間最久的加密貨幣都獲美國證交會視為商品（有意思的是，加密貨幣存在時間越長，外界越視之為一種商品），並受到ＣＦＴＣ（美國商品期貨交易委員會）的監管。

ＦＴＸ新設立的美國交易所（FTX US）掛牌交易這兩種加密貨幣，外加其他約十八種較新的加密貨幣。這些貨幣都不具備證券的基本屬性，例如都沒有「回購銷毀協議」，或只是用來為營利企業募資。

Coinbase是服務最多美國客戶的交易所，而且看起來很願意承擔更多的監管風險。它掛牌交易約五百種加密貨幣，其中有一些是證管會明確視為證券的加密貨幣。執行長布萊恩・阿姆斯壯（Brian Armstrong）曾在推特上批評監管機構「粗暴」。

不過，由於Coinbase本身並沒有發行類似ＦＴＴ的交易所代幣，所以不算最目無法紀的業者，它並沒有利用其交易所向美國投資者出售自家不受監管的證券，只有幣安敢明目張膽的交易ＢＮＢ。

幣安在它新開的美國加密貨幣交易所，向美國的散戶投資者出售相當於幣安股票的ＢＮＢ，等於是在對美國監管機構公然挑釁。在美國銷售ＢＮＢ，大幅提高了ＢＮＢ的價值。二〇一九年九月幣安正式在美國開設交易所時，ＢＮＢ的市值還不到三十億美元，但到了二〇二一年秋季，

BNB的市值已超過一千億美元。這其中有多少是美國投資者的貢獻很難說，但山姆還是做了粗略的估算：約兩百億美元。相較之下，惹毛美國監管機構只算是很小的代價。

幣安就像班上的惡霸，FTX則像班上的怪咖

這也是為什麼山姆在評估後認為，幣安的策略是無法持久的。明智的做法，是成為全球最守法、最服從監管的交易所。FTX可以利用法律與監管機構，讓加密貨幣交易從幣安轉往FTX。如果有哪個國家還沒有相關的法律，那麼FTX的律師可以協助他們制定出來。在美國這個最重要的國家，則是由山姆親自帶隊。山姆打算說服美國政府監管加密貨幣，並懲罰那些違反新規定的業者，讓FTX變成集官方寵愛於一身的模範生（在山姆看來，巴哈馬最大的優點就是和美國很接近）。

現在山姆覺得，美國才是FTX的終極目標。美國已經有一個加密貨幣交易所Coinbase，但Coinbase的執行長已經在推特上罵過證管會，而且相較於FTX，Coinbase只是個大而無當、績效不彰又無趣的賭場。Coinbase的員工數是FTX的**十五倍**，交易量卻只有FTX的五分之一左右。Coinbase向散戶投資者收取的費用是FTX的五到五十倍，卻依然嚴重虧損。即便如此，它

還是一家上市公司，市值超過七百五十億美元。如果ＦＴＸ取得了在美國提供加密貨幣期貨的營業執照，並完全獲准接觸美國投資者，就可能奪走Coinbase的客戶與市值。

至少山姆是這樣想的——這也是為什麼他認為取得執照可能使ＦＴＸ的價值在一夜間翻倍，或甚至變成三倍。

不過，在他做這一切以前，要先擺脫趙長鵬。趙長鵬仍持有他於二〇一九年底以八千萬美元購買的ＦＴＸ股份。此後，幣安與ＦＴＸ之間的關係逐漸惡化，幣安就像班上的惡霸，ＦＴＸ則像班上的怪咖，彼此都在用自己獨特的優勢去折磨對方。幣安推出期貨交易就是一個很好的例子，幣安的團隊開發期貨交易平台的時間，比王紫霄獨自一人開發的時間多了三個月。幣安的期貨交易系統啟動並運行後，沒有吸引到多少用戶。山姆很快就注意到，幣安期貨合約的交易模式很可疑：市場自然發生的交易會時多時少，但幣安的交易卻非常規律。他猜測，幣安可能開發了機器人，用來與自己交易新合約，以創造出交易活絡的假象。

這種所謂的「洗盤交易」，在受監管的美國交易所是非法的。山姆看到這種交易時並沒有太在意，只是覺得那些亞洲交易所肆無忌憚地這樣做有點好笑。二〇一九年夏季，ＦＴＸ針對其他交易所的活動進行每日分析，並公布分析結果。它估計，中小型交易所八〇％（或更多）的成交量，以及幾家大型交易所的三〇％成交量都是假的。在ＦＴＸ發布第一份分析報告後不久，就有一家交易所打電話來說：「我們要解散我們的洗盤團隊，給我們一個禮拜時間，成交量就是真的了。」一些大型交易所對於這個分析也表示感謝，因為這讓它們鬆了一口氣，過去很多人都認為他們的交易量中有三〇%以上是假的。

對於幣安從事洗盤交易，山姆並沒有太驚訝，他比較訝異的是手法竟然那麼拙劣。他說：「他們在操縱市場方面做得很爛。」例如一個幣安機器人在比特幣期貨市場上創造了一個市場，另一個幣安機器人就會進場並推高賣出價。

為了方便說明，這裡假設比特幣的合理價格是一百美元。第一個幣安機器人會出價九十八美元買進，一〇二美元賣出。然而任何正常的交易員都不會接受這兩種報價——既然你可以在其他交易所以一百美元賣出或買進比特幣，幹嘛要到幣安以九十八美元賣出，或以一〇二美元買進呢？但接下來，第二個幣安機器人會如預期的定時進場，以一〇二美元買進比特幣。表面上看去，好像是兩個交易者做了一筆交易，但其實不是，只是「幣安」跟「幣安」自己交易比特幣而已。

山姆最愛玩這種遊戲，以前他在簡街就曾經遇過類似的情況。這回，他要阿拉米達的交易員自己設計速度更快的機器人，把報價（賣出價）設成比幣安機器人的賣出價稍低一些。比如說，幣安機器人的報價是以一〇二美元出售比特幣期貨，在第二個幣安機器人進場購買以前，阿拉米達的機器人同樣搶先報價，以一〇一．九五美元的價格出售。結果，幣安沒有以虛漲的價格從自己手中買進比特幣，而是以幾乎一樣過高的價格，從阿拉米達機器人手中買進比特幣。

先在其他地方以一百美元買進比特幣，然後再以一〇一．九五美元的價格賣給幣安機器人，這種生意對阿拉米達來說，猶如天上掉下來的意外之財。終於，幣安內部的期貨團隊有一天開始注意到自己的洗盤交易正在虧損，並通報趙長鵬。趙長鵬接著到推特發了一則語焉不詳的訊息（見左頁上圖），由此可見要嘛幣安團隊沒有對趙長鵬透露完整的實情，要嘛他們自己也根本沒搞懂發生了什麼事。

山姆說：「這種做法非常符合中國人的風格，他們不會直接打電話來說：『喂，別再搞了好嗎？』」

後來，他打電話給幣安的財務長周瑋。那次的通話內容很奇怪——一家加密貨幣交易所的執行長打電話給另一家交易所的財務長，告訴對方如果他們不想在新的期貨合約上賠錢，就需要改變市場操縱方式。周瑋後來向趙長鵬報告，趙長鵬打電話給山姆，兩人以不帶敵意的方式簡短談了一下。事後山姆判斷，幣安的交易員依然沒有全盤告知趙長鵬實際發生了什麼事。無論他們對趙長鵬說了什麼，趙長鵬後來在推特上又發了一則聲明（見左頁下圖），但那則聲明和他之前發的推文一樣令人困惑。

ＦＴＸ創立的最初十八個月裡，曾與幣安發生過幾次類似的糾紛。據當時三位幣安員工的描述，趙長鵬要求員工定期提供關於ＦＴＸ的報告，而且每次談到ＦＴＸ，他都顯得特別在意。一位幣安員工說：「趙長鵬超級精明，他從來不談任何其他交易所，他覺得那只是在幫對方免費行銷，但ＦＴＸ令他擔心。從二〇一九年起，他只關注ＦＴＸ。他覺得ＦＴＸ是唯一真正威脅幣安地位的交易所。」怪的是，他還是ＦＴＸ的第二大股東，持股僅次於山姆。

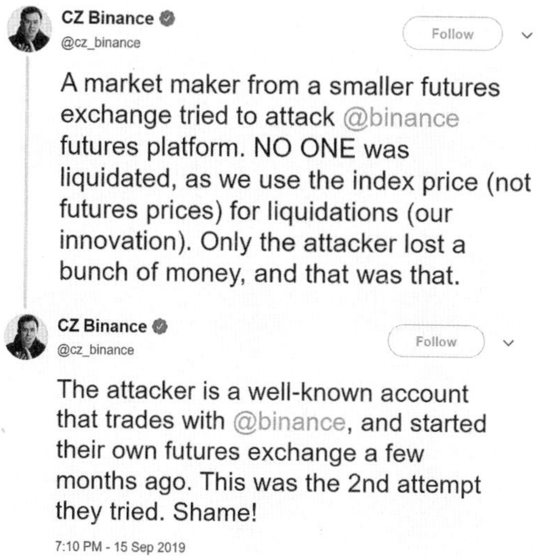
CZ Binance
@cz_binance
Follow
A market maker from a smaller futures exchange tried to attack @binance futures platform. NO ONE was liquidated, as we use the index price (not futures prices) for liquidations (our innovation). Only the attacker lost a bunch of money, and that was that.
CZ Binance
@cz_binance
Follow
The attacker is a well-known account that trades with @binance, and started their own futures exchange a few months ago. This was the 2nd attempt they tried. Shame!
7:10 PM - 15 Sep 2019

◇ 一個來自較小期貨交易所的造市者，試圖攻擊@幣安的平台。沒有人被清算，因為我們是使用指數價格（而不是期貨價格）進行清算（這是我們的創新）。只有攻擊者自己賠了一大筆錢，影響僅此而已。

攻擊者是一個與幣安交易的知名帳戶，幾個月前開設他們自己的期貨交易所。這是他們第二次試圖攻擊幣安。真是可恥！

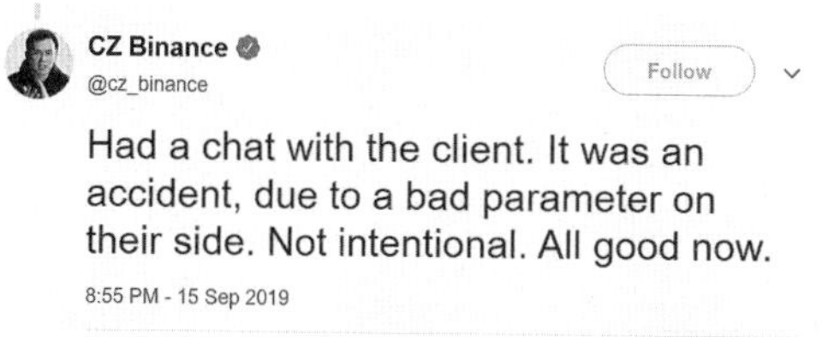
CZ Binance
@cz_binance
Follow
Had a chat with the client. It was an accident, due to a bad parameter on their side. Not intentional. All good now.
8:55 PM - 15 Sep 2019

◇ 與客戶談過了。那場攻擊是意外，是他們那邊的參數有問題，不是故意的。沒事了。

到了二〇二一年中，山姆意識到自己不能一邊討好監管機構，一邊讓趙長鵬當FTX的大股東。如果你想當深受老師寵愛的模範生，就不能和穿皮衣的流氓一起坐在教室後排。每一個監管機構要求的第一樣東西，都是你的投資者名單及他們的個人資訊。幣安的一位前員工說：「他們調查趙長鵬的家庭狀況，問他住在哪裡，但他都不願透露。」

山姆告訴趙長鵬，他想買下他持有的FTX股份。對於當初花了八千萬美元買下的股份，趙長鵬開價二十二億美元，山姆也答應了。就在他們簽約之前，趙長鵬突然無故堅持要額外再加七千五百萬美元。山姆也給了。

收到那筆二十幾億美元的意外之財，趙長鵬從頭到尾都沒有露出任何感激之情。山姆說：「從那時起，冷戰開始了。」

Steph Curry，Tom Brady，Taylor Swift

山姆收購趙長鵬的持股時，FTX正全面擴大公關活動。當時，山姆已是電視上的常客，也登上了《富比士》雜誌的封面。他依然不知道該如何建立品牌，而且一如既往，他也沒興趣聽專家的建議。他決定從頭開始，公司內部自己討論怎麼做，花點錢做實驗，看什麼方法有效。就在他在支付二二・七五億美元給趙長鵬的同時，也寫備忘錄給FTX的員工。在備忘錄中，他像火星人一樣反覆思考，是什麼因素讓一般美國人喜歡及信任一種產品。他寫道：「我們目前在技術與評價方面領先，但在知名度上落後。我們需要吸引五千萬個參與度不高的用戶從 Coinbase 轉向FTX，這需要相當大的推動力！」

他首先指出，很少行銷活動達到他想在FTX創造的效果。他舉了三個例子：

1歐巴馬的競選口號：Yes, we can。

2Nike 的廣告標語：Just do it。天底下有無數運動員，其中只有兩個人成就了這個品牌：麥可・喬丹與老虎・伍茲。

3蘋果的廣告標語：Think Different。廣告中出現的名人有愛因斯坦、約翰・藍儂、金恩博士、拳王阿里、羅莎・帕克斯（Rosa Parks）、甘地、希區考克等人。

幣圈裡絕大多數是年輕男性，所以利用運動明星來吸引他們的關注與信任，似乎是顯而易見的道理。在美國，大家都知道、也在乎體育館冠上哪些公司的名字，但沒有人在意球員球衣上印著什麼公司的名字。歐洲的情況正好相反，歐洲人都知道並關心球員球衣上的名稱，但不在乎體育場是冠上哪家公司的名稱。沒有人知道，美國人究竟是什麼時候開始重視體育場的企業冠名，反正它就這樣發生了。山姆說：「一旦大家都認同什麼很重要，那就會一再重複。」

剛開始大家對加密貨幣普遍抱持著謹慎的態度，導致加密貨幣公司要取得體育場冠名權，比一般企業棘手一些。FTX本來試圖冠名贊助美式足球堪薩斯城酋長隊（Kansas City Chiefs）與紐奧良聖徒隊（New Orleans Saints）使用的體育場，但都沒有成功。所以，當職籃邁阿密熱火隊（Miami Heat）的人主動找上FTX，並建議FTX以一．五五億美元取得他們未來十九年的冠名權時，山姆欣然答應。這筆交易不僅需要NBA批准，還需要邁阿密戴德縣（Miami-Dade）委員會（一個政府單位）的批准，這些都是額外的好處。因為從此以後，他們就可以宣稱政府也支持FTX了。

隨著FTX這個名稱出現在美國體育場，就再也沒有人拒絕他們的錢了*。他們開始在美國職業運動中投入大量資金：大谷翔平、俠客．歐尼爾、詹皇（LeBron James）都成了他們的代言人。他們付給美國職棒大聯盟一．六二五億美元，讓公司名稱出現在每個裁判的制服上。山姆認為，把FTX的商標放在裁判的制服上，比放在球員的球衣上更有效。基本上，在職棒大聯盟每場比賽的每個電視鏡頭中，觀眾都能看到FTX的貼布章。FTX的律師丹尼爾．弗里德伯格（Daniel Friedberg）說：「NBA還對我們進行審查，但是美國職棒大聯盟爽快的直接答應。」

儘管如此，山姆還是很懷疑名人代言效應——一個人有可能因某位名人謊稱自己使用某個產品，而覺得該產品很有吸引力？「你買東西時，真的在乎貝克・梅菲爾德（Baker Mayfield）或達克・普雷斯科特（Dak Prescott）的看法嗎＊＊？」他在寫給員工的信中如此問道，彷彿沒有人想過這個問題似的（這一小群被他隨機挑中的ＦＴＸ員工，是來幫他思考問題的）。「如果我告訴你，梅菲爾德真的很喜歡某家房屋保險公司，你可能根本不為所動。」

這並不是說名人沒有影響力，而是他們的影響力難以預測：人與產品之間存在著某種神祕的互動，這種互動只有偶爾才會影響到大眾的想像。「凱文・杜蘭特（Kevin Durant）是很棒的籃球運動員！」山姆寫道：「但你可能不在乎他開哪種車吧。那如果是詹皇開特斯拉呢？我可能不會馬上跟著去買，但我不得不說，我或許最終有可能真的會去買一台。」

他認為，有些產品是名人幫不上忙的（「有什麼代言會讓你更想買一部日產汽車嗎？我覺得任何代言對我都沒有那樣的影響力。」）。但另一些產品，代言人是誰就有差別了。於是，他開

＊史蒂芬・柯瑞（Steph Curry）起初拒絕了，後來又改變主意。很久以後，有報導指出泰勒絲（Taylor Swift）拒絕了ＦＴＸ的資金，其實那不是真的。ＦＴＸ與泰勒絲達成一項協定，每年付她兩千五百萬至三千萬美元，但山姆一直遲遲無法確立這筆交易。田文欣說：「她想做這筆交易，但山姆一直拖延回覆她的團隊。」另一位密切參與泰勒絲與ＦＴＸ協議的人士說：「泰勒絲並沒有拒絕，他們一直在等山姆簽字，但他遲遲沒簽。」

＊＊譯註：兩位皆為美式足球員。

始把這個問題想成是：找到「世界上少數幾個真正能打動人心的人或東西」。他認為，他們為了推廣品牌所做的事情中，真正重要的只有三件事，而其中有一件比其他所有事情加總起來還要重要：湯姆．布雷迪（Tom Brady）。

你可能以為（就像山姆最初所想的那樣），如果你要付錢給某個美式足球四分衛，請他公開說自己在FTX上交易，那麼不管你是找布雷迪、阿倫．羅傑斯（Aaron Rodgers），還是達克．普雷斯科特（Dak Prescott），應該不會有什麼區別。你可能會覺得布雷迪稍好一點，但也覺得用布雷迪一半的代言費請羅傑斯代言，應該也值得。但不管山姆走到哪裡，聽到的都是因為布雷迪，大家才知道FTX這家公司，幾乎沒有人提到其他代言人。「很明顯可以看出哪些有效果，哪些沒有。」山姆說：「我永遠搞不懂為什麼會這樣，到現在還是不知該如何形容。」山姆這個火星人發現了現代人類生活中另一個奇怪的事實：無論什麼時候，只有非常少數的幾個人足以影響集體的想像。山姆在給團隊的備忘錄中寫道：「我們找布雷迪代言後，就沒有人在乎Coinbase是否找羅素．威爾遜（Russell Wilson）代言了。」*

表面上看來，FTX似乎只是去找了一位魅力出眾、我行我素的意見領袖來打造品牌。但實際上不只如此，FTX投入大量資金，從頭開始學習如何行銷一個產品，幾乎不打算尋求經驗豐富的專業人士來幫忙。某種程度上來說，這種方法顯然奏效了：在美國消費者心中，FTX的知名度越來越高，山姆也變得越來越出名。

但是另一方面，這似乎也沒什麼意義：對美國消費者來說，FTX仍然沒有多大的用處。FTX在美國開了一家交易所，但美國投資者能在上面做的活動很少。更何況要把加密貨幣期貨（也就是交易所最重要的產品）賣給美國人，甚至還是違法的。也就是說，FTX花了很多錢去推銷一個可能發生也可能不會發生的生意。

我們什麼資料都沒有，連員工人數也沒有

除了心理醫生及一兩個律師，FTX內部仍然沒有人對目前所從事的工作有多少經驗，他們

*請布雷迪當代言人所費不貲，遠遠超過他們付給他的五千五百萬美元，但在當時，這些錢似乎微不足道，因為他們也與他當時的妻子吉賽兒達成一九八〇萬美元的配套合約。簽下吉賽兒後，一位時尚行銷顧問在幾乎無人監督下，主動發起了一場名人活動。就是因為這個顧問，山姆才會莫名其妙的和安娜．溫圖在 Zoom 上開會，試圖搞清楚大都會慈善晚宴是什麼。不久後，山姆的頭像開始登上時尚雜誌的跨頁廣告及全美各地的公車站廣告。之後，他就開除了那位時尚行銷顧問。當時負責幫山姆接洽媒體的田文欣說：「那一切都包含在與吉賽兒達成的名人協議中。實在有夠尷尬，FTX裡沒有人喜歡那個點子，山姆也不喜歡。」

都是邊做邊學邊累積經驗，也沒有人覺得這種情況有必要為建築師破例。

萊恩騎單車橫越美國為一項慈善事業募款時，遇到了年近三十的建築師艾菲雅．懷特（Alfha White）。兩人認識沒多久，萊恩就委託艾菲雅為他在巴厘島設計一間度假屋。當山姆出乎意料的決定把整家公司搬到巴哈馬時，萊恩不得不馬上在當地幫公司找一個安置地點。由於找不到合適的永久住房，他聘請艾菲雅來設計ＦＴＸ的新企業總部。

艾菲雅從來沒接過這樣的案子，於是找來建築系的朋友伊恩．羅森菲爾德（Ian Rosenfeld）來幫忙。伊恩的特別之處在於，他除了從來沒設計過辦公大樓以外，還是山姆的高中同學。他震驚的發現，山姆現在不僅是全球數一數二的大富豪，還可以用某種方式與他人共事，甚至管理別人。伊恩對山姆的印象，還停留在以前那個大家都不太認識的天才，每天獨自拖著拉桿背包走在明泉中學的鵝卵石步道上，輪子嘎吱嘎吱地作響。

艾菲雅與伊恩去了巴哈馬，在ＦＴＸ的會議室裡安頓下來，試圖搞清楚該怎麼做。山姆把他的支票本交給萊恩，叫他盡快買下辦公空間及員工宿舍，不用擔心預算。從來沒有人像萊恩那樣，買東西完全不用考慮預算。所以短短幾週內，他就買下價值二．五億至三億美元的房地產，其中包括位於昂貴的新度假村奧爾巴尼（Albany）內的高級公寓大樓，價值一．五三億美元。他也買下一個荒涼的辦公園區，裡面有十幾棟小建築，作為公司的臨時總部。那些建築散落在六英畝的柏油土地上，周圍是茂密的樹林，科學家或房地產開發商可能稱之為亞熱帶森林，但其他人可能會直接說那是叢林*。

一路下來，萊恩又花了四百五十萬美元在西灣的狹窄海灘上買了一塊四．九五英畝的叢林地，用來興建FTX的新總部。他把那塊土地及數億美元的預算，交給了那兩個年輕的建築師，基本上說的是：「儘管去做吧。」一個規模那麼大的專案，通常需要一個由專案經理、業主代表，以及各種經驗豐富的專業人員所組成的團隊，但萊恩就放手讓這兩個年輕的建築師去處理一切。伊恩說：「我們的任務是設計一個微型城市。」

在設計一個容納FTX的空間之前，他們需要先了解FTX的結構、工作方式與習慣。為了勝任FTX的建築師這份工作，他們還需要成為FTX的人類學家。伊恩在高中時其實與山姆不熟，現在他和艾菲雅卻得想辦法搞清楚他建立的企業。他們很快就意識到，山姆本人對他們沒什麼幫助。伊恩說：「山姆沒有時間，他把新總部的一切都授權給其他人處理了。我們打從一開始就想拉他進來討論，他說：『你們才是建築師，我完全沒有概念。』」

---

*FTX也一口氣買了六十幾部車，萊恩說：「我幫山姆買了一輛BMW，他叫我把車退了。我心想：『山姆，你身價四百億美元，這裡到處都是凹凸不平的路。』但算了，退就退吧。」

這個微型城市的創造者們，顯然有一些問題需要解答。例如，「這個城市裡會有多少人？」或「山姆希望這個微型城市長什麼樣子？」，但山姆對他們的問題不感興趣。他們抵達巴哈馬時，連萊恩也對他們的問題不感興趣了。那時萊恩已經飛回美國，幫新女友競選國會議員。這兩個建築師只好去找尼夏的女友克蕾兒・渡邊（Claire Watanabe）——她接替了萊恩的角色，在巴哈馬負責FTX的企業開支及後勤人員的管理。伊恩說：「給我們一份員工名單，給我們任何東西都可以。克蕾兒說：『我知道我這樣講很奇怪，但我們什麼資料都沒有，連員工人數也沒有。』」

由於得不到上級的指示，建築師只好開始觀察FTX的員工。那些員工現在住在臨時搭建的叢林小屋裡，似乎對周圍環境不感興趣。建築師偶爾會把員工拉到一旁，問他們如何利用以前在香港的辦公室。艾菲雅說：「他們總是說，你不需要採訪我們，按你想要的方式去設計就行了。」

這顯然是很糟的建議，即使是那些宣稱自己不在乎工作空間的人，到頭來還是會在乎，只是他們有時沒有意識到罷了。艾菲雅說：「他們通常是看到實體以後才會在乎。」例如，以前在香港的辦公室裡，他們就曾經為了一扇門的位置激烈地吵了很久。「一名女性員工說，為了風水考量，應該拆掉那扇門。一名男性員工說不要，他想留下那扇門，結果就吵起來了。」為了安撫那兩人，香港的辦公室先拆了那扇門，然後又裝上了另一扇門，為此花了一百萬美元。

要像山姆一樣成功，就得像山姆那樣生活

兩個建築師就這樣邊看、邊聽、邊學。他們可以看到，這些FTX員工和他們的老闆一樣，基本上是住在辦公室裡。眾所皆知，山姆在香港時經常睡在辦公桌邊的懶骨頭沙發上，尼夏也在辦公桌下鋪了一張床。

有些員工認為，要像山姆一樣成功，就得像山姆那樣生活。這種員工以不健康的方式住在辦公室裡，沒日沒夜的工作，導致睡眠不足。例如，有一個員工在香港辦公室裡待了三十天，一步都沒有離開。所以，辦公室裡需要淋浴與睡眠空間；還要以最有效率的方式滿足大家在飲食、衣物及其他物質的需求，以盡量縮短休息時間。伊恩說：「他們可以得到想要的任何東西，但那些東西必須直接送到他們的辦公桌上。用來存放亞馬遜包裹的儲藏室，幾乎沒有人使用。」

此外，公司有一半員工是東方人，這也是必須考慮的因素（一切設計都要顧及風水），但顧及超乎尋常的怪咖或宅男宅女的需求更重要。艾菲雅說：「他們希望辦公室裡到處都有電源插座。」有窗戶的地方，一定要加裝好的百葉窗，以防強光照在電腦上，讓他們看不清螢幕。伊恩說：「他們喜歡把百葉窗放下來。」他們要嘛獨自坐在辦公桌前，要嘛全聚在一個很大的空間裡，做一些很宅的娛樂活動。除此之外，他們很少做別的事情。他們需要一個很大的空間來玩實

境角色扮演遊戲（LARP），卻又告訴建築師，他們其實可以在任何地方玩這遊戲。

他們幾乎都和老闆一樣（或者聲稱和老闆一樣），對優雅或美感完全不在意。伊恩說：「我觀察過其他科技公司的員工，但FTX的員工不一樣，他們很少在意美感及舒適度。」

FTX員工唯一想看到的，是他們的老闆。你在公司裡的地位，是以你與山姆的親近程度來衡量。連在叢林的臨時小屋裡，他們也搶著要看到他。為此，建築師用了玻璃牆與夾層來設計主樓，讓大家在辦公室裡就可以看到山姆。伊恩說：「這種布局讓你不管坐在哪裡，都有機會瞥見山姆。」

為了了解這家奇怪的新公司，兩個建築師糾纏了很多人，最後終於有人受不了，寄來一份他們一開始就要求的東西：山姆希望這個微型企業城長什麼樣子。伊恩說：「清單上只列了三樣東西。」山姆希望大樓的形狀像F，以便搭機降落在林丁平德林國際機場（Lynden Pindling International Airport）的人，可以從上空看到。他希望大樓的側面讓人聯想到他的蓬頭亂髮，雖然聽起來不太可能，但伊恩認為可行。他們可以使用電腦數值控制（CNC）切割鋁，抽象地模仿他的頭髮——伊恩稱之為「山姆的猶太爆炸頭」，他說：「這點子其實不錯。」

山姆願望清單上的第三項是純鎢方塊。這就有點令人費解，但世界各地的幣圈人士對這玩意兒都趨之若鶩。建築師現在知道，鎢是地球上最夯的緻密金屬。當時，幣圈正熱烈地討論「密度的強度」。據說美國中西部的一家公司製造出全球最大的純鎢方塊，只有十四吋，價值二十五萬美元，重達兩千磅。山姆顯然訂購了一個這樣的方塊，並空運到巴哈馬，想在這個微型企業城的基座上展示這個方塊。兩位建築師從沒看過山姆這個超高密度的珍貴方塊，但他們還是把它融入了設計圖中。伊恩說：「我們為它設計了一個空間。」那個空間是在這個企業城主樓的大中庭。訪客踏入這個全球加密貨幣的帝國時，首先映入眼簾的就是這個純鎢方塊。從抽象之海中升起的這個加密帝國，純鎢方塊是當中最具體的東西。

除了山姆的清單，建築師再也沒有收到任何指示。這讓他們無所適從，因為一旦做了決定，就無法改變了。畢竟，這些都是建築物。一旦建造完成，如果山姆對它們的期望值有任何新的想法，它們都無法跟著應變。短短三年內，他把整個公司搬了兩次，橫跨了九千英里。雖然這座微型城市原本是打算作為全球金融帝國的總部，但FTX要成為全球金融帝國的最佳途徑，是取得美國監管機構的允許，在美國設立據點。這種情況下，山姆幾乎一定會把公司遷回美國，到時候這座微型城市，頂多只是一個衛星辦公室而已。伊恩耐人尋味地說：「無論是容納六百人，還是十人，它都必須讓人感覺舒適。」

沒有得到任何指引的兩位建築師，卻收到了緊迫的最後期限。他們的任務是改造五英畝的叢林，並為重大的公開記者會準備建築草圖的簡報。沒想到，他們竟然如期在二〇二二年四月二十五日準備好了。在沒拿到官方許可下，他們清理了叢林；也在毫無協助下，畫出了設計圖。在剛剛清理完畢的五英畝土地旁，他們豎起了一塊看板，上面展示了微型城市的照片及一句口號：「FTX：蓬勃成長中」。巴哈馬的媒體都來了，新任總理也帶著隨行人員抵達。一大群FTX的員工在現場手持鏟子，參與破土儀式（這可能是他們這輩子頭一遭）。山姆與FTX的營運長王喆一起搭車前來。山姆下車時，一副剛從垃圾車裡掉出來的模樣：工裝短褲，皺巴巴的T恤，鬆垮的白襪。伊恩一看，心想：「這傢伙還是老樣子。」

自從伊恩開始參與這個案子並從遠處觀察山姆以來，有個想法常在他腦海中浮現：山姆仍與高中時期的樣子驚人的相似。當高中同班的怪胎成為全球數一數二的富豪時，你多少會認為這個怪胎肯定已經變得不一樣了，但山姆沒有變，只是他周遭的世界變了。

在破土儀式之前，山姆本來應該要發表演說。伊恩原本以為需要幫山姆準備一下資料，所以在儀式開始前，他把山姆拉到一邊。

「你覺得這個設計怎樣？」伊恩問道。

「我什麼都還沒看。」山姆說。

「你至少看過設計圖吧？」

「沒有。」

伊恩心想：「蛤？」如果山姆對這座微型城市一無所知，他演說時要怎麼談這個地方？

「那你等一下要說什麼？」

「我就即興發揮。」山姆說。

他後來確實這麼做了——直接換個話題講。他經常如此。面對他不想回答或不知道怎麼回答的問題時，他就乾脆把它變成一個他很樂於回答的問題。那天他想回答的問題不是「這座微型城市是什麼，為什麼它看起來是這個樣子？」，而是「你為什麼會來巴哈馬？」。

後來，建築師發現，山姆對他們的設計一無所知，甚至根本不知道他們設計出了什麼。也就是說，他們為ＦＴＸ新總部所做的一切決定，預計將耗資數億美元，卻完全沒有來自出資者的意見。不久，他們得知，連他們拿到的那份山姆的願望清單，也不是來自山姆，而且山姆本人也不知道自己有說過任何願望。

原來那份清單是ＦＴＸ內部的另一個人列出來的，他只是試著想像如果自己是山姆，可能會希望新辦公大樓長什麼樣子。事實上山姆並沒有想過把大樓的側面設計成猶太爆炸頭，而純鎢方塊的概念雖然很酷，但講真的，山姆或其他人買個一噸重的方塊、運到巴哈馬的機率有多大？如果純鎢方塊確實存在，為什麼建築師從來沒看過？伊恩說：「我連他們是不是真的買了純鎢方塊都不知道。」但他已經根據這個概念設計了建築。這一切實在很奇怪，但在ＦＴＸ，卻又顯得稀鬆平常，伊恩說：「每個人都在替山姆做決定。」

動土儀式結束後，山姆在當地逗留了一會兒。伊恩把握機會，直接問他幾個月以來一直想問的問題。

「除了工作空間以外，你還希望這些大樓裡有什麼設施？」

山姆第一次思考這個問題，他回答：「羽球場。」

那就是了，他只想要這個：羽球場。

「幾個球場？」伊恩問道。

「三個。」山姆說，然後他就離開了。

「那是我們問到他的第一個問題，也是唯一的問題。」伊恩說。

沒有公司組織結構圖？那就讓心理醫生來畫一張吧

心理醫生喬治的任務，當然是傾聽大家的問題，他確實盡力了。二〇二二年春季，他在其中一個叢林小屋裡設立了小辦公室。裡面擺了一張簡單的辦公桌，對面放了一張紅沙發，角落放了一個淡藍色的懶骨頭，大家都知道那是山姆的專屬座位。

沒過多久，前來諮詢的人數之多及諮詢的性質，開始令喬治疲憊不堪。他說：「很多人在巴哈馬過得不快樂。」亞洲男性想和更多的亞洲女性交往，但亞洲女性不喜歡那裡的亞洲男性。喬治說：「每個人都在抱怨缺乏談戀愛的機會，倒是有效利他主義者沒抱怨，因為他們根本不在乎。」

非有效利他主義者覺得，有效利他主義者自以為比其他人聰明。很多人對於山姆的放任管理方式感到不滿。亞洲人對於公司缺乏組織結構圖感到特別不解，很多應該向山姆直接彙報的人發現，山姆根本不想聽他們彙報。「山姆會避開很多人，」喬治說：「大家以為可以透過我接近他。有些人來找我說話，是因為他們無法跟山姆講到話。這實在太煩人了。」

巴哈馬並沒有核發醫療執照給喬治，他的頭銜是資深專業教練，這其實是他一直在山姆面前扮演的角色——山姆總是比較喜歡談他的事業問題，而不是心理問題，因為他認為心理問題難以解決，所以討論也沒什麼意義。現在，在巴哈馬，喬治開始擔任管理顧問這個新角色。他從治療這些員工的過程中，吸收了這家公司的資訊，以便為執行長提供諮詢。員工的抱怨顯示，山姆要嘛沒有管理他應該管理的人，要嘛就是做得太糟，還不如不做。喬治說：「我覺得向山姆彙報的人太多了。」

那時FTX有三百多名員工，喬治投入這個新工作幾個月後，已經見了其中一百位員工。他享有可能是最能看清整個公司架構的視角，那是投資者、客戶、員工，甚至連公司創辦人都無法看到的清晰度。喬治說：「山姆不喜歡員工有職稱，大家都知道他討厭組織結構圖。」每個人也都知道，雖然他們可能渴望有個聽起來很重要的頭銜，但山姆也討厭那些頭銜。他曾寫過一份備忘錄來說明原因，標題是「對頭銜的一些看法」。他一開始就寫道：「過去幾年我們發現，頭銜會讓員工在FTX的表現變差。」接著他列出幾個可能的原因：

1有頭銜的人比較不願意聽取沒有頭銜者的建議。

2有頭銜的人比較不可能費心去學好部屬所做的基層工作，這讓他們在試圖管理這些員工時成效不佳。

3頭銜會讓人自我膨脹，而與公司發生嚴重的衝突。

4頭銜可能導致同事不滿。

儘管如此，喬治覺得他有必要知道來找他諮詢的員工在組織中的位置。「我不了解他們之間的關係，但我需要弄清楚，因為很多人來找我談職場上的衝突，我需要知道我聽到的是否合理。」山姆把公司變得像拼圖一樣，於是他的心理醫生只好開始拼湊出公司的全貌。

最後，喬治為山姆這個龐大的組織，繪製出唯一的組織結構圖。畫好後，他發現了很多有趣的事。例如，有二十四個人認為自己直接向山姆彙報，其中包括山姆的父親喬和山姆的童年好友納斯（山姆基於某個原因剛收購納斯開發的遊戲《童話大亂鬥》）。但這群人中不包括財務長，因為FTX沒有財務長；也不包括風控長或人資長，因為FTX也沒有這些職位。喬治說：「與其說這是一家公司，還不如說這是一家俱樂部。」

但FTX確實有技術長，王紫霄。不過王紫霄獨來獨往，沒有人向他彙報。喬治說：「在組織圖中，王紫霄自成一小格。」一般的科技公司會有一群程式設計師向技術長彙報，但在FTX，他們顯然都去找尼夏彙報。萊恩在巴哈馬來去匆匆，現在看來幾乎沒有參與公司的營運，但不知怎的卻成了整個國際事業的執行長，有二十七人要向他彙報。拉姆尼克的正式頭銜仍是產品長，但顯然做的事與產品無關，他領導一小群人負責募集及投資巨額資金。喬治把他放在一個標著「創投」的小格子裡。公司有大約一半的人是向山姆初抵香港時最早雇用的兩名年輕女性彙報：王喆與陳綠惠（Jen Chan）。喬治指出，這些人多數是東亞女性。

至於卡洛琳，她顯然獨自負責阿拉米達，領導二十二名交易員與開發人員，其中約有半數是跟著山姆從香港搬來巴哈馬的。這令喬治有點吃驚，喬治說：「她從來沒提過阿拉米達的事，山姆也是。他們顯然都不願去想這件事。」

崩盤前夕，我目睹了謊言成真

二〇二二年二月六日，在一份標題為「想法」的備忘錄中，卡洛琳列出六個改善她與山姆關係的想法。第三點是「找喬治做感情諮商」，夾在「未來找個時間決定是否要分手」與「決心在未來做更好的溝通」之間。她跟隨山姆搬到巴哈馬時，兩人的關係比之前還要糟。四月十五日晚上，在新公司總部舉行破土典禮的前十天，他們坐下來討論兩人的未來。第二天，卡洛琳在給山姆的備忘錄中總結了他們前一晚的討論：

- **卡洛琳打算**

  從阿拉米達辭職，搬回美國

- **山姆打算**

  分手，維持朋友關係，盡量別張揚

那天晚上，他們爭論著她應該繼續幫山姆管理私人避險基金兼寶庫，還是應該走一條不同的人生道路。她現在寫道：「管理阿拉米達感覺不是我擅長的事情，也不適合我……我覺得我在阿拉米達要做一堆我不太擅長的事……但，沒錯，我覺得經營阿拉米達的期望值非常高，遠高於我的次優選擇。我想，在我花很多時間思考替代選項及它們的期望值之前，我不應該考慮從阿拉米達辭職。」

卡洛琳當下要考慮的，是不再和山姆上床。她不想搬出他們現在一起住的公寓，這是萊恩花三千萬美元買下的頂層高級公寓，目前還有另外八名有效利他主義者（包括尼夏與王紫霄）同住。她認為，山姆應該悄悄地搬到同區另一間較小的公寓。在公司裡，除了卡洛琳私下向幾個有效利他主義者透露這段祕密戀情之外，沒有人知道FTX的執行長與阿拉米達的執行長在交往。山姆說：「人們永遠看不到他們沒注意的東西。」所以，也沒人發現他們的感情結束了。既然之前隱藏了這段關係，山姆現在也隱瞞了他已經分手及搬家這兩個事實。那一刻，他以一種有趣的方式把兩個謊言變成了事實。巧的是，那正好發生在加密貨幣崩盤前夕，更奇特的是，我正好在這時出現，有機會觀察到一切的發生。

第3幕

第8章

馬斯克來要錢，川普也要

這麼多錢該怎麼花？

關於山姆，我很早就發現一件事——他很容易被偷。

回到二〇二二年四月下旬的某個清晨，幾乎任何人都可以直接走進他的叢林小屋，帶走他們想要的任何東西。ＦＴＸ臨時總部前的警衛亭裡無人駐守；停車場的屏障門只拉到入口道路的一半，象徵性大於實質效用。山姆的臨時辦公室是27號叢林小屋，小屋的門沒上鎖，接待櫃檯也沒有人。

不久後，我向尼夏提出一個假設性的問題（同樣的問題我也問了ＦＴＸ組織結構圖頂端的其他人）：「想像一下未來如果你們的公司倒了，你認為倒閉的原因是什麼？」

尼夏馬上回答我：「有人綁架了山姆。」接著，他開始描述他一直很擔心的事：山姆過於輕忽人身安全，導致這個帝國解體的可能性。當時比起其他的風險，尼夏擔心這點是很合理的。畢竟，山姆很有名，行蹤很容易掌握，身邊又沒有保鏢，還擁有價值數十億美元的多種加密貨幣。雖然那些貨幣不是特別實用的交易工具，卻是誘人的贖金。尼夏說：「持有加密貨幣的人，很容易淪為綁架的目標，照理說這種事情應該更頻繁發生才對。」

想要綁架山姆，唯一困難的是找出他住在哪間小屋。當時FTX總部是由十幾間相同的單層小建築組成，全都漆成棕色，金屬屋頂是牛奶巧克力色。建造者壓根兒就沒有想要加以裝飾或美化，從外觀完全看不出哪間小屋裡有值得綁架的人。當然，在這個時候（也就是早上七點），這一點也不難，因為山姆很可能是唯一會待在小屋裡的人，所以想綁架他的人只要逐一察看每間小屋，就可以找到他想綁的肉票了。山姆會乖乖就範，他先天就不擅長逃跑，甚至察覺不出人身威脅。

四個指尖陀螺，一個怪異的魔方

然而，我抵達時，山姆不在那裡，倒是尼夏在。我走到他旁邊的山姆辦公桌前坐下來時，他幾乎沒有抬起頭來。桌上堆滿了東西，多到散落在桌邊的懶骨頭沙發上。尼夏忙著打字，我仔細盤點了一下桌上的東西，列了份清單：

一大罐莫頓鹽（Morton salt）

一個 iPhone 盒子，裡面有一支新手機

一張皺巴巴的一美元紙鈔

四個指尖陀螺

一副撲克牌

一個枕頭及一條毯子

兩個半開的大紙箱，裡面裝滿了邁阿密熱火隊的球衣

一把美工刀

一瓶打開的無味驅蚊劑，裝在密封的塑膠袋裡

四個文件夾，裡面裝著機密的公司文件，等著山姆簽名

一個 LiftMaster 牌子的車庫開門器

第二個裝有新手機的 iPhone 盒子

一枚儀式獎章，是邁阿密市長法蘭西斯．蘇亞雷斯（Francis Suarez）頒給山姆的

一打用途不明的方形塑膠盒子，上面印著：「FTX：歡迎來到支付新世界」

三雙筷子

一張麗思卡爾頓飯店（Ritz-Carlton）的房卡

一個 GAIatop 手持風扇

一個異常的魔術方塊，所有的方格都是白色

我盤點到一半，山姆就出現了。那一瞬間，我覺得自己好像被十幾歲的孩子逮個正著，發現我正在查看他們搞得亂七八糟的房間。就算他想知道我如何進去他的辦公室、為什麼在翻他桌上的東西，他也沒問，因為剛好有新的狀況發生了。

如果說山姆的生活有什麼規則的話，那就是絕對不能讓他感到無聊。一位熟悉饒舌歌手肯伊・威斯特（Kanye West）的人在觀察山姆後說：「他很像肯伊，無論走到哪都會發生瘋狂的事。」

馬斯克買推特，要山姆出錢！

我到他辦公室，盤點桌上物件的這個早上，伊隆・馬斯克（Elon Musk）正在收購推特，山姆才剛和馬斯克的顧問伊戈爾．庫爾加諾夫（Igor Kurganov）通電話。據報導，庫爾加諾夫是生於俄羅斯的前職業撲克牌玩家，馬斯克委託他幫忙捐贈逾五十億美元的財富。庫爾加諾夫也宣稱自己是有效利他主義者，這使得情節變得更加複雜。他剛剛與山姆討論，讓山姆幫馬斯克收購推特提供資金的可能性。

事實上，山姆當時已經花一億美元買推特股票，而且考慮收購推特剩餘的股份。他是以每股三十三美元的價格買下大部分的股票，比馬斯克剛剛答應收購整家公司的價格低二一．二美元。

每次出現新的投資機會時，山姆常覺得找拉姆尼克和尼夏商量一下很有用。這兩個人都很聰明，至少以山姆對高智商的理解來看是如此。兩人也都有一種特殊能力，可以平心靜氣地提出反對的意見，或逼山姆聽取他們的建議。在跟他們談過之後，山姆可以告訴自己，已經檢驗過（其實並沒有）自己的想法了。這回，山姆把他們拉到叢林小屋的會議室，裡面有一把椅子和一張沙發。山姆光著腳，懶洋洋地躺在沙發上，胸前放著一個指尖陀螺。拉姆尼克與尼夏盤腿坐在地板上，三個人都穿著短褲。當下房裡的氣氛，安靜得就像一小群躁動的小一生到了該睡午覺的時間。

接著，山姆開始說明他想談的事：馬斯克真的打算收購推特，但又不想自己買單，他正在找合作夥伴來分攤四百四十億美元的收購費用。

「他想找我們合作，我們只有三個小時的時間回覆他們要不要合作。」

「你可以從中獲得什麼？」尼夏理智的發問。

「一些不是很具體的東西。」山姆說，最重要的收穫之一是能與馬斯克建立合作關係。推特是加密貨幣社群活躍的平台，馬斯克又是推特上最有影響力的用戶。他只要發一則推文，就可能吸引大批加密貨幣的交易員從 Coinbase 湧向ＦＴＸ，或是從ＦＴＸ跑到 Coinbase。此外，他是世界首富，他雇用庫爾加諾夫，那表示他願意把部分財富用於有效利他主義的理念。

「這要花多少錢？」拉姆尼克問。

「也許十億。」山姆說。拉姆尼克的臉上閃過一絲不安，但很快就消失。

「但也可能不到二．五億。」山姆說。那只是個小數字，因為他們本來就有價值一億美元的推特股票，把那些股票納入交易，再付個一．五億美元就行了。

「我們能和馬斯克本人談談嗎？」尼夏問道：「這樣做真的對有效利他主義有幫助嗎？」

「他是個奇怪的傢伙。」山姆說。他盯著天花板，一手玩著指尖陀螺，另一手旋轉著一管護唇膏。他身後有一扇大窗，窗外有棵小小的大王椰子樹在風中搖曳。遠處的柏油路面上，幾名年輕的工程師一邊走路，一邊數著步數。「如果他主要是想要錢，可以從很多人那裡得到。」山姆說：「他可以一週內就從一群人籌到這筆錢，所以重點不是錢，而是看誰願意挺他，誰不願意。」

坐在地板上的尼夏此時露出懷疑的表情，一旁拉姆尼克的表情則是難以解讀。

「這合作會讓我們更紅。」山姆說。

「我們還需要**更**紅嗎？」尼夏說。

山姆顯然認為需要。他非常喜歡推特，那是像他這樣的人與大眾交流的唯一最好方式。在推特上，他與別人一對一互動時的所有問題都會消失。「它對市場的影響，是其他一切的五倍。」他說：「那是一個非常特殊的品牌。」

「如果出價七千五百萬會不會不禮貌？」尼夏問道。

「推特每天有二·三億個活躍用戶。」拉姆尼克說：「如果你能讓其中的八千萬人，每個月支付五美元的費用，每個月的營收就有四億美元。」拉姆尼克有時會這麼做。他會提出一些想法來支持山姆想主張的論點，即使他其實不希望山姆有這樣的打算。

「這有點扯。」尼夏打斷他們的思路，「馬斯克要投資，卻把我們當成他的工具。」

他們這樣來回討論了一會兒，前後不超過十五分鐘。最後，山姆覺得他們已經花足夠的時間評估了各種可能相關的想法，所以他要另外兩人投票表決。

「反對。」尼夏說。

「反對，除非價格很低。」拉姆尼克說。

要大家投票，卻無視投票的結果

會議就此結束。我當時沒有意識到的是，山姆可能還是會給馬斯克一大筆錢（當時的尼夏與拉姆尼克倒是已經習以為常了）。他常要大家投票表決，但又無視投票結果。

果然，山姆很快就找上為馬斯克收購推特提供諮詢及協助融資的摩根士丹利，問他們是否願意借給他十億美元來投資推特，並以他在FTX的持股作為擔保。他也寫信給馬斯克的一位財務顧問，說只要馬斯克願意把推特搬到區塊鏈上，他願意投資五十億美元。推特就像其他的社群媒體平台，是一座孤島，與其他的平台沒有任何聯繫。如果把它們搬到區塊鏈上，它們就可以彼此連接起來。

可是，馬斯克拒絕這個提案，山姆也頓時對推特失去了興趣，決定不投資了。六個月後，他甚至不知道自己是否還擁有價值一億美元的推特股票，也忘了那些股票是否已經賣給了馬斯克。

山姆用金錢拼組出一個錯綜複雜的帝國，沒有人知道整個帝國的全貌。拉姆尼克可能看得最清楚，但連他也只看到部分的樣貌。短短三年內，山姆花了約五十億美元，做了三百多項投資，相當於每三天就做一項新的投資決定。如果山姆只用二十分鐘左右來決定是否花十億美元投資推特，那是因為他能抽出的時間就只有二十分鐘，還有許多其他的投資決定等著他去做。他投資新的加密貨幣（例如索拉納），也投資老字號企業，例如安東尼·史卡拉穆奇（Anthony Scaramucci）創辦的投資公司天橋資本（SkyBridge Capital）。他收購了顯然與ＦＴＸ業務相關的公司（例如日本的加密貨幣交易所 Liquid），也投資與加密貨幣沒有明顯關聯的公司，比如開發電玩《童話大亂鬥》的工作室。錢幾乎都不是來自ＦＴＸ，而是來自阿拉米達。

拉姆尼克與其他所有人都認為，阿拉米達是山姆的私人基金。拉姆尼克經常密切參與這些收購案，但他也很常在事後才知道山姆做了什麼。山姆在人工智慧新創公司 Anthropic 投資了五億美元，顯然事前沒有跟任何人討論過。拉姆尼克說：「山姆投資後，我對他說：『我們對這家公司他媽的一無所知。』」約莫在山姆決定要不要在推特投入更多資金的同時，他把四·五億美元交給簡街的前交易員張小雲（Lily Zhang），讓她創立第二家總部位於巴哈馬的加密貨幣計量交易基金，名為 Modulo Capital。據拉姆尼克所知，山姆在做這筆投資前，沒有告訴任何人。早在那年三月，山姆就在沒有諮詢拉姆尼克或任何人的情況下，承諾向好萊塢經紀人出身的投資經理邁克·基夫斯（Michael Kives）投資五十億美元。山姆做出承諾的前幾週才剛認識基夫斯，根本對他一無所知，連他的名字怎麼念都不知道。

當他們聽說山姆要向一個完全陌生的人投資五十億美元時，拉姆尼克與ＦＴＸ內部其他人都頓時警覺了起來。在ＦＴＸ律師的大力協助下，拉姆尼克與尼夏把五十億美元降為五億美元——

至少，這是他們認為山姆同意的數字。但很久以後拉姆尼克才知道，山姆一如既往，還是只照自己的喜好行事，承諾在基夫斯經營的多種投資基金中投資三十億美元。拉姆尼克說：「我覺得山姆太輕信別人，也輕信得太早了。」

我們的董事會由我和另外兩個人組成，但是……我忘了他們叫什麼名字

在山姆的世界裡，很多事情是在沒有正常制衡下完成的，其他人都覺得很難對此大聲提出反對意見。畢竟，那些交易似乎只涉及山姆的錢，為什麼山姆不能隨心所欲的運用那些錢呢？儘管如此，在人類歷史上，像他這個年紀的人在沒有大人監督或企業的常見約束（如董事會）下，揮霍著那麼多資金，還是相當少見。「目前還不清楚我們是否需要一個真正的董事會，」山姆說：「但如果沒有董事會，會引來外界質疑，所以我們有一個三個人組成的董事會。」這是他在開完那次推特討論會後對我說的話，但他也坦承記不得另外兩個人的名字了。「三個月前我知道他們是誰，」他說：「後來可能有更動。那個職位的主要要求是，他們不介意凌晨三點簽署文件，簽署文件是他們的職責所在。」

另外，公司也沒有財務長。在過去的十八個月裡，投資FTX的許多創投業者一直告訴山

姆，他應該雇用一位專業的財務長。「大家對財務長這個角色的重要性，有一種近乎宗教般的信念。」山姆說：「我總是反問他們：『為什麼我需要財務長？』有些人連財務長該做什麼都說不出來，他們可能會說追蹤資金流動或做營收預測。我心想：『你他媽的以為我整天都在做什麼？你以為我不知道我們有多少錢嗎？』」

在香港時期，由於「分裂事件」的陰影仍歷歷在目，山姆曾短暫考慮過招募幾位年長的員工在身邊。他說：「我試過，但他們什麼都沒做。四十五歲以上的人都一樣，他們只會擔心這個擔心那個。我舉一個典型的例子：他們很怕中國政府在香港打壓加密貨幣。他們的角色是嚴格評估任何問題，即使問題沒那麼嚴重，但是他們根本無法辨識問題有多嚴重。他們擔心監管機構找麻煩、擔心繳稅的問題，可是他們擔心的不是我們不繳稅，而是怕我們繳太多稅以後，第二年卻虧損，但稅已經繳了。」這並不是說，山姆想繳更多稅，也不是說他認為中國政府不會突然衝進來抓他，而是這些壞事發生的機率很低，花在思考這些事情上的時間都浪費掉了。他說：「這是一系列完全不相干的隨機問題，其中多數問題都被誇大、被過度強調了。讓他們冷靜下來的唯一方法，是出現新的擔憂，分散他們對其他問題的注意力。」

其實真正的問題是：年長的人讓他厭煩，他們只會拖慢他的速度。

政治那麼重要，為什麼巴菲特沒有多捐點錢？

幾個月後，接近二〇二二年七月底時，我到加州北部一個私人機場的停機坪旁跟山姆見面。我是從家裡開車去的，他剛去參加了一場聚會，跟有效利他主義的一些領導人討論如何運用他的捐款。

一如既往，他又遲到了。當他終於抵達時，從一輛黑色汽車的後座踉蹌下車，拿的不是行李箱，而是一小堆換洗衣物。他走近時，我才發現他手上拿著一套藍色西裝和一件 Brooks Brothers 的扣領襯衫。他很不好意思的說：「這是我來華盛頓特區才會穿的西裝。」

因為六個小時後，他將與素未謀面的參議院少數黨領袖米奇．麥康諾（Mitch McConnell）共進晚餐。有人事先提醒他，他要是穿短褲去見麥康諾，麥康諾會很不高興。山姆說：「麥康諾真的很在乎你的穿著。」他走上私人飛機的台階，把那坨西裝扔到空位上。「而且，你還得尊稱他是『領袖』、『領袖麥康諾』或『領袖先生』。我還演練了一下，以免到時候搞砸了，尤其那很容易講成『親愛的領袖』。」

我看了看那坨衣服，上面的皺摺不像是剛壓皺的，是壓了很久的紋路，需要費好一番功夫才能恢復平整。很難想像，這衣服在這種情況下能如何發揮效用。

「你有皮帶嗎？」我問道。

「沒有。」他邊說邊把手伸進一籃素食零食裡，抓起一袋爆米花，坐到座位上。

「皮鞋呢？」

「呃，沒有皮鞋。」他說。

彷彿他只收到一條明確的指示：「帶上西裝。」不管那則訊息是誰發的，那個人都忘了附上一句：「要確定西裝能穿得出場，也要確定你還帶了其他需要的東西，以符合麥康諾對用餐夥伴必須穿著正式服裝出席的要求。」因此，山姆根本沒有費心思考，若要穿西裝出席，還要搭配什麼才恰當。他常做這種事。七個月前他出席眾議院金融服務委員會，為加密貨幣的監管作證時，有人為他桌子底下的腳拍了張特寫：他的皮鞋鞋帶還包著沒拆，垂掛在一邊，就像剛從鞋盒拿出來一樣。想必是有人把那雙鞋交給他，只說了「你應該穿上這雙鞋」，沒有多做其他說明。

總之，前往華盛頓特區和前往其他地區的唯一差別，就是這套西裝。他只有去華盛頓特區時才會帶西裝，因為攸關的利益之大，值得他做出那樣的犧牲。

近幾十年來，美國的法律已經放寬，個人甚至企業可以無上限捐款給選戰和政治行動委員會（PAC），美國大眾無法確切知道他們在做什麼，也不知道他們為什麼那樣做。山姆累積大量財富後，非常驚訝有錢人與企業適應新政治環境的速度竟然如此緩慢。今天美國政府的影響力，基本上涵蓋太陽底下（包括太陽上）一切事物。總統在四年任期內與國會合作，主宰約十五兆美元的支出。儘管如此，二〇一六年，所有候選人在總統與國會競選上的總支出只有六十五億美元。山姆說：「政治界似乎資金不足，大家對政治的投入不夠。很奇怪，為什麼像巴菲特那樣的人物竟然沒有每年捐二十億美元。」

在美國政界，山姆正在打造另一個金錢拼圖——用龐大財力來影響公共政策。他當時所做的很多事，後來都引來批評，不過即便是在當時，也有很多人質疑他，只是其中有很多質疑搞錯了方向。

山姆的政治支出大致可分成三類，第一類的金額最小，是攸關直接的商業利益。例如捐好幾百萬美元，給願意推動立法的政治人物與利益團體，讓美國人在美國境內可以在ＦＴＸ上交易加密貨幣合約，就像外國人在美國境外的ＦＴＸ上交易那樣。在他看來，這又是大人世界一個奇怪且毫無意義的特徵——美國願意讓最貧窮、最弱勢的公民參與彩券、賭場，以及其他機率對他們並不利的投機活動，卻禁止證券或類似證券的交易。既然新遊戲的規則是如此，山姆決定試著去改變它們（雖然他也覺得改變不易），而不是像其他的加密貨幣交易所那樣，直接把規定拋諸腦後。

妙的是，他為了讓自己賺錢更容易而捐的錢，是最透明、也最容易追溯到山姆、ＦＴＸ或幣圈利益團體的。另外兩類捐款與FTX的直接經濟利益幾乎沒什麼關係，反而不透明。他試圖改變世界，因為他認為世界需要改變，這與他的事業幾乎沒有關係，但為了讓捐款發揮效用，他覺得有必要隱瞞，以免別人認為他捐款的目的是為了影響加密貨幣監管機構。有些人就是認為，「加密貨幣」與「犯罪」是同義詞。「我要是對外揭露捐款，他們都會認為我捐的是加密貨幣。」山姆說。

山姆認為，加密貨幣很難捐出去，因為政治人物與利益團體不見得能接受加密貨幣給人的觀感，即使他們不太確定那觀感究竟是什麼。山姆說：「沒有什麼具體的感覺，他們就只是感到不安而已。」這種不安感，可能導致奇怪的結果。「有一個團體對我們說：『我們真的很感謝你的捐款，但接受FTX的資金對我不好，所以我不能接受。而且，我已經找到另一個贊助者了。』另一個贊助者，是我弟弟蓋柏。」

我可以捐錢，但不讓外界知道比較好

山姆覺得，他的錢不是加密貨幣。他只是剛好透過加密貨幣，取得投入有效利他主義的資金。他和弟弟評估了這個世界後，認為把錢用在兩個與有效利他主義相關的志業上，比投入其他的理念更有意義，而且捐款必須暗中進行。

第一個比較不需要暗中進行的捐助目標，是流行病的預防。在人類面臨的眾多生存風險當中，流行病是很特殊的威脅。不像小行星撞地球之類的事件，流行病威脅是真實的，可以說服政客認真看待。它與氣候變遷之類的問題也不一樣，即使剛剛才有上百萬美國人因大流行病而死亡，還是很少人認真討論或思考如何解決這個問題。而且和ＡＩ攻擊人類這類威脅不同，大流行病有具體方向可以努力（雖然代價高昂）。例如，需要有人帶頭建立一個全球疾病預測系統，一個類似全球天氣預測系統的機制。山姆猜測這需要一千億美元，已經超出了他的財力範圍。他說：「如果成本小十倍，我可以獨自出資贊助。如果ＦＴＸ最終比我們現在的規模大六倍，我們就需要重新計算這個數字。」他現在可能沒有足夠的財力獨資贊助，但他確實有錢可以遊說美國政府來做。

這正是他與麥康諾共進晚餐對外公布的原因（雖然可能不是最重要的一個）：討論一項倡議，撥款一百億美元給美國衛生及公共服務部（Department of Health and Human Services）底下的生物醫學高階研究與發展管理局（Biomedical Advanced Research and Development Authority）研究防治大流行病。麥康諾是共和黨人，理論上反對大規模的政府支出，但山姆認為，政客與他們所屬的政黨未必畫上等號。山姆說：「麥康諾是小兒麻痺症患者，我們認為他會對此感興趣。」

遊說議員，是山姆的策略之一。接下來，他要讓那些推動大流行病防治的人角逐國會議員。山姆的政治團隊發現（或自以為發現），在初選中花錢比在大選中花錢更有意義。因為選民可能在初選中受到影響，但到了大選已經難以動搖大局了。在初選階段，知名度很重要，比較可以靠買廣告來左右選情。他們也發現（或自以為發現），在勢均力敵的國會初選中投入一百萬美元，有五分之一的機率能讓他們支持的候選人勝出。問題是，他們無法事先判斷，他們能夠影響五場選戰中的哪一場。因此，他們採取的策略是：盡可能多找幾個支持防治大流行病的國會議員候選人，投入大量政治獻金為他們助選，同時竭盡所能的掩藏與加密貨幣有關的資金來源。

當然，五場選戰中贏一場，也意味著會輸掉四場。山姆的政治投資組合很像他的創投組合：為了追求瘋狂的報酬，而承擔事後看起來瘋狂的風險。在很短的時間內，山姆的錢資助了美國政治操弄史上最令人側目的敗選。

錢不能買到所有東西，有些人砸再多錢也選不上

卡里克．弗林（Carrick Flynn）就是很有代表性的例子。認識山姆時，弗林還是選戰菜鳥，是華盛頓特區的政策幕僚——也就是那些穿著藍色西裝、坐在大人物身後的牆邊、偶爾起身到大

人物耳邊低語的無名小卒。在山姆眼中，弗林最重要的特質是他對預防大流行病的全面了解與投入。他的第二重要特質，則是他也是一位有效利他主義者。他會根據數理邏輯做決策，而不是憑感覺行事。剛好，他最近從華盛頓特區搬到俄勒岡州波特蘭郊外一個新設立的左傾國會選區。那個席次感覺人人都有機會，所以有多達十五名候選人登記競選。

弗林問了一些有效利他主義者，對他競選國會議員有什麼看法。身為候選人，他有一些明顯的劣勢：華盛頓特區的圈內人、政治菜鳥、怕上台演講、對批評很敏感，他形容自己「非常內向」。然而，每一位有效利他主義者都認為他應該參選，於是他決定放手一搏。他在有效利他主義的圈子認識了山姆，感覺山姆會支持他，但他當時不知道「山姆支持他」意味著會發生什麼事。記者大衛．魏格爾（David Weigel）在《華盛頓郵報》上一篇報導的導言，寫出了弗林意識到「山姆支持他」會發生什麼事的那一刻：

「我們在看一段 YouTube 影片。」弗林說。他與妻子凱薩琳．梅克羅—弗林（Kathryn Mecrow-Flynn）上週在美國商會的早餐會上，與其他民主黨的國會候選人一起聽取有關郊區犯罪的演講。

「忽然影片中傳出一個聲音，高喊『卡里克．弗林！』」凱薩琳回憶。

「當時我手裡拿著水……」弗林說。

「是 MountAIn Dew 汽水。」凱薩琳糾正他。

「應該是低卡 MountAIn Dew 汽水。」弗林說。

不管弗林喝的是什麼，在付費政治廣告中聽到自己的名字時，他嚇了一大跳，還把手上的飲料灑了一身。那只是一連串政治廣告的開始，山姆的政治團隊就像從山姆那裡拿了一千萬美元，塞進火箭筒內，開始在波特蘭郊區狂掃。這場小小的初選，成了俄勒岡州有史以來花費最高的一次初選，後來成為全美國花費第三高的民主黨眾議院初選。山姆試圖把弗林送進國會，但他的手法與其說是打選戰，不如說是對當地民眾的疲勞轟炸。

「身處其中，感覺真的很像在演電視影集《副人之仁》（*Veep*）。」負責另一位民主黨候選人選戰的泰絲・席格（Tess Seger）說：「報導波特蘭拓荒者隊（TrAIl Blazers）的記者都在抱怨弗林的廣告實在太多了，整個選戰打得非常拙劣。」

拙劣的政治策略所造成的影響難以預測，但接下來發生的事倒是在意料之中：大家發現，弗林打廣告的錢是哪裡來的。初選中其他八位民主黨候選人聯合起來譴責弗林，其中一位稱他是「可疑政治獻金先生」，另一位說「這是某個巴哈馬億萬富豪試圖買下俄勒岡州的國會席次」。

事實確實是如此！山姆確實想用金錢攻勢買下國會席次，好讓國會開始解決人類面臨的生存風險，但俄勒岡州的選民不僅不欣賞他的作為，有些人甚至開始討厭弗林，而弗林先天就對批評很敏感。在一場辯論中，弗林遭到其他候選人攻擊後中途離場。他的公開聲明，連原本支持他的金主都看不下去。「大家開始罵他，他真的很受傷。」山姆說：「他一度還批評貓頭鷹，沒意識到貓頭鷹是俄勒岡州很重要的飛禽*。」

最後，二〇二二年五月十七日，弗林獲得一九%的普選選票，雖然成績還不錯，但票數遠遠落後得票率最高（三七%）的安卓雅·薩利納斯（Andrea Salinas），位居第二。平均算下來，弗林的每張選票花了山姆近一千美元。

對於弗林落選，山姆其實沒放心上，反倒學到一個教訓：有些候選人砸再多錢也選不上。「錢能買到的東西，還是有限的。」山姆說。

反正對山姆來說，花在弗林身上的錢，只是他第二類捐款中的九牛一毛。他還有第三類更有可能發揮效果的政治捐款，比前述兩種更難被發現。為了不讓選民知道錢從哪裡來，這類捐款主要是由麥康諾或麥康諾的朋友掌控。為了避免被懷疑，山姆與麥康諾也不談論如何運用資金，但基本上山姆與麥康諾見面，就是為了這筆捐款。因為山姆發現，麥康諾和他同樣擔心另一個危及人類存亡的威脅：川普。山姆認為，川普對政府及美國選舉公正性的攻擊，與大流行病、人工智慧、氣候變遷的等級是一樣的。在全美各地的共和黨初選中，到處都可以看到力挺川普的候選人聲稱川普連任失敗是因為總統大選舞弊不公，另一些候選人則是被迫口頭上敷衍認同。麥康諾的團隊已經分出這兩種候選人，並決心打敗前者。山姆說：「他已經做好功課。」他補充說，所謂的功課，是指區分「真正想執政的人」和「破壞政府的人」。當時，山姆正打算捐一千五百萬至三千萬美元給麥康諾，以便在美國的參議員選舉中擊敗那些支持川普的候選人。

該出多少錢，讓川普退選？五十億美元！

當我們搭乘的飛機降落華盛頓特區時，他告訴我，他也正在研究給川普一筆錢、叫他不要參選總統的合法性。他的團隊以某種方式找到了聯繫川普團隊的祕密管道，並帶回一個不是太驚天

＊在一個 Podcast 節目中，弗林支持另類右派組織「伐木聯合會」（Timber Unity）的主張，認為法規過度限制在瀕危物種北方斑點鴞（northern spotted owl）棲息地上可進行的經濟活動。弗林說：「這座城市裡有些人會說：『哦，你看，那裡有一隻貓頭鷹，很酷吧？我們喜歡這隻貓頭鷹，所以要摧毀你們的生計。』……這就好像在說『我喜歡動物園裡的動物，勝於喜歡身邊的人』。」但很多動物保育人士，剛好是他那個選區的選民。

動地的消息——川普可能真的有一個退出選戰的價碼：五十億美元。至少山姆的團隊是這麼告訴他的。

有趣的是，回顧這件事，我發現山姆似乎特別洞悉川普的心理。當時山姆的團隊正在透過與川普陣營的祕密溝通管道，向川普灌輸一個想法。在密蘇里州初選中，兩位名字都叫「艾瑞克」的候選人——挺川普的艾瑞克．格雷滕斯（Eric Greitens）與沒那麼挺川普的艾瑞克．施密特（Eric Schmitt）勢均力敵。施密特想依法行政，而格雷滕斯想破壞體制。當時川普尚未表態，大家都擔心他可能表態支持格雷滕斯。

於是，山姆的團隊想出了一個點子：要川普站出來說「我支持艾瑞克」，但不明確表示他是支持哪個艾瑞克。畢竟，川普其實不在乎誰贏了初選，他在乎的是讓大家看到他所支持的人勝選。如果他說他支持艾瑞克，不管最後誰贏了，他都有功勞。而且具體表態「我支持艾瑞克」可以為川普吸引到更多的注意力，而注意力是川普最關注的一件事。「這招很川普，一定會變成迷因。」山姆說，他已經透過管道告知川普本人。

他邊說邊把爆米花拋進嘴裡，動作就像笨拙地投籃，命中率只有六成，爆米花飛得到處都是。飛機起飛時，一碟溫熱的堅果從他身旁掉落，他沒接住，同樣也散落在四周。他在腦中規畫政壇布局的同時，也在身處的環境中製造混亂。最後我們下了飛機，他趕去與麥康諾共進晚餐，留下一團混亂讓別人收拾。

我們約好隔天早上在國會山莊後面的連棟住宅見面，那是防疫組織（Guarding AgAInst Pandemics）的總部。該組織是由山姆出資成立，蓋柏負責管理。

他再次遲到，再次從汽車後座踉蹌下車（這次是搭當地的一般計程車前來），也再次捧著一坨西裝，但這次，當他從計程車下來時，一隻棕色的皮鞋從他手中那堆衣物裡掉到馬路上。他伸手去抓那隻鞋時，另一隻鞋掉了下來，滾到計程車下面。就在那時，我注意到西裝的顏色變了：有人拿走他帶來的那套皺巴巴的西裝，換上另一套熨過的西裝。我看著山姆走進空蕩蕩的屋子，打開衣櫃，裡面是成排的空衣架，他連看都沒看一眼，就直接把那坨西裝扔到衣櫃底層。接著，我們一起開車到機場，返回巴哈馬。

兩天後，川普在自己的社群媒體 Truth Social 上發文，宣布他在密蘇里州參議員競選中所支持的候選人。接著，他發表了一份書面聲明：「我全力支持艾瑞克！」*

---

*艾瑞克·格雷滕斯與艾瑞克·施密特隨即宣稱自己獲得川普的支持，川普的影響力因此被抵銷了。艾瑞克·施密特最終贏得了初選與大選，現在是美國參議員。

奢華豪宅裡，他們堆滿了垃圾

夕陽西下之際，有效利他主義者聚在奧爾巴尼度假村，討論可以如何捐出自己的錢。碼頭周圍的建築，於夜幕降臨之際顯得特別亮眼，就像盛裝打扮的有錢人。在正午陽光下，它們只是七棟亮白的高樓，幾乎沒什麼不同，唯有在日落後，打上不自然的光，每棟大樓的名稱才變得有意義。「蜂巢」樓的正面，變成一堆蜂房的六角形；「立方」樓，是由一堆不均勻的矩形所組成；「蘭花」樓最靠近大海，是視野最開闊、也最微妙的建築，微妙之處在於：從任何光線下看起來都不像蘭花，只是外牆包覆著一層鋁質護套，形狀讓人聯想到蘭花——就如同FTX新總部規畫的外牆，會讓人聯想到山姆的爆炸頭一樣。夜裡，蘭花樓的頂樓會打上紫光，整座建築顯得格外迷人。

有效利他主義者都住在這裡（至少在卡洛琳把山姆趕出去之前），王紫霄、尼夏、卡洛琳，以及山姆大學時期最好的朋友亞當．耶蒂迪亞都住在裡面。他們的房間大同小異，除了卡洛琳，他們都與戀人同居於此。

如果你是那種懂得欣賞奢侈品的人，蘭花樓頂層公寓的內部有更多令人眼睛為之一亮的東西。一萬一千五百平方英尺（約三百二十三坪）的大理石地板上所布置的一切奢華，足以讓住在裡面的一般有錢人相信，無論他為了獲得這種居住環境做了什麼犧牲，都是值得的。

問題是，住在裡面的有錢人一點也不「一般」。這間豪宅有一半的奢華感，已經被這群有效利他主義者毀了：一整排電腦螢幕擋住了一面牆，電腦線如同叢林藤蔓般蜿蜒在大理石上。一個類似宜家（Ikea）風格的廉價書架上，擺著有效利他主義者最喜歡的桌遊《銀河卡車司機》（*Galaxy Trucker*）、《展翅翱翔》（*Wingspan*）、《七大奇蹟》（*7 Wonders*）以及不只一套的西洋棋。另外，客廳裡擺著一大台電玩螢幕。在各種水晶與銀製擺飾（顯然是豪宅原本的配備）旁，這些有效利他主義者胡亂地堆放了許多他們懶得扔掉的垃圾。例如作者送給山姆的書（但他從沒讀過）、俠客歐尼爾送給山姆的簽名足球、各個職業球隊聯盟寄來的球迷裝備等等。實際上，他們把這棟價值三千萬美元的高級公寓，變成了一間廉價旅館。從六樓陽台上可以看到令人嚮往的美景，但他們很少看一眼。陽台下方是一個半私人的海灘，近在咫尺，湯姆．布雷迪可以從陽台上把俠客歐尼爾那顆足球直接扔到海灘上。但來到巴哈馬生活一年後，尼夏只去過那片海灘一次，而且還是因為一些親戚來探望他才去的。不過這至少已經比山姆多一次了，可能也比王紫霄多一次。

卡洛琳端著一杯酒（喝酒在這裡算是一種享樂）走來，他們的會議也正式開始。這群人當中，來自FTX賺錢單位的是她、山姆、王紫霄、尼夏；來自捐錢單位的是四名員工，他們為FTX

的慈善部門工作。他們都跟山姆一樣，習慣以期望值來衡量人生的決定，而他們內心的估算也得出同樣令人驚訝的結果。二〇二〇年，阿維塔爾．巴爾維特（Avital Balwit）獲得羅德獎學金（Rhodes Scholarship），但她拒絕了。她先參與了弗林的國會競選活動，後來負責把FTX的錢捐出去。利奧波德．阿申布倫納（Leopold Aschenbrenner）十五歲時進入哥倫比亞大學，四年後畢業時是畢業生代表，他放棄了進耶魯大學法學院攻讀的機會，來為這個新的慈善事業工作。他們的老闆是前牛津哲學家尼克．貝克斯特德（Nick Beckstead），他也在場。他們的精神導師麥卡斯基爾也來了——當然，今天大家（包括山姆）之所以聚在這裡，主要是因為麥卡斯基爾的關係。

AI終結人類生命的機率是十分之一

自從二〇一二年秋季麥卡斯基爾說服山姆接受「薪力行善」的概念以來，有效利他主義運動已經有了明顯的改變——對拯救未來人類的興趣，大於拯救目前的人類。在二〇二〇年初，這個運動的共同創始人托比．奧德（Toby Ord）出版了《懸崖》（*The Precipice*）一書，闡述他（以及那間頂層公寓裡的每個人）長期以來的想法。在書中，他粗略地估計人類各種生存風險的可能性。例如，他認為恆星爆炸的機率是十億分之一，小行星撞擊恆星的機率是百萬分之一，核彈與氣候變遷等人為風險徹底毀滅整個人類物種的機率是千分之一，而人造病原體（非自然產生的疾病）出現的機率是三〇％。奧德認為，對人類最有可能的威脅是失控的ＡＩ。他認為，ＡＩ終結人類生命的機率是十分之一。「如果發生這種情況，我們都會被消滅。」山姆解釋：「如果是生物風險，即使情況變得很糟，病毒也沒有像ＡＩ那樣的智慧來淘汰落後的人。」

對於這類推估，有人批評是危言聳聽的科幻小說情節。沒有人真的知道這些事情發生的機率是多少，你編造一些數字，只會降低而不是增加你在這個議題上的可信度。然而，很顯然的，這些可怕的事情都**有可能**發生。既然**有可能**發生，你怎能不試著去弄清楚發生的機率是多少呢？你大可就具體的機率爭辯不休，不過，一旦你涉入這場論戰，會發現很難擺脫這樣的邏輯：即使只是降低一點點對所有未來人類的生存威脅，那個期望值也遠大於拯救現有人類的期望值。山姆說：「核心論點是，未來有龐大的潛力。你可以試著給未來估算一個數字，但顯然任何事物對未來的影響，都會產生很大的乘數效應。」

有朝一日，一些研究有效利他主義的歷史學家會驚歎，有效利他主義竟然那麼輕易就轉型了。它不再關注目前的人類，過程沒有任何血腥，甚至沒有太多叫囂。你可能以為，那些為了拯救非洲貧童而犧牲名利的人，會抵制他們把焦點從非洲貧童轉移到不同時空的未來兒童。然而，他們沒有，真的沒有。一般人類情感對這場運動的影響，由此可見。

這些都不重要，重要的是數學。有效利他主義與一般的慈善事業不同，驅動的不是人類的情感動機，而是以最合理的方式去追求美好生活的冷靜欲望。

你不認識我們，但我們無條件奉上一百萬美元，你的任務是……

無論如何，那些坐在山姆客廳裡討論山姆的錢該花在哪裡的人，並不是在談論為非洲的兒童購買蚊帳來預防瘧疾，而是在尋找降低人類生存風險的聰明方法。他們能夠捐出的金額即將大幅增加——至少他們都這麼想。二〇二一年捐出三千萬美元以後，他們計畫在二〇二二年捐出三億美元，然後在二〇二三年捐出十億美元。誠如尼夏不久前對我說的：「我們終於不再只是談論行善，而是開始做了。」

不過呢，他們剛完成（或即將要進行）的任務清單，很快就會變得完全無關緊要了。如今回顧起來，基於某些原因，這份清單格外耐人尋味。他們談了一下所收到可能資助的提案，例如，史丹佛大學的一位經濟學家希望創辦一所新大學，專門研究ＡＩ與生物科技，並延攬一些來自開發中國家中低收入家庭的年輕人。例如，一個在專門研究災難性風險的智庫裡任職的工程師，想發射一顆通訊衛星，在緊急通話系統九一一故障時，可以作為應急的備用通路。例如，一家名為

「阿波羅學術調查」（Apollo Academic Surveys）的機構，用FTX的資金開發出一種機制，可以快速判斷專家對任何議題的共識。怪的是，在此之前，只有經濟學領域有這種工具。他們用這個機制解決的第一個問題是：地球被小行星摧毀的可能性有多大。結果顯示，不太可能。阿維塔爾說：「又少了一件要擔心的事。」

他們才運作一年，就已經收到近兩千個類似的提案。有些錢已經捐出去了，但過程中他們得出一個結論：傳統的慈善活動有點蠢。光是處理收到的提案（大多數是他們沒有能力評估的）就需要大量的人力與費用，他們大部分的資金都花在龐大的官僚體系上。因此，他們最近採取一種新的方法：不再自己捐錢，而是在世界各地尋找主題專家，這些人對於如何運用捐款可能有更好的想法。過去六個月裡，一百位對流行病預防及AI有深入了解的人，收到了來自FTX的電子郵件，內容大致是說：「嘿，你不認識我們，但我們無條件奉上一百萬美元。你的任務是盡可能有效的把它送出去。」成立於二〇二一年初的FTX基金會，將會追蹤這些人用一百萬美元做了什麼，但這只是為了判斷要不要再給他們更多的錢。山姆說：「他們拿到錢以後，我們盡量不會妄加評判，但我們可能會決定不繼續資助他們。」這樣做的目的有兩個，第一，這些實際從事專業的人，比任何人更清楚該如何運用這些錢；第二，有些人可能特別擅長做善款分配。山姆說：「這是為了克服猶豫不決的行動障礙。」

有效利他主義者在午夜結束了他們的第一次會議，翌日晚上又回來討論到凌晨一點。尼夏與山姆聊了幾句，卡洛琳啜飲著酒，比較少說話，王紫霄什麼也沒說。他們依循著山姆一貫的模式，決策做得很快。山姆曾說過：「浪費四分之一的資金固然可惜，但如果那樣做能使剩下的資金提高三倍的效益，那就值得了。」

這又是另一場遊戲。這個遊戲是為了讓山姆、尼夏、王紫霄和卡洛琳賺到數千億美元，並用那些錢來降低人類的生存風險。就像山姆喜愛的所有遊戲一樣，這個遊戲也有時間限制。不知怎的，他覺得自己（或者說多數人）在四十歲以後，就不太可能做重要的事情了。他之所以不睡覺、不運動、不好好吃飯、總是覺得行動比無所作為好，正是這種時間的緊迫感造成的。他必須盡速行動，他覺得自己的後半輩子沒多大的期望值。想盡一分心力拯救人類，他估計他們可能只有十年，或頂多十五年的時間。

然而事後證明，他們只剩下五個禮拜。

信任消失，加密貨幣陷入一場加強版金融風暴

直到二〇二二年十月的最後幾天，就算你花再多的心力翻找那些叢林小屋，也完全不會發現

任何不對勁的跡象。

穿過數英畝的柏油路面，朝27號叢林小屋走去，我巧遇拉姆尼克與他的妻子瑪利卡・喬拉（Mallika Chawla）。當時就算比特幣價格暴跌，拉姆尼克每天的心情還是屢創新高。他運用山姆的錢——或者他認為那是山姆的錢——在加密貨幣的金融界扮演著一個新奇的角色。

從二〇一七年加密貨幣開始蓬勃發展到二〇二二年六月，加密貨幣創造了一種類似傳統金融機構的體系，卻毫無傳統金融中的法規監管與投資者保護措施。它有經紀人，有銀行，還有類似銀行的機構為加密貨幣存款支付利息，但沒有存款保險。這些銀行以更高的利率把錢借給加密避險基金，卻完全不知道這些避險基金用那些錢做什麼。它也有交易所，這些交易所不僅經手加密貨幣交易，也保管客戶的資金，但沒有任何監管機構去監督他們怎麼保管這些錢。它甚至有相當於美元的穩定幣，那些是在區塊鏈上的數位貨幣，就像比特幣一樣，但與比特幣不同的是，它們有實際的美元作為擔保。每個價值一美元的穩定幣，意味著有一美元存放在某家真正的銀行裡，而且那家銀行還有美國聯邦存款保險公司（FDIC）的擔保。但同樣的，沒有證據顯示那些美元確實存在。

整個加密貨幣體系都是建立在極大的信任上。到了十月下旬，那種信任消失了，加密貨幣陷入一場加強版的老式金融危機。

六月下旬，僅次於阿拉米達的第二大加密貨幣避險基金三箭資本（Three Arrows Capital）破產，加密貨幣銀行遭到擠兌，紛紛倒閉。與傳統金融危機不同的是，這次政府並沒有介入處理來安撫市場。二〇〇八年的金融危機是在各國政府同意為銀行紓困後，才得以平息，二〇二二年的加密貨幣危機則缺乏這種機制。加密貨幣界沒有政府的支持，只有山姆。或者更確切的說，只有拉姆尼克，他正忙著評估哪些失敗的加密貨幣事業應該拯救，哪些應該放任它們倒閉。山姆的地位──連帶著拉姆尼克的地位──從來沒有像此刻那麼重要。某位知情人士表示：「這反映了信任的崩解，現在大家只信山姆。」

信任山姆，意味著信任拉姆尼克，當時他正在為收購兩家倒閉的加密貨幣銀行 Voyager Digital 與 BlockFi 做最後確定。這兩家銀行在鼎盛時期，總估值約為七十億美元。現在，拉姆尼克是以不到兩億美元的價格收購它們，這點錢對山姆來說只是九牛一毛。

至少當時看起來是這樣。拉姆尼克最近問山姆，他應該假設公司有多少資金可以用於可能的收購，山姆的回應是：「你花到十億時，再告訴我就好了。」兩年前，拉姆尼克還只是一個希望早上可以走路上班的人，現在他儼然是加密貨幣界霸主的得力助手。他偕同妻子迎面走來，整個人容光煥發，洋溢著喜悅。

「我不明白的是，他怎麼知道如何做這一切。」我們走進27號叢林小屋時，我對他的妻子說道。

「我懂！」她開心的說：「我一直在問他這個問題：『你怎麼知道？』他就是知道。」

第 9 章

棄車機場，人去樓空

巴哈馬內幕

我才離開了一個禮拜左右。

當我回來時，拉姆尼克、喬治所畫的那張組織結構圖上的人，幾乎都已經逃離巴拿馬了。公司名下的車子很多都被棄置在巴哈馬機場的停車場，鑰匙還留在車子裡。

這形成一個奇特的場景：機場有大批穿著人字拖與花襯衫的入境遊客，ＦＴＸ與阿拉米達的員工卻驚慌的逃離。他們在航站大樓彼此擦肩而過時，巨大的螢幕就在他們頭頂上方，顯示著這則訊息：

隨時隨地獲得免費加密貨幣，下載 FTX App！

遙遠的路程昨日的夢，以及遠去的鍵盤聲

十一月十一日週五我抵達那天，機場牆上廣告仍高調宣傳著加密貨幣——其實那天早上四點半，

山姆已簽署了讓ＦＴＸ在美國宣告破產的文件。

田文欣到機場接我時已是傍晚，她開的那台車是僅剩的幾輛當地債權人還沒找到及沒收的車子之一。前一天晚上，她才剛辭去公關長及山姆日常助理等職務，打算第二天一早就離開。她不打算帶走大部分的私人家當，也不清楚究竟發生了什麼事。她跟其他人一樣，只知道一件事：原本屬於加密貨幣交易者、本應安放在ＦＴＸ的至少八十億美元資金，最終進了阿拉米達。

這八十億美元的去向還不明朗，但情況並不樂觀。田文欣得知進一步情況時，不禁哭了起來，正如她所說：「阿拉米達可以冒任何風險任意取用ＦＴＸ的資金，彷彿ＦＴＸ上有一個隨意取用的按鈕。」跟ＦＴＸ的多數員工一樣，她把錢放在ＦＴＸ交易所，現在一切都沒了。她也像ＦＴＸ的多數員工一樣，覺得自己好像一直活在夢中。如今這個夢已變得越來越模糊，需要努力去回憶了。她真的曾跟球星文斯．卡特（Vince Carter）比鄰而居嗎？

從週日到週三，最核心的有效利他主義者一直躲在山姆的臥室裡，試圖拯救公司，但沒有成功，田文欣現在也不太清楚他們的下落或精神狀況。週三那天，喬治判斷尼夏有自殺風險，安排了人員護送他出境，回到舊金山的父母那裡。公司倒閉時，卡洛琳正在亞洲旅行，心理醫生以及和她交談過的人都覺得，她的心情似乎是介於解脫與快樂之間。有傳言指出，她也準備要回波士頓的父母家了。王紫霄一如既往沉默不語，讓人猜不透他在想什麼，但顯然他還在當地。至於山姆，田文欣不知道他的真實感受，甚至不知道他在哪裡。追蹤山姆的去向不再是她的職責了。

從機場到奧爾巴尼度假村途中，會經過FTX的辦公室。我說我想去看看辦公室時，田文欣感到不安，她擔心那裡有人強制沒收公司的汽車。儘管如此，當我們接近時，還是放慢了速度。警衛室裡空無一人，柵欄降了下來，但還是像以前一樣，幾乎沒有擋住道路。柏油路上毫無人跡，汽車都不見了，叢林小屋似乎完全被遺棄了。然而，在停車場的遠端，有個人影繞過小屋走了出來。

是山姆！獨自一人，穿著亮紅色的T恤與短褲，正繞著過去的帝國走來走去。即使隔著一段距離，你也看得出他需要洗澡及刮鬍子。他走過來，鑽進車子，彷彿一直在等我們似的。他需要搭車回家。我們當然很想問：他是怎麼來這裡的？為什麼來？

「你不覺得有件事很詭異嗎？」我們離開FTX辦公室時，他說：「星期六！星期六的時候，一切還很正常。」

那天，CoinDesk投下一枚改變一切的炸彈

在回頭思考過去幾年發生的事情之前，我盡可能回頭整理過去幾週發生的事。

山姆與趙長鵬之間又發生了一次爭執，只是當時看起來不是那麼嚴重。十月下旬，山姆飛往中東募資，也順便在東半球為FTX尋找第二個家。二〇二二年十月二十四日晚上，他在利雅德的一場大會上遇到趙長鵬。這是近三年來，他們第一次出現在同一場合。

他們勉強聊了一下，只因為聊比不聊更省事。山姆說：「我們聊了約五分鐘，沒有交流什麼實質資訊，感覺像假裝友好，只是在履行彼此都在場的義務。」翌日，山姆飛往杜拜，去會見杜拜的金融監管機構。當時杜拜的監管機構希望FTX把杜拜作為東半球的總部。山姆後來寫下了他想傳達給他們的訊息：「我愛杜拜。」

> 但我們**不能**和幣安同處一地……這有兩個原因：第一，他們不斷投入大量的公司資源，試圖傷害我們；第二，他們破壞了所到之處的聲譽。我不得不再次強調：一般來說，我從其他的司法管轄區／監管機構那邊，都聽到他們給予杜拜及阿聯酋很好的評價。不過，**如果一個地方願意接受幣安，那麼我們就不太能相信這個地方的標準**。

山姆不確定，如果杜拜決定擺脫趙長鵬與幣安，趙長鵬有意願居住的國家是否會接受他及幣安。在這片森林裡，趙長鵬就像一頭最大的熊，山姆似乎刻意去戳弄牠。

杜拜很小，類似有酋長的休斯頓，而山姆試圖讓趙長鵬變成無處落腳的逃犯。這消息肯定會傳到趙長鵬耳裡，但山姆並沒有就此罷休。十月三十日，他回巴哈馬後，發了一則推文，嘲諷趙長鵬無法影響美國的加密貨幣法規。「對了，他還能去華盛頓特區嗎？」

三天後，也就是十一月二日，加密貨幣新聞網站 CoinDesk 發文，報導一份奇怪的檔案，似乎是阿拉米達內部人士或借錢給阿拉米達的人洩漏出來的。那不是一份正式的資產負債表，沒有跡象顯示那份報表經過審計，也沒有跡象顯示它呈現出阿拉米達的全貌，甚至沒有跡象顯示它是真實的。該表列出截至二〇二二年六月三十日，阿拉米達內部有一百四十六億美元的資產及八十億美元的負債。CoinDesk 這篇報導想強調的是，該公司逾三分之一的資產，是FTX三年前發行的FTT。

FTX內部的人覺得那篇報導簡直胡說八道*。每個人都注意到，該文的撰稿人之一是卡洛琳在簡街的前男友艾瑞克．曼尼斯的現任女友。上個月，艾瑞克與女友去了一趟巴哈馬，與阿拉米達的員工一起住在奧爾巴尼度假村，莫非，是從公司內部洩漏出去的？

---

*即使是知情的局外人也不感到驚訝。當初負責判斷山姆身價的《富比士》記者埃利希指出，他看到那篇文章時就說了：「恭喜你知道了兩年前我們早就知道的事情。」

這篇文章也因為讓外界一窺FTX的營業狀況而引起震撼，只是FTX內部的人並不感到意外。FTT其實就是FTX的股權，它對FTX前三分之一的收入有索取權。二〇二一年，FTX創造了十億美元的收入。二〇二二年即使加密貨幣的價格暴跌，它也會再次創造同樣的收入。從二〇一九年FTT價格飆漲開始，山姆就一再表示自己最大的遺憾，是當初創造並出售FTT。此後，他就一直透過阿拉米達買回FTT。

十一月六日週日早上，趙長鵬在推特上向七百三十萬名跟隨者發了一則推文（見下圖）。

趙長鵬當時仍持有價值約五億美元的FTT，這批FTT是二〇二一年年中，他以二一・七五億美元把持股賣給山姆時，所收到的其中一部分代幣（當年出脫持股時，趙長鵬拿到的款項主要是比特幣和美元，另外還拿回當初投資FTX所支付的大約四億美元幣安幣）。

看到趙長鵬那則推文時，山姆並沒有想太多，就跟他看到

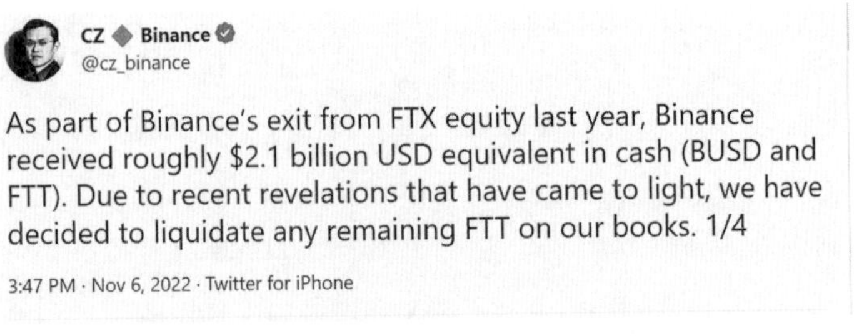
CZ 🔶 Binance
@cz_binance
As part of Binance's exit from FTX equity last year, Binance received roughly $2.1 billion USD equivalent in cash (BUSD and FTT). Due to recent revelations that have came to light, we have decided to liquidate any remaining FTT on our books. 1/4
3:47 PM · Nov 6, 2022 · Twitter for iPhone

◇ 幣安去年出售 FTX 的持股，獲得了約二十一億美元的等值現金（幣安美元與 FTT）。由於最近曝光的事件，我們決定賣掉帳上剩餘的 FTT。（1/4）

CoinDesk那篇報導的反應一樣。

十一月五日週六，他和弟弟蓋柏及萊恩在棕櫚灘會見了佛羅里達州的州長羅恩・德桑蒂斯（Ron DeSantis）。這次會面沒有特別的目的，就像美國政界與金融界的其他人一樣，德桑蒂斯想見見山姆，山姆也想多了解這個有朝一日可能向他募款的人。「我們去見他，是為了想了解從『講道理的人』到『支持川普的人』之間的光譜上，他是位於哪個位置，但我看不出來。」山姆說。

會後，他計畫第二天飛往坦帕（Tampa），去看布雷迪的坦帕灣海盜隊（Buccaneers）與洛杉磯公羊隊（Los Angeles Rams）的比賽。比賽非常精采，布雷迪在最後一刻又一次觸地得分，贏得了比賽。不過，只有蓋柏與萊恩看了那場比賽，因為當時山姆已回到巴哈馬，準備去打另一場比賽的決勝局了。

親愛的幣安，我們很樂意用二十二美元跟你買FTT……

FTX遭到擠兌的情況非常驚人。本來交易所裡有一百五十億美元的客戶存款，或者說，交易所裡本來應該要有這麼多錢，並以法定貨幣或比特幣和以太幣的形式持有。正常情況下，交易所每天流入或流出約五千萬美元，然而從十一月一日到十一月五日，每天都有兩億美元流出。到週日深夜，也就是第六天，平均每小時流出一億美元。那一天，FTX的客戶總共提領了二十億美元，週一又試圖提領四十億美元。截至週二上午，已有五十億美元流出，FTX顯然無法拿出足夠的現金，來因應越來越多的客戶提領。雖然未正式停止提款，FTX大致上已經不再匯款給客戶了。

比擠兌速度更耐人尋味的，是煽動擠兌的事件。趙長鵬那則貼文顯然是第一砲，但不是最後一砲，甚至可能不是最重要的一砲。週日早上，卡洛琳回覆趙長鵬（見下圖）。

這則留言語氣活潑簡潔，聽起來很像山姆，但確實是卡洛琳寫的。不過，她和山姆都認為趙長鵬不會接受這個提議，趙長鵬的目的是對FTX盡可能造成最大的傷害，所以會盡量拉長不確定性的時間。卡洛琳那樣寫，是希望一個具體的出價可以讓趙長鵬閉嘴，讓市場穩定下來。

結果恰恰相反。根據專門研究各種加密貨幣價格走勢的風險分

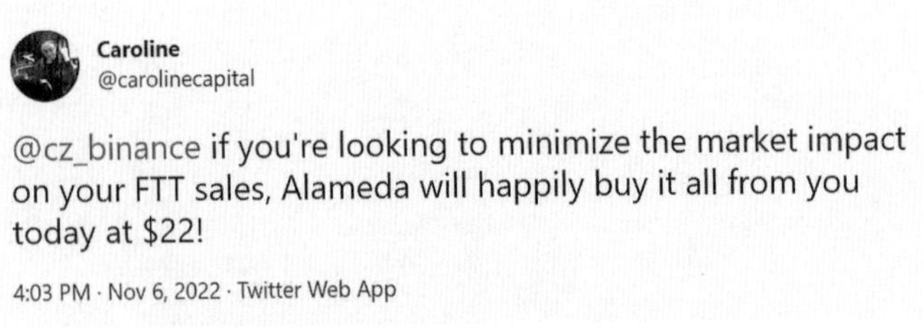
Caroline
@carolinecapital
@cz_binance if you're looking to minimize the market impact on your FTT sales, Alameda will happily buy it all from you today at $22!
4:03 PM · Nov 6, 2022 · Twitter Web App

◇ @cz_binance 如果你想把市場對你出售 FTT 的影響降到最低，阿拉米達今天很樂意以二十二美元的價格，從你那裡買下 FTT ！

析公司Gauntlet，卡洛琳的推文發布後不到二十秒，那些借錢買FTT的投機者紛紛拋售FTT。引發恐慌的理由，是如果FTT最大的持有者阿拉米達高調表示，願意以二十二美元的價格收購大量FTT，那麼也意味著他們肯定有什麼原因，需要把FTT的市價維持在二十二美元。最有可能的原因，是阿拉米達以FTT作為擔保，從其他人那裡借入美元或比特幣。Gauntlet的執行長塔倫．奇特拉（Tarun Chitra）接受《彭博新聞社》的採訪時表示：「除非你非常確定你需要維持那個價格，否則你不會告訴別人二十二美元這樣的價位。」到了週一晚間，FTT的價格從二十二美元一口氣跌到七美元。相較之下，趙長鵬那五億美元在整起事件中是如此微不足道，幾乎沒有再引起進一步的關注。

到了週二，就連國小四年級的孩子都能算出這筆帳。在爆發危機前，FTX原本應持有價值約一百五十億美元的客戶存款*，其中五十億美元已經被客戶擠兌領走，所以目前FTX內部應該有約一百億美元。但實際上沒有，唯一剩下的資產掛在阿拉米達的帳上：一大堆FTT、一大

---

*我簡化了數字，雖然只簡化了一點點。FTX是一家期貨交易所，所以它是借錢給客戶去押注。在任何時刻，大家並不會預期它立即拿回所有客戶的錢。但二〇一九年，它的主要賣點是，找到一種更好的方法來評估貸款給客戶去做的賭注，它確實做到了。因此，它不會因為向客戶提供貸款而蒙受損失。

堆索拉納幣、多種更難出售的加密貨幣、價值三億美元的巴哈馬房地產，以及山姆的一大堆創投投資（包括他的推特持股，山姆從來沒想過要賣掉）。FTX可能還有價值高達三十億美元的法定貨幣和比特幣，尚未歸還給客戶，除此之外絕大多數資產都沒有現成的市場可以兌現。FTX遭到擠兌的最初兩三天，卡洛琳與山姆來回討論的內容大致上就是這些。當時卡洛琳是從香港的辦公室連線參與視訊會議，山姆拿著他或卡洛琳買進來的物件清單，逐一詢問「你要多久才能賣掉這個東西？」，多數物件的兌現時間都太長了。

如果早知道帳戶裡沒錢，為什麼不去弄清楚？

十一月六日晚上，山姆打電話給拉姆尼克，請他到山姆的奧爾巴尼公寓來討論怎麼找錢。從來不打兩次電話的山姆，在二十分鐘內打了兩次電話給拉姆尼克。接下來那一個小時，拉姆尼克心裡有三個疑惑。首先，他以為山姆在佛羅里達看布雷迪打球。其次，他也以為山姆不是一個人住在雙子大樓的一樓，而是與其他的有效利他主義者一起住在蘭花樓的頂層公寓（他和FTX的幾乎所有人一樣，仍然不知道山姆與卡洛琳有過一段戀情）。最重要的是，拉姆尼克不知道山姆為什麼那麼迫切需要錢。拉姆尼克看得出來，錢正從FTX流失，但他覺得這沒什麼大不了。客戶可能驚慌失措而提領存款，但等到他們意識到沒什麼需要恐慌的理由，就會停止擠兌，資金也會回流。

拉姆尼克一直想找一份可以走路上班的工作，而他也的確找到這樣的工作。他離開了他的住處（立方樓1B），行經停靠著巨型遊艇的奧爾巴尼碼頭。那些遊艇的名字，感覺像是某種難懂的笑話或不好笑的雙關語，例如「特K」、「菸斗夢」、「芬達海」。但那一帶幾乎沒什麼人，即使在白天，遊艇也比人多，到了晚上，整個奧爾巴尼度假村感覺空蕩蕩的。有錢人喜歡在這種地方買下他們不需要的房子，因為這就是有錢人該做的事。

他走進山姆位於雙子大樓的住所，發現只剩下有效利他主義者在場。尼夏在客廳，卡洛琳在電視螢幕上，山姆正走向臥室去躺下來。與其說山姆語無倫次，不如說這時他很難與人交談。尼夏對山姆說話時很激動，拉姆尼克從未見過他這個樣子。「你能不能他媽的別再玩《童話大亂鬥》了?!」尼夏一度對著山姆大喊，但拉姆尼克完全聽不懂他們在講什麼。

雖然卡洛琳負責管理阿拉米達，但她似乎完全不知道錢到哪兒去了。螢幕上的她，一下宣布她在這裡發現了兩億美元，一下公布在那裡發現了四億美元，彷彿她剛剛完成了什麼原創的科學發現似的。就在這時，FTX的巴哈馬銀行Deltec發給拉姆尼克一則訊息：「對了，你們在我們這裡還有三億美元。」這對他們所有人來說，完全是個意外的驚喜。

最後拉姆尼克估算出來，他們還需要快速募集七十億美元，以填補他們認為可能存在的七十億美元缺口（在最初那幾天，缺口的確切數字變化很大）。他問了一個很根本的問題：為什麼會出現缺口？但山姆、尼夏、卡洛琳只給出模稜兩可的答案，王紫霄則是默默坐在一旁。

拉姆尼克在辦公室曾與王紫霄毗鄰坐了六個月，「他走進辦公室，坐下來，開始工作，連續十二個小時。從進來到出去，沒開口說半句話。」拉姆尼克說。王紫霄通常傍晚才進辦公室，但有一天早上，他十一點就到了，拉姆尼克也趁機跟他聊天。「你今天來得很早，現在才十一點。」拉姆尼克說。「而且是上午十一點。」王紫霄說。那是他們唯一的一次交談，而王紫霄看起來並不想再繼續講下去。

此刻一如往常，大都是山姆在講話。如果當時你問拉姆尼克，他覺得山姆知道什麼或不知道什麼，他會說山姆其實不知道發生了什麼事，他只是被嚇到。拉姆尼克不明白：「如果他們知道帳戶裡的錢不夠，為什麼不去弄清楚自己究竟有多少錢？他們當時完全沒這麼做。」

第二天午餐後，FTX的律師孫燦（Can Sun）出現了。山姆找孫燦來的原因，和他找拉姆尼克來的原因一樣：去找投資者談，幫他募集七十億美元。孫燦也感到不解，他說：「他們不願直接回答資金去向的問題，我到場時，沒有人承認資金有處理不當的問題，他們都說錢還在，只是有流動性的問題。」

山姆、孫燦、拉姆尼克與其他人卯起來打電話，給可能馬上提供他們七十億美元的人，包括主權基金、私募基金、亞洲的加密貨幣交易所等等。問題是，當你無法解釋你為什麼需要七十億美元時，要別人給你七十億美元並不容易。尤其是你必須馬上拿到錢，那更是難上加難了。很多人願意與山姆、孫燦、拉姆尼克談，但他們都問了相同的問題：**客戶的存款到哪裡去了？**當這個問題得不到答覆時，每個有七十億美元閒置資金可以應急的人，都不會想幫你。

山姆低聲下氣，趙長鵬出爾反爾！

有這種閒錢的人當中，只有一個人站出來說他可能願意提供這筆錢，這個人就是趙長鵬。基於前面談到的原因，趙長鵬是山姆最不想打電話求助的人，所以山姆一直拖到週二才打電話給趙長鵬。

「我打電話給他的時候，他很生氣，我只好低聲下氣。三個小時後，我們簽了意向書。」山姆說。根據他們的協議，幣安取得FTX整家公司（不含FTX的美國公司），作為承擔FTX債務的交換條件。這也賦予幣安對FTX和阿拉米達查帳的權利，讓趙長鵬成為第一個窺探FTX財庫的外部人士，搞懂（或至少看起來搞懂了）FTX與阿拉米達內部究竟發生了什麼。

隔天，也就是十一月九日晚上，趙長鵬說，他看到的財務狀況讓他改變了主意。這個消息，山姆是從推特上得知的（見下圖）。

這時候，那些還沒離開的人，都開始陸續逃往機場了。

他們都有迫切離開的理由。尼夏已經有自殺的念頭；孫燦的妻子告訴他，他要是不馬上離開，她就要離婚；拉姆尼克原本以為自己在幕後，外界不知道他的存在，但此刻他卻收到了恐嚇信。他慶幸自己從未被告知，原該在FTX的錢其實轉進了阿拉米達。他突然想到，應該是老婆救了他——因為大家都知道，如果告訴他，他肯定會跟老婆講。有效利他主義者

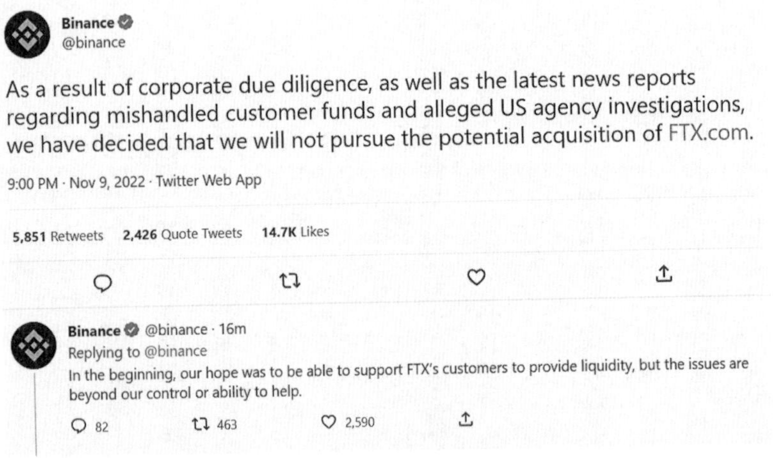
Binance
@binance
As a result of corporate due diligence, as well as the latest news reports regarding mishandled customer funds and alleged US agency investigations, we have decided that we will not pursue the potential acquisition of FTX.com.
9:00 PM · Nov 9, 2022 · Twitter Web App
5,851 Retweets 2,426 Quote Tweets 14.7K Likes
Binance @binance · 16m
Replying to @binance
In the beginning, our hope was to be able to support FTX's customers to provide liquidity, but the issues are beyond our control or ability to help.
82
463
2,590

◇ 經過企業盡職調查的結果，再加上最新報導指出，客戶資金處理不當，以及據稱美國機構已展開調查，我們決定不繼續進行收購 FTX.com。
起初，我們希望能支援 FTX 的客戶以提供流動性，但問題已超出我們的掌控或能力範圍。

願意信任他，但不會同時信任他老婆。

到了週三晚上，即便是在有效利他主義者之間，這種信任也開始崩解了。卡洛琳仍維持近乎樂觀的心態，甚至試圖向山姆解釋原因。週日，她在給山姆的信中寫道：「我對這一天的恐懼與日俱增，長久以來這種恐懼一直困擾著我。現在它真的發生了，無論結果如何，結束這一切的感覺真好。」在巴哈馬時間的週二凌晨，她又發了一則訊息：「能結束這一切，感覺出奇的好。我害怕這一天已經很久了，所以感覺像是卸下了肩上的重擔。」翌日，就在趙長鵬發推文表示他改變收購心意的四個小時前，卡洛琳在香港辦公室對她的下屬表示：「我想，我還是先說幾句吧，你們可以問任何問題。」她緊張地笑著說。

卡洛琳用句號思考，但卻用問號與驚嘆號說話。她以樂觀及不確定的語氣，傳達了一個極其簡單的訊息：公司破產了。她沒有詳細說明事情是怎麼發生的，但確實提到阿拉米達在六月時就有虧損，那時他們最大的加密貨幣貸款人也要求他們還款。當時，阿拉米達從FTX「借錢」來償還貸款人。現在，據她所知，他們已經把FTX賣給趙長鵬，阿拉米達很可能將不復存在。她說：「我最想說的是……對不起吧，這真的很糟，對你們真的很不公平。」她知道大家可能不想留下來幫忙清理任何爛攤子，但「對那些留下來的人來說，未來可能還有機會」。最後，她對於FTX與趙長鵬達成的協議，抱持著審慎樂觀的態度。「償還所有債權人，確保阿拉米達不會破產，這可能是件好事吧？」

「你能講一下缺口有多大嗎？」她講完後，一位交易員問道。

卡洛琳說她不想透露。

「是接近十億，還是六十億？」那人追問。

「呃，後者吧？」卡洛琳說。

卡洛琳講完後，走到一位女性員工的面前，開朗地說：「如果你願意留下來幫忙，我會很感激！」

「去你媽的！」那個女人說。

當卡洛琳開心地為自己的罪行辯護時，尼夏則是難過地尋找證明自己無罪的證據。在危機開始時，他最擔心的，是有效利他主義的夢想破滅，以及他與其他從FTX借錢的人很快就會破產，因為他們沒有資產，仍積欠公司債務。週一凌晨四點，他發簡訊給卡洛琳：「這件事對有效利他主義的影響令我難過。」到了十一月九日週三，他的焦點已經轉向自己面臨的法律風險。他發訊息給山姆：「你可能覺得我只想到自己，但大家都想知道，這是不是由一群人密謀的結果。」他沒有明說「大家」是誰，也沒有說明「這」是指什麼。接著，他又發了另一則訊息：「你可以把問題說成是你自己，或你和王紫霄兩個人造成的嗎？」之後，又發出第三則訊息：

「我覺得我需要告訴贊恩，我完全沒有參與這個密謀。」

那天晚上，尼夏要求只和王紫霄及山姆私下討論。他們三人獨處一室時，尼夏問：「萬一執法部門或監管機構出手，會發生什麼事？」

「你是什麼意思？」山姆問道。

「我們如何確保在囚徒困境中合作*？我們如何確保我們都說其他人是無辜的？」

「我沒有任何理由認為，我們當中的任何人有犯罪意圖。」山姆說。

「不，」尼夏說：「這還不夠，你需要跟他們談，你得告訴他們，我一無所知。」

「我怎麼知道？」山姆問：「你的意思是，我應該說，你對我一無所知的事情也一無所知？這怎麼可能呢？這根本說不通。」

「但我真的不知道。」尼夏說。

*編按：囚徒困境（prisoner's dilemma）是賽局理論中的理論情境，描述兩名囚犯面臨的抉擇：如果兩人合作拒絕供出對方，則各自的處罰輕微，但若其中一人供出對方，背叛者將得到釋放，另一人將受重刑。單方的最佳策略似乎都是背叛，然而如果兩人都背叛，將導致比兩人都合作還糟糕的結果。這種情境揭示了個人理性行為如何導致集體不利結果，反映現實生活中協作與競爭之間的微妙平衡。

「那你就這麼說。」山姆說。

「這對我沒幫助。」尼夏說：「因為程式碼的證據，會顯示我做了什麼事。」*

從頭到尾，王紫霄只在一旁看，就像過去一整個星期那樣。他不發一語，彷彿已經對於自己可能說的話做了期望值的估算，並決定講什麼都是徒勞的。

謠言成了事實，事實成了故事，故事成了解釋

到了週五，尼夏也離開了。由於當時巴哈馬警方正準備逮捕剩下的主管，他離開可能是最好的對策。那天下午，大約四．五億美元的加密貨幣從FTX內部錢包中不翼而飛。沒有人知道駭客是誰，每個人都認為那是內部人幹的，很多人懷疑是山姆與王紫霄。那天晚上，山姆打電話給卡洛琳時，她沒有接，以後她再也不會接了。

就在這時，當初讓這齣戲所有角色出現在巴哈馬的那個女人出手了。巴哈馬首席金融監管者克莉絲蒂娜．羅爾（Christina Rolle）眼看著金融生態系統圍繞著山姆發展起來，吸引了許多從山姆身上海撈一票的投機者，最後卻以驚人速度崩解，而且那些靠山姆獲利的人在不了解他確切做了什麼的情況下，就把矛頭轉向他，她對此感到非常震驚。當山姆是散財童子時，大家都愛他，

沒有人過問太多問題，但他一虧損，大家都把矛頭對準他，不想聽他回答他們提出的問題。

對於警方在沒人知道山姆等人做了什麼之前就開始逮捕他們，羅爾也感到擔憂。當時有關當局還沒和山姆或ＦＴＸ及阿拉米達的任何領導人談過，只知道大家從推特上看到的訊息。他們沒有證據指控任何人犯罪：在巴哈馬，詐欺罪需要先證明意圖，而此案的意圖並不清楚。在沒有確鑿的指控理由下，警方逮捕的任何人，都只能關押一陣子。

她不想讓山姆與王紫霄被捕的另一個原因，是她需要他們的協助以了解發生了什麼事，而山姆一整個星期都沒有回她的電話。週三下午，她終於與萊恩及瑞恩・米勒（Ryne Miller）在 Zoom 上開會。萊恩雖然仍是ＦＴＸ的共同執行長，但他看完布雷迪的比賽後，一直留在美國；瑞恩則是ＦＴＸ美國事業的律師。他們告訴羅爾，資金從ＦＴＸ轉移到阿拉米達，但他們不知道那是怎麼發生的，也不知道為什麼會發生。「身為執行長，對這種狀況的了解竟然那麼有限，真的太離譜了。」羅爾說。

＊讀者一定很好奇，我怎麼知道這些。或者，就像山姆可能會說的，這一切都是真的的機率有多高？這段對話是他們談完不久後，山姆憑記憶告訴我的。在山姆住處的其他人，證實了這場危機的其餘描述。我也不知道這對各種機率計算有什麼影響，但我認為沒有發生的事情，我就不會寫進來。至於這一切**意味**著什麼，那又是另一回事了。

很奇怪，這些FTX內部人士全都希望自己看起來比實際知道的還少，反倒是FTX以外的人都認為自己知道的比實際還多。在推特上，很多謠言成了事實，事實成了故事，故事成了解釋。有傳言聲稱，山姆帶著數十億美元潛逃，跑到杜拜或其他美國無法引渡的地方。有人發布了一段影片，聲稱影片中的男子是山姆，正在布宜諾斯艾利斯的街頭遊蕩。

但羅爾認為山姆不會潛逃，也不相信他藏匿了數十億美元。她對山姆最大的擔心，是她問他問題時，他不會給她直接的答案。「我覺得他不知道大家為什麼不信任他。」她說：「大家不難看出自己被他玩弄了，就像桌遊那樣。」

週四，羅爾凍結了FTX的資產，等於讓該公司進入清算程序，也就是巴哈馬版的破產保護。週五，也就是我到達的那天，山姆的父親把山姆送到FTX的舊辦公室，與巴哈馬的清算人會面。三個小時後，他們和山姆結束了當天的工作。羅爾要求山姆，第二天在警察總部與她碰面。她也想審問王紫霄，但清算人需要透過王紫霄取得FTX的資產，所以她把王紫霄的審問延到下週一。羅爾盤問山姆幾個小時後，和助理一起搭車離開。目睹了整個訊問過程的助理，一上車就哭了起來，她懇求：「你不能讓他們逮捕這個人。」羅爾沒有讓警方帶走山姆，而是說服警方沒收山姆與王紫霄的護照。這也是我和田文欣開車到FTX停車場時，發現山姆未被逮捕，獨自一人在原地兜圈子的原因。

槍聲響起時，他衝向戰場，而不是逃離

週五晚上，只剩兩個人還在等著離開舞台，讓其他人去尋找這齣戲的意義。

第一個是贊恩。聽說贊恩可能還在當地，第二天（十一月十二日週六）我找到了他。他做了一件其他人都沒有做的事：槍聲響起時，他衝向戰場，而不是逃離。前一個週日，他才去里斯本參加一場加密貨幣大會，正準備前往阿布達比，因為FTX在那裡贊助了一場一級方程式大賽。此刻，他在奧爾巴尼公寓來回走動著，正把衣服從烘乾機裡拿出來、放進袋子裡，一邊喝著一瓶蘭姆酒。

從一開始，贊恩就受到山姆及他可能打造出來的帝國吸引，但他並沒有盲目的投入這項事業。在加入FTX前，他諮詢過幾位幣圈的老友，趙長鵬是其中之一。他回憶道：「是趙長鵬告訴我，有山姆這號人物。他說：『我覺得對你來說，這是不錯的選擇。』有人問我為什麼會那麼信任山姆？其實這一切都是從趙長鵬開始的，而且當時沒有半個人說過山姆的壞話。」

許多加密貨幣的大戶之所以把錢存在FTX，就是因為他們信任贊恩。這些人在過去兩週一直心存疑慮，也看到了推特上的訊息。但週日局勢開始轉趨混亂時，贊恩問山姆接下來該怎麼做，山姆叫他去安撫大家，要大家放心。「我發訊息問山姆：『我應該做損害控管嗎？』山姆

說：『對。』」贊恩說。他隨後發給山姆一則訊息，問了三個問題：「第一，我們破產了嗎？第二，我們有沒有把客戶的資金借給阿拉米達？第三，有什麼是我沒問，但我需要知道的事情？」

山姆沒有回覆，然後就完全沒聯絡了，彷彿人間蒸發。他以人間蒸發的方式來回應贊恩，就跟他對羅爾一樣。

儘管如此，贊恩還是認為ＦＴＸ不可能真的會有麻煩。他覺得沒道理會這樣，ＦＴＴ的價格不該影響交易所的價值，就像蘋果的股價不該影響iPhone的銷量一樣。他認為應該是相反才對：是交易所的收入，帶來ＦＴＴ的價值。贊恩說：「即使ＦＴＴ的價值歸零，那又怎樣？」另一個不合理的原因是，ＦＴＸ的獲利非常驚人。贊恩說：「我知道我們的實際收入是多少：每月兩千五百億美元的〇．〇二％。在我看來，拜託，這些人根本就是他媽的坐在印鈔機上，又何必亂搞呢？」

直到週一深夜，贊恩還一直向朋友保證一切沒問題。會去擠兌的，都是那些不在乎交易所死活的人，剩下的錢至少有一部分，是屬於和贊恩一樣願意跟朋友同進退的人。贊恩說：「那個王八蛋，我到處為他辯護，他怎麼可以瞞著我？」他對山姆說過：「你居然讓我出面替你圓謊，去你媽的！」

贊恩與其他有效利他主義者截然不同，他不像山姆那樣在乎「怎麼看鮑勃這個人」。如果鮑勃是贊恩的好友，贊恩沒有證據證明鮑勃犯下那起未破的謀殺案，那麼贊恩會持續以他一貫的方式來看待鮑勃，他會不遺餘力的支持鮑勃，讓鮑勃對發生的事感覺好受一些。但是，如果他無意間目睹鮑勃在自家後院埋藏一把帶血的刀，他會當場開槍斃了他。至少，這是贊恩在我心目中的形象。

週二他辭職了，正要前往邁阿密，之後還不確定要去哪裡。無論選擇走哪條路，他都不想再浪費時間搞清楚山姆為什麼要做那些事。對贊恩來說，那已經無關緊要了。他腦中只想著一個問題：為什麼他和他認識的人都沒有預見這一天呢？他有了初步的答案，「山姆的古怪，」他說：「古怪加上他的聰明，會讓你揮除很多疑慮，不再去質問為什麼。」

大搞鬼！瞞著巴哈馬政府，把他偷送回美國！

剩下的問題是：誰來將山姆與其他人依法審判？誰來清理他們留下的爛攤子？

山姆簽下文件讓FTX在美國宣告破產的前一天，巴哈馬就已經採取行動，開始清算FTX。阿拉米達與FTX的美國交易所是在德拉瓦州註冊成立的，而FTX規模較大的國際加密貨幣交易所是在香港創立，絕大多數的交易也在香港發生。這家主要的加密貨幣交易所在安地卡註冊成立，現在總部設在巴哈馬，禁止美國公民使用，也努力阻止美國公民使用。任何在上面交易的美國公民，都是以偽裝的身分登入。因此，主張山姆的判決及FTX的清算應該在巴哈馬進行是合理的。

然而，那些想從這起訴訟獲得豐厚報酬的美國破產律師，提出一個比較沒那麼合理的主張：所有的資產及原本該管理這些資產的人，都應該移送到美國處理。

山姆則提出第三種論點：他認為任何行動都應該以王紫霄所在的地方為準，因為王紫霄是唯一能夠解釋該企業程式碼的人。贊恩離開那晚，山姆說：「歸根結柢，管轄權糾紛的決定性因素是王紫霄，因為他是唯一知道如何使用電腦的人。」

而王紫霄，是最後一個離開的人。他在蘭花樓的頂層公寓裡，把山姆拉到一旁說話。他真的開口說話了，雖然很簡短。

「我和我的律師談過，我要離開了。」他說。

「有什麼與這件事相關的話要說嗎？」山姆問。

「律師叫我走，所以我得走。」王紫霄說*。

就這樣，王紫霄沒有說他何時離開，或他要如何離開——這會是個問題，因為巴哈馬已經拿走他的護照。週日晚上，他隻字未提，悄悄地溜出了蘭花樓的頂層公寓。幫他偷偷離開的律師，與美國當局達成協議，為他提供了第二本護照，這樣他們就可以瞞著巴哈馬政府，把他偷偷運回美國。羅爾也從來沒有機會，與王紫霄交談。

＊這是我從遠處親眼目睹的，感覺有如奇蹟。

| 第10章 |

錢，真的不見了嗎？

我的手繪資產負債表

所有覺得該逃的人都逃離後，奧爾巴尼度假村讓我想起遭到卡崔娜颶風重創一週後的紐奧良：不見人影，但留下很多東西，表面的寧靜掩蓋了更深層的混亂。

隨意走進十幾間豪華公寓，你不但能找到一個遮風避雨的地方，裡頭還有食物與衣服。蜂巢樓或立方樓中最豪華的五房公寓任你挑選，裡面有堆積如山的中國零食、出席任何場合的服飾，還有足以壓沉一艘海盜船的各種酒類。

山姆的父母已飛往巴哈馬，將與兒子一起待在蘭花樓的頂層公寓。山姆的心理醫生也同樣會待到最後。FTX一位技術人員丹尼爾．查普斯基（Daniel Chapsky）也留了下來，但他是特例，雖然他的職稱是數據科學長（Chief Data Scientist），但山姆幾乎不認識他，不知道他做什麼，也不知道他為什麼留下來，其實連查普斯基自己也不知道。ＦＴＸ破產的那個週五，他驚魂未定的從他的豪華公寓跑去找喬治。

「我為什麼會在這裡？」他問道。

喬治盯著他的眼睛看了許久，然後說：「你得離開了。」

不知道什麼原因，查普斯基並沒有離開。美國與巴哈馬的破產團隊很快就雇用他，也讓他捲入雙方的爭奪戰：爭奪公司剩餘資產的掌控權。這兩個破產團隊都需要有人幫忙搞清楚ＦＴＸ資料庫的內容，而查普斯基是留下來的人之中，唯一知道怎麼用電腦的人。

兩位年輕中國女子。一疊ＦＴＸ機密文件

在鼎盛時期，奧爾巴尼度假村住了多達七十名ＦＴＸ和阿拉米達的員工與客人。十一月十四日週一，度假村內唯一的ＦＴＸ活動跡象，是來自山姆在蘭花樓住處正後方的一間房子。那裡稱為「螺居」，是萊恩最得意的手筆。這棟奢華六房豪宅美得令人讚嘆，與四周的環境相映成趣，在奧爾巴尼度假村顯得特別突出。萊恩花了一千五百萬美元買下它，以為山姆會住進去。沒想到山姆看了一眼，發現裡頭的臥室大小不一，於是決定搬進蘭花樓頂層，和其他有效利他主義者住

在幾乎相同的環境裡。

螺居後來交給了王喆，一個有效利他主義核心圈子之外、在巴哈馬任職最久的FTX員工。她於二〇一九年四月一日加入，是FTX第一位中國籍員工，也是該公司的第八名成員。交易所倒閉的那一刻，她仍掛著營運長的頭銜，並兼任FTX數位市場的執行長。即使所有同事都搭機逃離了，王喆仍和她的兩隻貓待在螺居。

名叫Lucky與Money的兩隻貓，是她留下來的主要原因，她需要幾週的時間，才能取得把貓咪運回中國的許可，但航空公司也只允許她帶一隻貓回家。如果她必須選擇，她會選Lucky，但她也不忍心留下Money。幸好後來她的好友李可雲（Quinn Li）留下來幫忙，她才鬆了一口氣。在喬治畫的組織結構圖中，李可雲、田文欣、贊恩都屬於王喆管理的四十八人之一。王喆說：「她是因為我才留下來的，我需要她幫我把貓帶回家。」

這不是我第一次看到有人為了寵物而不顧一切冒險，因為卡崔娜颶風期間也發生過類似的狀況。但這兩隻貓顯然不是王喆留下來的唯一原因，因為她取得帶貓飛行的許可後，仍留在當地好一段時間。

山姆仍對交易所恢復營運抱著希望，而那個希望就寄託在中國出生的加密貨幣億萬富翁孫宇晨（Justin Sun）身上。

孫宇晨是區塊鏈波場（Tron）的創辦人，他想把他私人的加密貨幣波場幣（Tronix）交給FTX的債權人，以換取他們對FTX剩餘資產的債權。山姆知道孫宇晨需要一個會說中文的人，所以懇求王喆留下來。其實她不太看好孫宇晨的計畫，「我只是想確保山姆不會自殺。」王喆說：「雖然有時我覺得那不是我的責任。」

不過，王喆最想知道的，是到底怎麼回事。FTX這位營運長冒著被拘留或逮捕的風險留在巴哈馬，這才是最重要的原因：她無法忍受身為營運長，卻不知道FTX究竟是怎麼運作的。她說：「我喜歡把事情搞清楚，搞不清楚，會讓我很困擾。」

FTX破產後的那個週一早上，我在螺居的廚房見到這兩位年輕的中國女子。王喆當時已經拿到一小疊來自FTX與阿拉米達的機密文件，李可雲剛去以前FTX員工住的房子與公寓採摘新鮮的蔬菜卻空手而回（因為那裡被上鎖了，還有人看守）。她們決定調查個水落石出之後再回家，讓她們在中國的父母擔心得要命。這個事件被媒體炒得沸沸揚揚，即使遠在中國，大家都在談論山姆與FTX。王喆說：「FTX變得非常有名。FTX一直努力讓自己的名氣更響亮，沒想到竟然是靠破產辦到的！」

兩人想盡各種方式安撫父母。李可雲告訴她媽媽，山姆的父母現在也在巴哈馬，需要有人安慰他們。「我跟我媽說，沒人陪伴那兩個老人家，我媽說她也是老人啊！」李可雲說。

至於王喆之所以能說服她媽媽，是因為她告訴媽媽，如果再一直打電話來嘮叨，不讓她好好結束生命中的這一頁，她可能會承受不住悲傷。

李可雲看到王喆這招有效，決定有樣學樣。「我跟我媽說，我真的很難過，你忍心讓我更難過嗎？你再逼我回去，我就死給你看。但這招對我媽完全沒用，她說：我已經夠可憐你了！你只顧著工作，到現在都還沒有男朋友！」

王喆帶頭做調查，主要是請李可雲當參謀。她越是困惑，就越有動力。早在山姆創立FTX之前，就已經認識王喆，當時王喆只是一個加密貨幣的交易員，亞洲沒有人聽過她的名字。二〇一八年底，火幣網凍結（或者說錯置）阿拉米達的部分資金時，她在火幣網的新加坡分公司工作。「他們不會說中文，我們的客服不會說英語。」王喆說：「他們找到了我，也找到了解決問題的神奇方法。」

山姆決定開設自己的加密貨幣交易所後，從火幣網挖角王喆。後來，山姆每次去參加可能會說中文的會議時，都會帶著她一起去。王喆說：「他當時真的是無名小卒，沒人把他當回事。」在最初的那些會議上，山姆的腿會劇烈的抖動，抖到連桌子也跟著一起震動。王喆需要把手放在他的膝蓋上，才能讓他停下抖腳的習慣。山姆常讓她感到不放心，因為他常會講太多不該講的話。「山姆常會直接亮出底牌，但我跟他說：『你沒有必要那麼坦白，在幣圈，大家都在虛張聲勢。』」

那時幣圈還很小，「你去參加幾場會議，主持個活動，基本上就每個人都認識你了。」王喆說。為了讓大家認識山姆，她帶他去參加一場舞會（「山姆跳舞只有一個動作：一直上下跳」），讓他在那裡一直待到凌晨三點。他們原本預定第二天早上九點見面，王喆六點醒來，宿醉未消，於是發簡訊給山姆，說要延後見面時間，沒想到山姆秒回。「他幾乎不睡覺的。」她說：「我曾問他怎樣才能快樂，他跟我說，快樂不重要。」

看到資產負債表上的數字，令她瞠目結舌

四年後，在螺居的廚房裡，王喆翻看著她找到的私密文件（我不知道她怎麼找到的），這些文件說明了山姆不睡覺時在做什麼。第一份是FTX內部的試算表，列出所有代言支出。在喬治的組織結構圖上，王喆雖然負責FTX的所有行銷工作，可是在此之前，她從來不清楚FTX那些大手筆的行銷支出，此刻看到的數字，令她瞠目結舌。

例如，與科切拉音樂節（Coachella music festival）、球星史蒂芬．柯瑞（Steph Curry）、梅賽德斯（Mercedes）一級方程式車隊簽訂的三年合約，分別是二五〇〇萬美元、三一五〇萬美元、

七九〇〇萬美元；與美國職棒大聯盟簽訂的五年合約，價值是一．六二五億美元；與電玩開發商銳玩遊戲（Riot Games）簽訂七年的合約，價格為一．〇五億美元（王喆說：「這只是因為山姆喜歡《英雄聯盟》〔*League of Legends*〕。」）。

這份清單很長，一直列到金額較小的項目，但話說回來，這些小項目的金額其實也不小。例如付給真人秀節目《創智贏家》（*Shark Tank*）主持人凱文．奧利里（Kevin O'leary）一五七〇萬美元，以取得「二十個服務小時、二十則社群網路貼文、一次虛擬午餐及五十個簽名」。

虛擬午餐！王喆當然知道山姆向來花錢不手軟。她一直以為那是因為他很有錢，所以付給奧利里多少錢並不重要。「我試著提出質疑，」她說：「但我以為他們用的是阿拉米達的獲利，或山姆的投資賺了很多錢。」

她手上的下一份文件，是阿拉米達的粗略資產負債表，這份報表與CoinDesk那份被認為是搞垮FTX的報導有很大差異。王喆認為，她手上的這份報表看起來比較像是山姆或卡洛琳匆忙編造出來的，也可能是兩個人一起編的。王喆是在前一個週二、FTX開始停止客戶贖回存款時，第一次看到這份報表。「我看到之後，告訴我的團隊不要回應任何外人，因為我不想看到這兩個人名聲掃地。」她說。

她所看到的這份資產負債表，在資產方面顯示山姆過去兩年所做的數百筆私人投資細節，總計是**四十七億一千七百零三萬兩百美元**。負債方面，有一筆比其他項目加起來還要重要：**一百零一億五千兩百零六萬八千八百美元的「客戶存款」**。理當由ＦＴＸ託管的逾一百億美元，不知何故最終進了山姆的私人基金。文件中只列出三十億美元的流動資產——也就是可以立即變現的美元或加密貨幣。「我看了後心想：天啊！」王喆說：「問題是，為什麼？」這也是贊恩問過的問題。「我們的生意那麼賺錢，毛利約四〇到五〇％，去年我們就賺了四億美元。」王喆說。

這疊私密文件的前兩份，讓王喆了解到這些錢是如何花用的，其他文件則顯示，最終這些花費是由誰買單。現在，她正翻開ＦＴＸ前五十名債權人的名單，這五十個順序按損失規模排列的大戶，都無法從ＦＴＸ領回半毛錢。在ＦＴＸ倒閉的那一刻，全球帳戶持有人共有超過一千萬，ＦＴＸ總共積欠他們八十七億美元。這些損失中有將近一半（約四十億美元），是集中在這五十個帳戶。

非雇員（亦即不是ＦＴＸ或阿拉米達的員工）當中損失最大的，是高頻交易公司，Jump Trading 排在這份清單的前面，損失兩億零六百一十六萬零六百美元；排在清單後面的 Virtu Financial Singapore，損失一千零九萬五千三百三十六．八三美元。名單上大約有一半的客戶，用的其實是假名。例如一個名為「大帽山有限公司」（Tai Mo Shan Limited）的單位，損失逾七千五百萬美元，那其實是 Jump Trading 的另一家關係企業。另外有很多隱藏真名的帳戶，其實是屬於

FTX的員工。王喆本人損失了約兩千五百萬美元，她在一般銀行帳戶中還有八萬美元的存款，是她以前存下來的，但除此之外，她已經失去了一切。

由於她也曾領導過銷售團隊，因此認得出那份名單上的多數人，尤其是高頻交易員。她知道，他們每個人都很想搞清楚FTX和阿拉米達之間的關係。「大家都很關注這點，」王喆說：「那可說是我每天被問到的第一件事。阿拉米達是否享有不公平的優勢，搶在我們前面交易？阿拉米達是不是可以看到其他人的交易？阿拉米達的交易是不是較少受到延遲？」換句話說，相對於FTX，阿拉米達是不是享有類似那斯達克與紐約證交所上那些高頻交易員所享有的不公平交易優勢？怪的是，事實並非如此，實際上是FTX把高頻交易員的所有存款，都借給阿拉米達……而且是無息出借。

除此之外，FTX還做了一件傷害高頻交易員和其他人資金的事：讓阿拉米達免於一般交易員必須接受的風險管控。在FTX上，當交易在虧損超過擔保品的那一刻，就會被平倉。這也是為什麼FTX讓人感覺比其他加密貨幣交易所更安全，因為任何交易員都無法虧損太多而危及到交易所及其他交易者。然而，FTX卻對阿拉米達破例，山姆私人擁有的這家公司不管虧損有多大，交易都不會被平倉。王喆說：「**從來沒有人**問過平倉的事，也**從來沒有人**問過：『我們的錢真的在阿拉米達嗎？』」山姆說的沒錯：人們看不到他們不想看的東西*。

假意幫忙，實際上是要套他供詞

目前為止，王喆一直很冷靜，彷彿在看一個陌生人的病歷以確定死因似的，直到她看到最後一份文件時，語氣變了。她看到一份完整的FTX股東名單，以及每一個股東持有的股票數量。每年的年底，作為一種年終獎勵，她和其他FTX員工都有資格認購FTX股份。所有人都認為，這些股份是最好的投資。直到最後一刻到來之前，世界上最著名的創投業者，還一直搶著買FTX的股份，而且買價都高於員工的認購價。「山姆決定每個員工可認購的數量，多數員工都是認購到上限。」王喆說。她也一樣，但她從來不知道所謂的「上限」意味著什麼。

看到這份文件時，她的眼光很自然移到自己名字旁邊的數字：〇．〇四％。不是四％，也不是〇．四％，而是〇．〇四％。

她當然知道自己每年拿到多少股份，或是有權以低價認購多少股份，但她從來沒計算過她的持股比例，或其他人的持股比例。她當然知道山姆擁有六〇％的股份，也知道王紫霄和尼夏是第二大股東（兩人的持股加總起來是二三％），因為這些數字都是公開的。《富比士》就是根據那些數字，讓山姆、王紫霄與尼夏都登上億萬富豪的榜單。但對於其他FTX員工的持股比例，包括她自己，王喆都不知情。

現在，她把自己的持股，與喬治那份組織結構圖頂端的其他人相比。拉姆尼克的持股是她的好幾倍，FTX US那家小公司的前執行長布雷特．哈里森（Brett Harrison）是二〇二一年五月才加入公司（十六個月後辭職），也是她的好幾倍……，基本上，跟她同一層級的每一個人，都是她的好幾倍。她回想起過去三年與潛在投資者的談話，有幾個人告訴她，他們看到FTX的市值表（大股東名單）上沒有她的名字，都感到很訝異。當下她並沒有多想，「我一直相信山姆會公平對待我。」她說。

看到自己實際上所受到的對待後，王喆從此改變了她對山姆的觀感。在那之前，她只是感到難過。前一個週四，在27號叢林小屋的最後一天，她和李可雲抱著痛哭。她們失去了一切，但那感覺是失落，而不是痛苦。可是此刻當她看到山姆給她的東西竟然遠比別人少時，不禁勃然大怒。她火冒三丈地走向蘭花樓的頂層公寓找山姆對質。「他跟我說不可能，『我以為你至少有一百萬股。』」但實際上，她的持股不到一百萬的四分之一。「山姆對我說：『我從沒想過要讓這種事發生在你身上。』我對他說：『你怎樣想一點都不重要！』」

＊山姆對我說了大致相同的話。「從來沒有人問過風險管理。」他說：「如果有人問我，我不知道我會怎麼回答。我應該會用兩種方式回應，要嘛顧左右而言他，換個問題來回答，要嘛含糊其辭混過去。」

這個真相的浮現，為接下來的那個月定了調。王喆決定留下來，假裝協助山姆推動拯救ＦＴＸ的荒謬計畫。她幾乎每天都會和他見面，幫他處理翻譯上的需求，甚至幫他做飯。事實上，她只是想弄明白山姆究竟做了什麼事。最後，美國司法部找上她，她也答應在司法部起訴山姆的案件中作證。但在那之前，她想問山姆幾個問題，讓他好好解釋一下，看能不能從中抓出破綻，哄他招供。至少，她希望能從他的說辭中找出漏洞與矛盾之處。

沒有掏空！山姆是這樣說的……

根據山姆告訴王喆的說法，實際的情況是這樣的：原本應該存放在ＦＴＸ的資金，是以兩種方式落入阿拉米達的手中。第一種，是透過阿拉米達的正常交易活動。就像每個交易員一樣，阿拉米達可以提出擔保品從ＦＴＸ交易所借款，ＦＴＴ（等同於ＦＴＸ的股權）就是擔保品之一。ＦＴＴ的價格隨著ＦＴＸ的破產而暴跌，於是這些擔保品如今變得一文不值，有些貸款仍未償還。

在山姆的說法中，阿拉米達之所以免除其他交易員所要承受的風險管控，也不必在損失超過擔保品價值時平倉，是有原因的。早在二〇一九年ＦＴＸ成立時，阿拉米達就是ＦＴＸ最大的交易者。一開始，在ＦＴＸ上發生的大多數交易，阿拉米達都是那些交易的對手。阿拉米達就算偶爾承擔虧損，也有助於交易所的運作。例如，當FTX必須清算某交易員的交易虧損時，阿拉米達可以接手這些虧損的部位，以確保交易所的市場平穩運行。

按照山姆的說法，FTX因為這個理由而關閉了阿拉米達的風險限制所造成的損失，無論如何都是微不足道的。FTX給阿拉米達的一般交易貸款，只占客戶損失的一小部分，它們本身不會構成問題。原本應該放在FTX卻移到阿拉米達的大部分資金（確切數字是八十八億美元），是存在阿拉米達內部一個標記為fiat@的帳戶裡。

fiat@帳戶於二〇一九年設立，用來接收FTX新客戶匯來的美元與其他法定貨幣。由於FTX無法開設自己的銀行帳戶，阿拉米達才建立了這個帳戶。早在二〇一九年，美國沒有任何銀行願意為一家新的國際加密貨幣交易所提供服務。那些確實在銀行開戶的加密貨幣實體（例如阿拉米達），往往會隱藏他們與加密貨幣的關聯。美國最大的加密貨幣交易所Coinbase奇蹟般的說服了矽谷銀行讓它開戶，從而提供一種機制，讓Coinbase可以從加密貨幣客戶那裡接收美元，也可以向客戶發送美元。因此，擁有美國銀行帳戶讓Coinbase享有很大的優勢。至於他們到底是如何開戶成功是另一個故事，這裡的重點是：FTX一直無法同樣開一個美國帳戶來收受及發送美元。從二〇一九年春季成立以來，直到二〇二一年七月，FTX才終於說服聖地牙哥的銀門銀行（Silvergate Capital）*讓它以FTX的名義開戶，在此之前，FTX一直都沒有直接收受美元的方式。

山姆還說，客戶匯進來的錢，存放在阿拉米達內部從來沒動過。二〇二一年七月以前，由於沒有美元銀行帳戶，FTX沒有地方可以存放這些資金。這些錢被列在FTX的客戶存款系統上，但仍留在阿拉米達的銀行帳戶中。山姆也宣稱，至少在二〇二二年六月以前，這個如今讓大家震驚的事實，他並不知情。阿拉米達是由卡洛琳管理的，不是他。到了二〇二一年底，由於客戶現在已經可以透過一家美國銀行直接把美元存入FTX，流入fiat@帳戶的新美元逐漸趨近於零。

當時，阿拉米達帳上的資產淨值是一千億美元。這個數字當然非常不可靠，因為它只是許多加密貨幣的市場價值。如果阿拉米達試圖出售那些加密貨幣，它們的市值可能會暴跌。但是，即使你以更嚴謹的方式評估阿拉米達的資產，阿拉米達的資產淨值也可以輕易達到三百億美元。原本不該放在阿拉米達的那八十八億美元，雖然在阿拉米達的帳上不是微不足道，但可能還不足以讓人擔憂。就像山姆說的：「我從來沒問過『我們名下有多少美元存款』，在我們看來，阿拉米達擁有無窮盡的美元。」

不過，到了二〇二二年春末，這種感覺就改變了。從四月初到六月中旬，比特幣的價格從略高於四．五萬美元，暴跌至不到一．九萬美元。那年夏天，八十八億美元在阿拉米達帳上的相對重要性急劇上升。但根據山姆的說法，他沒有管理阿拉米達內部的風險，是卡洛琳在管理。也許是因為當時他和卡洛琳已經幾乎不說話了，卡洛琳就沒有主動向他提出她對當時面臨的風險所感到的擔憂。

按照山姆的說法，二〇二二年十月前，對於阿拉米達累積的巨額客戶存款，他只有接觸到兩次。第一次很怪，那是六月中旬，卡洛琳驚恐的發現 fiat@ 帳戶從八十八億美元膨脹到一百六十億美元。她沒有直接跟山姆說，而是告訴尼夏。尼夏隨後通知了山姆與王紫霄，王紫霄後來發現那只是軟體的小故障。fiat@ 帳戶的實際餘額沒變，仍是八十八億美元。

三個月後，也就是九月，卡洛琳私下告訴尼夏，她越來越擔心阿拉米達的市場曝險。尼夏把山姆拉到蘭花樓公寓頂層的陽台，向他轉達了這個訊息，但沒有明確提到 fiat@ 帳戶。按照山姆的說法，他認為阿拉米達可能有麻煩了，於是決定親自去深入調查帳目，以了解問題所在。到了十月，他才發現阿拉米達一直把那筆八十八億美元的客戶資金視為自己的資產。然而，到那個時

---

*那些讓加密貨幣公司開戶的銀行，最終都付出了慘痛的代價。有四家銀行在二〇二三年春季的美國地區性銀行擠兌事件中倒閉，其中三家是最早讓加密貨幣公司開戶的銀行：矽谷銀行、銀門資本及簽名銀行（Signature Bank）。第四家銀行是第一信託銀行（First Republic Bank），在加密貨幣金融生態系統中並不重要，但它確實有一個以山姆・班克曼—弗里德名義開立的帳戶，裡面有二十萬美元。

候，做任何處理都為時已晚了。

FTX台灣員工滯留香港，買不起回家的機票

王喆聽完山姆的說法，但不相信山姆說的是真話。她認為山姆省略了一些重要事實，例如阿拉米達內部突然發生交易虧損，導致他擅自挪用客戶的錢，轉入阿拉米達。「這太誇張了，他想讓我相信，這只是會計上的問題。」她說。她不知道山姆是怎樣或為什麼決定挪用客戶的錢，但她確信他真的挪用了。「山姆沒有明確承認自己挪用資金，這點一直讓我很失望。」她說。

她決定自己查明真相，就像她取得公司內部的機密文件一樣。她趁山姆放鬆警戒時刺探他、追問他。當查普斯基搜尋FTX的電腦程式碼，以尋找山姆沒有全盤托出的證據時，她就在查普斯基的身後監看。但一個月過去，她什麼也沒找到。

只有一次，她覺得自己可能巧妙地讓山姆招供了。當時，兩人在討論如何向大眾解釋整個事件，「我對山姆說，你必須解釋你為什麼要挪用資金，而他沒有否認『挪用』這兩個字。」

不過，山姆終究沒有親口說他挪用資金。他的說法雖然讓人聽起來將信將疑，但也無法反駁。王喆自己在FTX的工作經歷所看到的，似乎也是如此。例如，她當時也知道為了維持交易

所的市場，ＦＴＸ若要讓阿拉米達的交易員免受ＦＴＸ的風險規範控管，沒什麼值得大驚小怪。因為她已經看過，阿拉米達願意在任何時候與任何人交易任何東西，這正是ＦＴＸ當初能夠成功推出的關鍵。她甚至不覺得，加密貨幣交易所有自己的內部交易團隊有什麼不妥。「大多數的交易所都是這麼做的*。」她說：「中國所有的交易所都是這樣，差別只是交易團隊的規模有多大，以及他們做什麼交易而已。」她甚至無法反駁山姆針對 fiat@ 帳戶所說的荒誕故事，直到二〇二一年的年底，她要把自己的美元從個人銀行帳戶轉移到ＦＴＸ時，還需要先匯到阿拉米達擁有的多個帳號，而不是直接匯到ＦＴＸ。也就是說，fiat@ 帳戶中的一些美元，曾經是她匯進來的。

那個月的大部分時間裡，我觀察了多次去質問山姆回來後的王喆。「我試著刺探他，每次刺探，他都會多說一點。」她說。但他的說法始終沒能讓她信服。

十二月初的某天晚上，她和李可雲一起站在廚房，思索著過去一個月她對山姆這個人的理解。結論是，她只得到一個慘痛的領悟。她一再告訴山姆，他給那些對他最忠誠的人帶來莫大的痛苦。只有很少人在離開ＦＴＸ時，比他們加入ＦＴＸ的時候好，這一小群人是以趙長鵬為首，

---

*美國證管會對幣安提起的訴訟包括：這家全球最大的加密貨幣交易所利用內部交易團隊操縱其交易量，從客戶手中抽走價值數十億美元的資金，並把那些資金轉移到趙長鵬擁有的交易公司 Merit Peak Limited。

外加一些以前擔任FTX高階主管的白人男性。大多數的FTX員工失去畢生積蓄，有些人失去了婚姻、房子、朋友及聲譽。FTX的一些台灣員工仍滯留在香港，他們買不起回家的機票。「我問山姆：『你做這件事時，有沒有想過會給大家造成多大的傷害？你當初的期望值，有把這點也估算進去嗎？』」

然而，即使到這時，她依然覺得山姆不了解她在講什麼。按山姆的說法，他沒有意識到自己在未經他人同意下，給他人帶來多大的風險。然而，在王喆看來，山姆其實根本不在意自己對他人造成的傷害。「他毫無同理心。這就是我得到的領悟，他什麼都**感覺**不到。」她說。

她說這話的第二天早上，我回到螺居的廚房，發現了一張手寫的便條。上面寫著一個問題：「為什麼山姆無法愛？李可雲筆。」

虛幻財富蒸發，真金白銀哪兒去了？

但我有一個不同的問題要問。從公司倒閉的那一刻起，我就一直在想：錢到哪裡去了？目前還不清楚這些錢怎麼了，而且很難理解，為什麼有效利他主義者會在不知道自己虧損多少及如何虧損的情況下，拿客戶的錢去做任何事。

在倒閉後的那幾天，我幫ＦＴＸ編製了一份可能是世界上最粗略的財務報表。我把ＦＴＸ與阿拉米達視為單一實體，我稱之為「山姆的世界」。第一欄，我列出二〇一九年四月山姆的世界成立以來，進入該實體的所有資金。第二欄，列出所有從山姆世界流出去的錢。兩者都將阿拉米達在ＦＴＸ創立之前的那一年半時間省略，因為涉及的金額不大。這些數字顯然都是非常粗略的估計，有些是山姆告訴我的，並經內部人士證實過。總之，我完成後的這張簡化報表中，錢流進流出的紀錄是這樣的：

資金流入：

客戶存款淨額：一百五十億美元
創投業者的投資：二十三億美元
阿拉米達的交易獲利：二十五億美元
ＦＴＸ交易所的營收：二十億美元
來自加密貨幣貸款人（主要是Genesis和BlockFi）的未償還貸款淨額：十五億美元
ＦＴＴ的原始銷售額：三千五百萬美元
總計：二三三．三五億美元

資金流出：

十一月擠兌時還給客戶的金額：五十億美元

付給趙長鵬的金額：十四億美元（這只是支付的現金部分，我略過了山姆付給他的ＦＴＴ〔價值五億美元〕，因為這些錢是山姆不用花本錢鑄造出來的。我也略過了趙長鵬用來購買原始股份的幣安幣〔價值八千萬美元〕。山姆收購趙長鵬的持股時，以這些幣安幣作為部分支付，當時的價值為四億美元。）

山姆的私人投資：四十四億美元（整個投資組合為四十七億美元，但其中至少有一筆價值三億美元的投資是以ＦＴＸ的股權支付的。他的其他投資可能也是這種做法，所以這個數字可能高估了。）

給山姆的貸款：十億美元（用於政治獻金及捐款給有效利他主義。他的律師向他解釋，貸款比付給自己股利更明智，因為股利需要繳稅。）

提供給尼夏的貸款：五．四三億美元

代言支出：五億美元（這數字可能也高估了，因為有些例子〔例如布雷迪〕是ＦＴＸ付給代言人ＦＴＸ的股票，而不是美元。）

回購銷毀交易所ＦＴＴ：六億美元

企業支出（薪資、午餐、巴哈馬房地產）：十億美元

總計：一四四．四三億美元

顯然，這不是專業會計師事務所會採用的報表，然而根據我這份粗略的報表看起來，跟山姆與卡洛琳試圖歸納其事業所做的各種報表沒太大差別。過去三年半裡，進入山姆世界的資金，比從山姆世界流出的資金，多了近九十億美元。十一月八日週二，FTX停止向客戶返還資金時，它手上仍有三十億美元。這使得資金缺口，降至六十億美元（三天後被駭客竊取的約四．五億美元，與這裡的計算無關）。

關於消失的錢還有一些可能的解釋，但你越是仔細思考這些解釋，就越覺得沒什麼說服力。例如，有人說阿拉米達的交易員可能賠了六十億美元，但果真如此的話，為什麼他們直到最後都認為自己的獲利很好？我和他們談過，其中有幾位還是以前簡街的交易員。他們並不笨，都很開朗樂觀，甚至愛吹噓阿拉米達交易員比簡街更會賺錢。阿拉米達或許在交易中虧很多錢，但虧損是如何發生，並不容易看出來。當時流傳最廣的說法，是加密貨幣的價格暴跌不知怎的把資金從「山姆的世界」吸走了。山姆持有的大量索拉納幣與FTT，以及其他價值更可疑的加密貨幣——這些貨幣的價值確實崩垮了。二〇二一年底，理論上它們的價值是一千億美元，但是到了

二〇二二年十一月，它們的價值幾乎為零。不過，山姆取得這些加密貨幣也幾乎沒花什麼錢，一直以來這些就像是天上掉下來的意外之財，而不是他花真金白銀買來的投資。他自己憑空鑄造出FTT，而他為索拉納幣支付的全部費用則不超過一億美元。他的虛幻財富蒸發了，但這仍不能解釋那些真金白銀都去哪裡了。

駭客入侵！BitMax與MobileCoin的漏洞！

十一月十四日那晚，我看到山姆獨自待在蘭花樓的頂層公寓——所謂的「多角戀」（polycule）之家（《紐約郵報》現在稱他那群有效利他主義者為「多角戀」）。

當時，外界對山姆這個核心圈子編造了各種聳動的說法。消息傳出，有效利他主義者反對一夫一妻制，他們在蘭花樓的頂層公寓裡，有半數時間都花在尋找做愛的新方式。事實上，他們在一起都在玩桌遊，在激烈的雙打西洋棋（bughouse chess）*中，探索各種可能的組合與棋局。除此之外，他們彼此之間並沒有多少互動。

公司倒閉後的那幾週，蘭花樓頂層公寓一直給人一種砸窗搶劫犯罪現場的感覺。每間臥室都保持著主人離開時的樣子，不僅還留著主人的家當，也保留了主人當時的精神狀態。卡洛琳的房間仍是一團亂，維持著她和新男友一起去度假前的狀態，那些她決定不打包的衣服還扔在床上。

尼夏的房間很乾淨，他在別人力勸下離開巴哈馬之前，花了一些時間整理房間，看起來就像一間等待入住的飯店房間。

王紫霄的房間透露出的故事就比較複雜了。山姆後來搬進了這個房間，角落裡仍放著三個打包好的袋子（王紫霄不知怎的決定打包，卻又沒帶走）。不過，他並沒有打包所有的東西，他的髒衣服仍然散落在房間裡，桌上放著一包吃了一半的泡麵，牙刷還在浴室的置物檯。他似乎是準備離開，但後來又改變心意，待了幾天，過著好像打算留下來的生活，再度改變心意後就盡速離開了。

「當一個人感到害怕的時候，就會這樣。」在我翻看著那些被遺棄的物品時，山姆說：「你可以看出他們是怎麼離開的，以及為什麼會離開。例如，為什麼他不多花一個小時收拾行李呢？他都待**好幾天**了，為什麼不再多待幾天或一個小時呢？」他停頓了一下，接著補充道：「我猜是他的律師告訴他，如果留下來，他將面臨刑事起訴。」

每次我與山姆見面，都會隨身帶著一份問題清單。那清單感覺就像一個魔法杯，你每喝一

＊譯註：使用兩個棋盤與兩組棋子，兩人一隊。

口，杯子就會自動續滿。他的回答，總是能引出更多的問題。

「那六十億美元去哪兒了？」當然應該排在清單的第一條。王喆的那些機密文件，又引出了許多顯然不那麼重要的問題，但其中有一個問題，我必須一吐為快。

「你真的花錢請凱文．奧利里吃虛擬午餐？」我問。

「那沒多少錢，大概一年兩百萬美元吧。」山姆在王紫霄的床上伸著懶腰回應道。由於他現在已經沒有錢支付奧爾巴尼的客房服務了，那張床一直沒有整理。奧爾巴尼度假村也表示，他們即將斷水斷電。

「一年五百萬，為期三年。」我說。為了一些推文與簽名，付那麼多錢給《創智贏家》的人，而且他還不是那個節目最有名的人，也許連第二名都稱不上。

「所以？」山姆說：「有一種產品就像洗髮精。洗髮精的運作方式是這樣：你想要洗髮精，就去買洗髮精，你不會在推特上談洗髮精。但是金融產品不一樣，為什麼你會在網路券商『羅賓漢』（Robinhood）上交易？因為你的朋友在那裡交易，這是一個有意識的決定。」

講這段話時的他，進入了一種對他來說最自然不過的模式，我稱之為山姆「耐心地向白痴解釋事情」的模式。他應該很適合當一名出色的高中物理老師。

「你答應付給凱文．奧利里一千五百萬美元。」我說。

「你要如何吸引大家加入FTX？」他無視我的話，繼續說著：「投資是一種社群網路。這聽起來不合理，但事實就是如此。奧利里是網紅，如果你留意這個社群網路上誰有影響力，就會發現這種人並不多。」

接著，他開始列出那些可能在金融界有影響力的網紅，奧利里甚至不在那份名單的首位。山姆曾試圖找金融電視節目《瘋錢》（*Mad Money*）的主持人吉姆．克瑞莫（Jim Cramer）代言，但沒有成功。

「我是在問你凱文．奧利里耶！」我幾乎要大叫了。

「他能影響多少人？」山姆說。其實他評估奧利里的方式，就像他評估其他所有代言一樣。「答案是：不是沒有人。有一百萬人追蹤他的帳號，是為了聽他的理財建議。只要能利用有影響力的網絡，都是有幫助的。我不會說奧利里很重要，但我也不知道誰重要。有多少財經網紅在推特上擁有百萬粉絲？這種人並不多，大約三十個。其中二十個會以各種理由拒絕我們，但他答應了，這是第一個原因。」

「第二個原因呢？」我問。

「第二個原因是他主動來找我們。」

最後，我們終於談到一個問題，這個問題的答案可能為其他謎團提供線索：錢，到底哪兒去了？

這不是我最後一次問這個問題，就像王喆一樣，我也一直不停刺探，但問完後總覺得我獲得的資訊比我需要知道的還少。

但那天晚上，山姆為這個特殊的拼圖拼上了一小塊：FTX遭到駭客攻擊，損失了很多錢。為了避免吸引其他的駭客，他們一直沒有透露FTX遭到駭客入侵。

最嚴重的一次駭客攻擊，發生在二〇二一年三月與四月。有一個散戶在FTX上開了一個帳戶，並壟斷了兩種交易清淡的加密貨幣市場：BitMax與MobileCoin，導致這兩種代幣的價格暴漲：MobileCoin的價格在短短幾週內，從二．五美元漲到五十四美元。這名交易員似乎是位於土耳其，炒作不是出於對MobileCoin的特殊喜愛，而是因為他發現FTX的風險管理軟體有一個漏洞：FTX允許交易員以他們持有的MobileCoin和BitMax作為抵押，借入比特幣和其他容易出售的加密貨幣。這個交易員刻意拉高MobileCoin和BitMax的價格，以便從FTX借入真正有價值的加密貨幣。等他借到那些有價值的加密貨幣之後，就從此人間消失，讓FTX滿手一堆沒人要的加密貨幣，造成價值六億美元的虧損。

山姆說，這些駭客攻擊的規模只是場意外。因竊盜而造成的損失加起來，只有十億多美元。在每一起竊盜事件後，王紫霄都悄悄的補好了漏洞，FTX也沒有追究。山姆說到那些人時，稱他們是「玩遊戲的人」（從他那裡偷東西真的很容易）。

就算把被駭客竊取的錢扣掉，莫名消失的錢還有五十億美元。山姆要嘛不知道錢去哪兒了，要嘛不想說。不過他倒是駁斥了一個最明顯的解釋：二〇二二年加密貨幣大崩盤時，阿拉米達出現嚴重的交易虧損。

FTX的崩垮，感覺有點像之前瑞波幣消失事件，只是規模大很多。這一次，到底錢跑去哪裡，或許需要更長的時間才能回答，但是最有資格破解這個問題的人，很快就要走了。

從香港來到巴哈馬，曼弗雷的下一站：監獄

十二月十二日週一晚上，王喆與李可雲剛看完YouTube上一段關於臭豆腐的搞笑影片，和往常一樣走去蘭花樓幫忙準備晚餐時，看到前面有幾個穿制服的人。他們站在蘭花樓外的人行道上，看起來就像《CSI犯罪現場》裡的場景。她們連忙走過去，問那些人為什麼在那裡。他們不願說，而是告訴兩人：「你們可以自己上去看看。」通常穿制服的人不會鼓勵你這麼做，所以她們上去了。

稍早之前，有一小群人——奧爾巴尼的公務員、貌似刑事調查局的人，還有一個身材魁梧的

巴哈馬警察——走出電梯，進入頂層公寓。從電梯走到公寓有一條很長的走廊，走到盡頭時，那名高大的警察問道：「山姆．班克曼—弗里德先生在嗎？」他開始宣讀手上的文件，那顯然是逮捕令。喬治從客廳的椅子上站起來時，警察走近他問道：「你是山姆．班克曼—弗里德嗎？」

起初大家都找不到山姆，後來發現，他在王紫霄的浴室裡使用手機。不到一個小時前，他的律師打電話來，說美國政府給他一個小時的時間，讓他決定要回美國、還是在巴哈馬被逮捕。他一直忙著向眾議院金融服務委員會提交書面證詞，該委員會即將就FTX的倒閉事件進行調查。

山姆本來希望能達成一項協議：允許他在不被美國當局拘留的情況下親自出庭，但這顯然是不可能的。在他按下發送鍵之前，他和母親為了他的證詞內容起了爭執。他的證詞開場白中，有一句是「我搞砸了」（I fucked up），芭芭拉說：「你不能對美國國會委員會說 fuck 這個字。」但吵這個看來已經沒什麼意義了*，因為巴哈馬警察在他送出那份書面證詞前，就給他戴上了手銬。芭芭拉不再與他爭論可以對國會說什麼，而是針對他該穿什麼去監獄開始吵。她叫山姆穿長褲，但山姆堅持穿短褲。

在警察說明指控並出示逮捕令時，王喆與李可雲走進來想幫忙。在王紫霄留下的髒衣服上，山姆又添了一層自己的髒衣服。她們翻找著那堆衣物，找尋山姆可能想帶去監獄的衣服。警察把山姆帶出房間時，李可雲心想：「他需要襪子，因為他喜歡經常換襪子。你們還不能把他帶走，因為我還沒挑好他的襪子。」喬治現在也在房間裡，尋找山姆可能需要的東西。他偶然發現了一個收納盒，裡頭裝的東西讓他很訝異，他沒想到山姆也有溫暖的一面。他打開盒子，裡面東西很少，只有幾個高中數學競賽的獎牌、一本封面人物是山姆的《富比士》雜誌，還有一盒名片，那是他簡街時期留下來的。

這時，曼弗雷（Manfred）引起了王喆的注意。曼弗雷是山姆的填充玩偶，他從出生以來就跟這個玩偶形影不離，而且拒絕任何替代品，所以如今曼弗雷也快滿三十一歲了。王喆第一次看到曼弗雷是在香港，山姆從柏克萊把它帶來的。即使在當時，曼弗雷也已經很老舊，難以判斷它究竟是什麼物種，可能是狗，也可能是熊。

曼弗雷從香港來到巴哈馬，王喆認為，接下來它可能很快就要進監獄了。山姆非常喜歡把曼弗雷帶在身邊，王喆和李可雲曾經聊過山姆這個兒時玩伴的意義。山姆對真正的動物並不關心，他之所以吃素，是出於期望值的計算，而不是出於情感。李可雲認為，山姆之所以和曼弗雷如此親近，是因為「他不需要和任何人分享曼弗雷」。王喆對此有不同的看法，「我覺得對山姆來說，有情感上的依附非常、非常重要。」她說。

＊事實不然。記者取得了證詞內容，並把內容轉發給委員會。委員會成員看了山姆的文件，一致同意他母親的意見。

第11章

業餘考古學家上場

有時候，公開當個壞蛋比較容易

沙利文克倫威爾律師事務所（Sullivan & Cromwell）的律師發訊息給約翰．雷伊（John Ray），要他隨時待命，因為可能有大事要發生了。

當時他不知道是什麼大事，只知道無論發生什麼事，到他手上的肯定已經沒救。他對加密貨幣及幣圈文化一無所知，甚至不知道怎麼解釋比特幣，當然也沒聽過FTX。當律師事務所的律師提到SBF時，他根本不知道對方在講什麼。雷伊說：「我還以為SBF是指福特小箱車（small box Ford）。」

自從十一月八日週二晚上接到律師事務所打來的電話後，他就一直等著下一步指示。終於在週三接近中午的時候，收到一則簡訊：「這件事太扯了，我晚一點會聯絡你。」但後來也沒了下文。直到十一月十一日週五的凌晨十二點三十三分，律師事務所的人才發簡訊給雷伊：「他們還在評估你是不是這份工作的最佳人選。」兩個小時後，對方再次傳簡訊過來：「SBF不見了！」雷伊心想，搞什麼鬼，我不玩可以吧。

然而，這遊戲還是需要他來玩。在美國，大型律師事務所基本上主宰著企業破產案件，但仍有少數像雷伊這樣的個體戶存在，分一杯羹。律師事務所會找這種個體戶來接管破產公司、接任執行長，然後這位執行長再回過頭來聘請律師事務所，幫忙處理破產事宜。

在法律上，二〇二二年十一月十一日週五清晨四點三十分，山姆簽署了讓FTX宣告破產的文件，並任命雷伊為FTX的新任執行長。實際操作上，是律師事務所安排雷伊接替山姆來擔任FTX的執行長，然後雷伊再聘請律師事務所來當破產執行程序的律師*。

沙利文克倫威爾律師事務所之所以介入，主要是因為當全世界都在追捧山姆的時候，這家事務所也在為山姆做事。例如，FTX到美國監管機構面前回答「FTX與阿拉米達之間是否有利益衝突」等問題時，該事務所是FTX的律師。

拼圖掉了幾片，卻不去問設計拼圖的人

山姆從來沒有聽過雷伊這個人，也不想簽字宣告公司破產。說得更具體一點，其實十一月十

一日早上，山姆只有在那短短兩個小時，會願意簽下那份文件。在此之前，他一直都以一種冷漠又懷疑的態度，聽取律師事務所及他父親的意見。他覺得大人只會叫他做大人通常會做的事情，他們都告訴他，如果不簽署文件，最後也會被各種野蠻國家逼到破產。相較於在其他司法管轄區破產，他和FTX在美國破產會比較安全。

真的是這樣嗎？山姆並不確定。

在山姆猶豫不決的同時，雷伊深入研究了山姆與他創立的公司。「我心想，這是怎麼回事？」雷伊說：「這家公司曾經這麼風光。**你們到底做了什麼事？出了什麼問題？為什麼會那麼快就破產了？**」他一度想到，破產只是運氣不好的可能性：**也許他們被駭客攻擊了**。「然後我開始注意這孩子。」雷伊說，這個孩子指的是山姆。「我看著他的照片，心想，他有點不太對勁。」雷伊向來對自己的直覺很自豪，他可以看著一個人，十分鐘內就知道對方是哪號人物，而且從沒看走眼。他通常把人分成三類：「好人」、「天真的人」、「騙子」。山姆顯然不是好人，看起來也並不天真。

＊光是最初的七個月，專業人士的費用就超過兩億美元，其中沙利文克倫威爾律師事務所的費用最高，而且他們才剛開始處理破產事宜而已。一位債權人做的研究預測，等他們完成工作時，破產案的各種顧問將拿走十億美元。

有人誤導山姆，讓他以為無論誰接替他擔任執行長，都會幫他找到消失的錢。然而，那是不可能發生的事。一九九〇年代雷伊剛開始踏進破產保護這一行，就記取了一個慘痛的教訓。當時他接替一個騙子出任執行長，就被對方擺了一道。山姆把公司交給雷伊的頭幾天，寄了好幾封電子郵件給雷伊：「雷伊，你好，我真的很想和你談談。」但是雷伊看到郵件的反應卻是：「想得美！」

雷伊不願以任何方式與山姆互動，也就更難搞清楚山姆究竟做了什麼，不明白山姆為什麼那麼做。「這就好像你拿出一盒拼圖，裡面有幾塊不見了，而你卻不能和設計這副拼圖的人說話。」

雷伊說他只需要和山姆那個核心圈子的成員講幾句話，就看清了這些人的本質。在他看來，尼夏是天真的傢伙。「他的眼界很窄，就只是科技、科技、科技。沒有他解決不了的問題。他不會偷錢，也不會做錯事，但對周遭發生了什麼事一無所知。你向他要一塊牛排，他就把頭伸進牛屁股裡。」雷伊說。

雷伊接任ＦＴＸ執行長的那個週六，破產團隊透過電話聯絡上卡洛琳。她至少能說明，存放加密貨幣的一些錢包藏在哪裡。除此之外，她並沒多大的用處。雷伊說：「她很冷靜、話很少，是個徹頭徹尾的怪胎。」雷伊問她在哪，她說在波士頓，但雷伊知道她沒說實話。他刻意閒聊幾句，試著找出破綻。「從香港飛過來要很久嗎？你那裡的天氣如何？」聯邦調查局正在找卡洛琳，他打算幫他們找到她的下落*。

剛開始，雷伊有一項明確的任務：盡可能把那些不見的錢找回來，還給債權人。等他接任FTX執行長之後，又有第二項任務：協助美國檢察官起訴山姆。「有些壞蛋是天生的，有些人是後天養成。我覺得他是後者，我不知道他是如何及為什麼成為罪犯，我想可能需要對這個孩子和他的父母有一番了解。」

簽下宣告破產的文件八分鐘後，他就後悔了

接下來，是一團混亂的局面。山姆簽下宣告破產的文件八分鐘後，就說他改變主意了。沙利文克倫威爾律師事務所告訴他，宣布破產後就不能再改了。這也讓雷伊有了深入了解FTX狀況的機會，現在他知道，FTX有三十個不同的加密貨幣交易所——除了巴哈馬與美國，土耳其、日本……只要有人大規模交易加密貨幣的地方，FTX都成立了一家交易所，並尋求當地政府的

*他們搜查她父母在新罕布夏州的度假屋時發現了她。她從巴哈馬的首都拿騷（Nassau）搬到了新罕布夏州的納舒厄（Nashua）。

許可。每一個交易所都有資金，理論上客戶可以登入系統並提取存款，但雷伊並沒有看到任何資金移動。「全公司沒有任何文件，顯示任何跟銀行帳戶有關的資訊。」他說。不管是FTX或阿拉米達或任何一家它們控制的公司，都擁有大量美元與其他法幣，分散在許多小銀行與遙遠的加密貨幣交易所中。他也在亞馬遜的伺服器上，發現加密錢包的密碼。「錢包都在雲端，沒有密碼，就表示錢也不見了。」雷伊說。

這筆錢之所以很難找到，部分原因在於FTX裡沒有人——至少沒有一個雷伊願意交談的人——負責了解錢的去向。「沒有員工名單*，也沒有組織結構圖。」雷伊說。上任六天後，他向美國德拉瓦州破產法院提交了一份報告：「在我的職業生涯中，從未見過一家公司的管控像這樣徹底失敗，也沒見過財務訊息如此不可信的情況。」

雷伊沒有去逼問製造這團混亂的人，而是找了一群曾經跟他合作過的精明偵探——他稱這群人是「認真的大人」。其中一家名叫 Nardello 的徵信公司裡，很多調查員都曾在FBI服務（公司的格言是：「我們會查個水落石出」），另一家區塊鏈分析公司 Chainalysis 則是首度合作。雷伊要他們「跟每一位FTX員工進行 Zoom 視訊面談。如果不跟你談，就把他們開除」。大約有八十名員工，就是這樣丟了工作。

但是其他接受 Zoom 視訊的員工，事後也幾乎全數被解雇。就算你高舉著雙手從樹林裡走出來，雷伊也會對你開槍。正如一位FTX的員工說：「好像只要不在美國境內的人，都跟犯罪脫不了關係似的，但他又不知道大家犯了什麼罪。」

在其中一場 Zoom 小組電話會議中，談到倒閉那天駭客攻擊造成四．五億美元離奇消失的事件時，山姆突然出現了。「嗨，我是山姆！」雷伊試著模仿山姆的語氣：「我們當時想要搞清楚到底他媽的是怎麼回事，到底是誰駭了我們。」雷伊說：「可是他一無所知，一直說『你們得去問王紫霄』。然後他說他要登入系統，要我們給他密碼。我心想：『去你的，門都沒有！』」

幾乎所有知道FTX及阿拉米達內部發生什麼事的人，都在短短幾個禮拜內被雷伊解雇了。只有一個人除外，雷伊說：「我認為他們還在付錢給那個心理醫生。」

五顆蛋不見，結果找回六顆蛋

以上事件發生在二〇二三年年初，到了四月下旬，雷伊發現情況有點詭異。「幾乎每個小時

＊有一份員工名單，但它就像喬治的組織結構圖一樣難懂。田文欣把它交給我時悄悄低語的樣子，彷彿給的是一份機密文件。

都有新的狀況出現。」他說。例如，會突然有一天，某個加密貨幣交易所找上FTX說：「你們在我們帳上有一．七億美元，要拿回去了嗎？」然後另一天又有某個FTX員工突然打電話給他們，說之前從公司借了兩百萬美元，現在想償還，但是據雷伊所知，公司裡完全沒有這筆貸款的紀錄。

想也知道，當有這樣一筆貸款冒出來，你就會開始懷疑，還有多少貸款是你不知道的？在山姆的世界裡找錢，讓雷伊想起他剛剛為孫子們辦的復活節找彩蛋遊戲。「他們發現有五顆蛋不見了，分頭去找，結果找回了六顆蛋。」他說，多出來的那顆彩蛋已經泛黃，是前一年沒被發現的。十幾歲的孫子對他說：「這好像你的新任務！」

沒錯！雷伊正在進行一場奇怪的復活節找彩蛋遊戲，只是他不知道到底有多少顆彩蛋。由於不知道要找幾顆蛋，他永遠不知道搜尋任務何時結束。

幾個月後，雷伊雇用的那群偵探無意中發現，「有人搶了交易所的四．五億美元。」不過，他們發現的不是先前講的二〇二二年十一月那次駭客攻擊，而是二〇二一年春天，那起複雜的BitMax與MobileCoin的六億美元（金額會隨著加密貨幣的價格波動）駭客攻擊。他們追蹤到的那名駭客不在土耳其，而是在非洲的模里西斯。「我們有他進出房子的照片。」雷伊說。他非常有把握能夠拿回大部分的錢，「我們相信還有更多這樣的人。」我心想，如果他先前願意和山姆談談，應該可以從ＦＴＸ被駭丟的錢當中，找回約十億美元＊。

就像山姆說的，人們看不到他們沒注意的東西；同樣的，人們也總能看到他們想看的東西。雷伊想看到的，是犯罪的證據。每一次我跟他見面，他總會帶來看似確鑿的新罪證。例如有一次，他找到阿拉米達從二〇二一年開始的美國納稅申報表，阿拉米達申報的虧損，超過三十億美元。如果這是真的，將有助於解釋我編製的那份資產負債表上的漏洞，但實際上，那只是一幅更大、更複雜拼圖的一小塊。因為那一年，阿拉米達賣空ＦＴＴ，與此同時，阿拉米達控制的一家實體買入了同樣數量的ＦＴＴ。ＦＴＴ的價格上漲了很多，所以阿拉米達承受了數十億美元的交易損失，但那個買入ＦＴＴ的單位，也獲得了同樣金額的交易獲利。阿拉米達的會計準則，允許它把未實現的虧損，列為營業損失，所以阿拉米達的稅務律師團隊（包括山姆的父親）主張提列損失，抵銷當期獲利。誠如其中一位律師所說的，那是「偽虧損」。

＊ＦＴＸ的前員工對雷伊雇用的偵探抱持比較懷疑的態度。山姆的世界控制著大量虛擬錢包，你多多少少需要先知道自己在找什麼，才能找到它們。一位前員工說：「他們不知道錢包裡有什麼。即使五年後，他們也不會知道。」他舉例提到，二〇二一年九月，山姆在拍賣會上以二四四〇萬美元，買下「無聊猿遊艇俱樂部」（Bored Ape Yacht Club）的一〇一個ＮＦＴ，而那些ＮＦＴ並沒有在雷伊追回的資產清單上。ＦＴＸ的前香港員工認為，像這樣的例子很多。

早在二〇二二年六月，尼夏就跟我提過很多人試圖從FTX詐取金錢的狡猾方法。例如，有幾名FTX員工因無法勝任工作而遭到解雇，他們就去找專門勒索加密貨幣公司的律師事務所*。尼夏對此感到憤怒，不僅是因為那些員工提出捏造的指控，也因為所有相關人員都知道，FTX寧願支付數百萬美元和解，也不願承受被誣告的成本。「出問題的都是美國員工，中國員工不會這麼做。」他說。後來FTX只好制定一個策略，叫做「暖毯行動」（Operation Warm Blanket）——找出那些參與勒索的律師事務所，委託他們一些法律工作，這樣他們就因為有利益衝突，不能控告FTX了。

回到當時，這看起來是高招，但不到兩年後，雷伊揮舞著他所找到的相關文件，指控山姆花了錢付封口費，收買揭弊的吹哨者。

好眼光！比 Google 更早投資 Anthropic

或許對雷伊來說，這像在找復活節彩蛋，但在我看來，卻比較像是業餘考古學家意外發現一個以前不為人知的古文明，還沒搞清楚狀況就開挖。他對出土文物的解釋，會被那些創造及使用這些文物的人笑死，但雷伊卻對自己挖掘出來的東西沾沾自喜，我都不好意思跟他說「你找到的，未必跟你所想的一樣」，或「我知道是什麼，但不是你所想的那樣」。

例如有一天，他的團隊發現阿拉米達的香港子公司棉木林（Cottonwood Grove）買了大量FTT。在那群天真的「考古學家」看來，這就是山姆炒作FTT的證據。雷伊不懂的是，FTX有義務花掉約三分之一的收入以「回購銷毀」FTT，而棉木林就是負責做這件事的公司。

我站在挖掘區旁，偶爾會向負責挖掘的人大聲說出我的看法，但他只是抬起頭來看著我。在他眼中，我顯然什麼也不懂。有一次見面，雷伊問我：「你聽說過贊恩．哈克特（Zane Hacket）這個人嗎？」其實他把名字搞錯了，正確名字是Zane Tackett。他發現贊恩在公司倒閉前幾週，從交易所提領了價值數千美元的加密貨幣。贊恩確實提領了，就在崩盤前的那幾週，但公司倒閉的那個週日，贊恩也把價值一百五十萬美元的加密貨幣存入交易所。而且證據再明顯不過：雖然FTX倒閉，贊恩的一大筆錢也隨著蒸發。贊恩的問題不在於他是個騙子，而是他過於輕信他人。幾乎所有FTX的員工都跟他一樣，其中許多人失去了一切。他們失落的文明不是建立在憤

---

*律師凱爾．羅奇（Kyle Roche）是負責相關案件的幾個律師之一，他還錄製了影片，說明自己是如何徹底搜查那些無辜的加密貨幣公司。因為那支影片，他遭到律師事務所解雇。他後來宣稱，自己是被下了藥才說出那些話。至於真相如何，又是另一個故事了。

世嫉俗的基礎上，而是建立在信任上。

對那些沒有背景知識的考古學家來說，他們很難看到這些。雷伊後來對於整個事件的描述，都是建立在他對山姆及山姆核心圈子的第一印象。拿阿拉米達做的數百筆私人投資來說，二〇二三年初我們第一次見面時，雷伊就一直說那些投資看起來有多可疑。他對山姆如此揮霍資金，有一套他自己的看法：山姆想用錢收買朋友。「這是他有生以來，第一次沒被身邊的人當成他媽的怪胎。」雷伊說，他舉山姆投資ＡＩ公司為例。「他給 Anthropic 公司五億美元，可是那家公司就只是一群人加上一個概念而已，其他什麼也沒有。」雷伊說。但其實山姆投資後的幾個禮拜，Google、斯塔克資本（Stark Capital）以及其他幾家公司也投資了 Anthropic 四．五億美元，也讓山姆以五億美元取得的股份，增值為八億美元。

ＦＴＸ究竟是在哪個時點破產的？

根據雷伊雇用這群人的調查，總計ＦＴＸ仍積欠客戶八十六億美元。至少有三種方式，可以把錢找出來還給客戶。

第一種，是像找復活節彩蛋，把所有可能存在各銀行與加密貨幣交易所的資金找出來。第二種，是出售ＦＴＸ所留下的資產——除了Anthropic的股份，還有其他數百項私人投資，以及大量較不為人知的加密貨幣。第三種，是從山姆花錢收買的朋友那裡要回那些錢，包括山姆投資的基金、政治捐款，甚至他的慈善捐款。

要從山姆大撒幣的對象手中討回那些錢，雷伊需要證明兩件事。第一，ＦＴＸ付出去的那些錢，並未收到等值的回報。你無法從水電工那裡追討你支付的正常費用，因為他已經幫你把堵塞的下水道修好，但是你可以從ＦＴＸ資助的研究人員那裡把錢要回來，因為這些錢是資助他們去發明永不堵塞的下水道，而這下水道還沒被發明出來。不過，光是證明ＦＴＸ未得到等值的回報還不夠，雷伊還必須證明山姆在給錢的那一刻，錢不屬於他。不屬於山姆的唯一理由，是在他送出錢的那一刻，ＦＴＸ已經資不抵償，或近乎破產了。

雷伊追討資金的各種嘗試，引發了一個有趣的問題：整個山姆世界裡的錢，是從哪個時間點開始，比ＦＴＸ該有的錢還少的？ＦＴＸ究竟是在哪個時點破產的？

雷伊沒有回答這個問題，但很快的就針對那些拿過山姆錢的人提起訴訟。他的訴狀讀起來很有意思，雖然是法律文件，但都有潛台詞。雷伊寫這些訴狀還有別的目的，就是為了吸引媒體關注。「你要會講故事，沒人想看誰匯了多少錢給誰之類的。你要有像孩子那樣的想像力，才能寫出這些東西。」雷伊解釋。在最初的八個半月，他提出了九起這種追討錢的訴訟。雷伊主要是鎖定內部人士（山姆、山姆的父母、卡洛琳、尼夏等），或是山姆出巨資請他們代為投資的人＊。至少在我看來，雷伊最明顯鎖定的目標，是FTX的律師丹尼爾・弗里德伯格（Daniel Friedberg）。

在山姆的世界裡，五十歲出頭的弗里德伯格是唯一重要的大人。在山姆父親的要求下，他辭去芬威克韋斯特律師事務所（Fenwick & West）年薪數百萬美元的工作，跟著山姆到處走。他是FTX的法務長，也是保母，照顧著這個讓父母擔心的孩子。他跟著山姆搬到香港，接著又搬到巴哈馬。不過，儘管弗里德伯格的名字出現在許多正式文件上，他對山姆或公司運作的影響顯然很有限。他幫忙開設接收FTX客戶存款的銀行帳戶，也參與執行「暖毯行動」，但在FTX倒閉的那個禮拜，他是第一個逃離的員工，並立即向美國金融監管機關及FBI求助。其實回到當時，他並不知道FTX與阿拉米達之間出了什麼事，只知道事態肯定很嚴重。

我猜想，弗里德伯格最嚴重的過失，是在公司倒閉之後犯下的。在加入FTX後，他把價值約一百萬美元的加密貨幣，從他在Coinbase的帳戶轉到FTX US。他曾試圖加入其他債權人提起的訴訟，以阻止沙利文克倫威爾律師事務所掌控的破產處理程序（從而掌控一切物證），但沒有成功。

沒有人要求弗里德伯格找破產法官，他自己跑去向德拉瓦州破產法院提交了一份比雷伊的訴

狀更精采的聲明。聲明中解釋，早在二〇二〇年底，弗里德伯格就聘請沙利文克倫威爾律師事務

*在針對好萊塢經紀人出身的投資經理邁克・基夫斯（Michael Kives）提出的訴訟中，雷伊要求基夫斯返還山姆投資於其K5基金公司所投入的七億美元。雷伊的訴狀一開始就提到基夫斯於二〇二二年二月十一日舉辦、山姆有出席的那場晚宴。「身為一個高調的『超級人脈達人』，基夫斯那場晚宴可謂冠蓋雲集，賓客包括前總統候選人、知名演員與歌星、真人實境秀的明星及億萬富豪。」接著，他引用山姆寫過的備忘錄，說基夫斯是「我們應該善加利用的一網打盡人脈機」以及「無限人脈的提供者」。我剛好陪山姆出席了那場晚宴，當時我和山姆，以及山姆的同事，都不知道基夫斯是誰。收到那份晚宴邀請函有點出乎意料之外，而且邀請函上還暗示了賓客有哪些人。山姆本來就要去洛杉磯，所以他臨時（哪次不是？）決定去看看那場晚宴是不是真的。他有點擔心念錯主辦人的名字（他猜發音是KY-ves，結果是KEE-vus），他的員工則擔心，這場晚宴是一個圈套，要把山姆騙進比佛利山的一棟房子裡綁架他。亞當・雅各斯（Adam Jacobs）開車載著一小群人尾隨在後，萬一山姆求救，他準備衝進屋子救他。山姆一樣穿著工裝短褲，開車進入一個陌生人的家，卻被帶到後方草坪上，那裡已聚集了約六十名客人。其中包括希拉蕊・柯林頓、李奧納多・狄卡皮歐（Leonardo DiCaprio）、克里斯・洛克（Chris Rock）、凱蒂・佩芮（Kary Perry）、凱特・哈德森（Kate Hudson）、奧蘭多・布魯（Orlando Bloom）、傑夫・貝佐斯（Jeff Bezos）、美國副總統賀錦麗的丈夫任德龍（Doug Emhoff），以及至少四位卡戴珊家族（Kadashians）的人。有一瞬間你以為跑到了電視台，但隨後我們又看到達拉斯牛仔隊的老闆傑瑞・瓊斯（Jerry Jones），以及洛杉磯公羊隊的老闆斯坦・克倫克（Stan Kroenke）。瓊斯是堅定的共和黨人，克倫克為川普的就職典禮贊助了一百萬美元。於是，山姆掏出手機，發簡訊給雅各斯：「我想這晚宴是真的。」

所的合夥人瑞恩・米勒（Ryne Miller）擔任FTX US的法務長。他寫道，米勒當時告訴他，希望能重回沙利文克倫威爾律師事務所，所以需要盡量把FTX的法務工作交給米勒未來的雇主。後來，FTX向沙利文克倫威爾律師事務所支付了一千萬至兩千萬美元的費用。弗里德伯格稱，有一次沙利文克倫威爾律師事務所向FTX收取了六百五十萬美元的服務費，遠遠超過該服務的合理收費。

總之，在FTX倒閉那一週，當FTX明顯已經破產，律師們開始討論接下來該怎麼做。弗里德伯格與其他律師一起辭職，只有米勒留下來，並敦促山姆簽署破產文件，好讓沙利文克倫威爾律師事務所來負責破產程序。弗里德伯格寫道，主張把FTX US也納入破產程序的人也是米勒，即使FTX US是一個完全獨立的單位，而且似乎有償付能力*。弗里德伯格聲稱，米勒這樣做有兩個原因：第一，由於破產程序對律師事務所來說獲利豐厚，他這樣做可以強化破產程序應該在美國（而不是巴哈馬等其他國家）展開的理由；二是FTX US控制了約兩億美元的資金，那可以用來支付沙利文克倫威爾律師事務所。弗里德伯格在聲明的最後寫道：「我不是唯一對沙利文克倫威爾律師事務所深感擔憂的FTX前員工，FTX現任以及前員工都不敢提出這些問題，因為沙利文克倫威爾律師事務所可能對他們採取不利的行動。」

錢到哪去了？答案越來越清晰……

美國的破產制度中，有一個很怪的角色：受託人。理論上受託人是由美國司法部聘用，負責監督那些想從公司破產中獲利的內部人士以及掌握犯罪證據的人，但法律賦予受託人的唯一權力，是向破產法官（通常都曾當過破產律師）抱怨。負責FTX破產案的美國受託人是安德魯·瓦拉（Andrew Vara），他寫了一封措辭強硬的信給法官約翰·多爾西（John T. Dorsey），主張不該讓沙利文克倫威爾律師事務所來處理破產程序，應該聘請一名獨立審查員來監督。多爾西法官不但拒絕了這項請求，也否決了弗里德伯格的請求。在決定是否由沙利文克倫威爾律師事務所來處理破產程序的聽證會上，證人可以親自出庭或透過Zoom出庭，弗里德伯格突然不請自來，在Zoom會議上出現，主動表示要宣誓作證，但被多爾西法官拒絕。

在美國法庭之外，弗里德伯格對於山姆的世界裡究竟發生了什麼，有比較清楚的看法，尤其是沙利文克倫威爾律師事務所在其中扮演的角色，他看得最清楚。然而，一旦走進法庭他變得無足

---

*雷伊告訴我，FTX US沒有償付能力，但未提出證據。FTX US的某個員工曾加入一個小團隊，在二〇二二年十一月初研究了這個問題。他告訴我：「我們估算FTX US資產負債表時，它是有償付能力的。」

輕重，沒有人想聽弗里德伯格的見解。美國破產法官擁有非常大的權力，可以決定在案件中採納或不採納哪些證據。

但在六月下旬，雷伊在破產法庭上控訴弗里德伯格，也讓他不再是個無足輕重的人。雷伊對於米勒與弗里德伯格之間的糾紛有他自己的看法，他認為米勒是「天真的人」，而弗里德伯格是「天生的罪犯」。

弗里德伯格並沒有被控犯罪，他正配合司法部的調查，雷伊無權指控他犯罪。雷伊對弗里德伯格的指控，是為了追討FTX支付給弗里德伯格的錢，他在訴狀中列出了他認為弗里德伯格做過的壞事，也列出了他希望弗里德伯格歸還的款項，主要是來自一種加密貨幣。雷伊寫道：「二〇二〇年七月，FTX集團讓弗里德伯格獲得102,321,128個Serum幣。這是索拉納基金會（Solana Foundation）於二〇二〇年發行的一種數位貨幣……在原告宣告破產時，Serum幣的價值估計為〇．三三美元，因此弗里德伯格持有的Serum幣價值是33,765,972.20美元。」

在讀到這段話之前，我只聽過雷伊把Serum幣（以及索拉納幣和FTT）稱為「山姆幣」或「垃圾幣」。他對加密貨幣的看法，有點像他對人的看法：有「好垃圾」及「壞垃圾」之分（雖然沒有天真的垃圾）。我從來沒有為此和他爭論過，部分原因在於我覺得他這說法有點道理。

儘管如此，這兩者畢竟不一樣。持有FTT可以獲得實際的金流（來自FTX的穩健營收），所以ＦＴＴ比較像是公司股權。跟比特幣相比，索拉納幣每秒可以多處理數萬筆交易，因此它的設計可能更能實現中本聰最初的願景，成為一種交易工具。無論如何，由於有夠多的人相信這個故事，索拉納幣有了真實的市場，山姆累積的索拉納幣仍然有價值。

相較之下，Serum 幣比較像是一種普通桌遊裡使用的貨幣，是山姆看好區塊鏈將取代紐約證券交易所或ＦＴＸ的賭注。區塊鏈是一種大家共同維護的紀錄，記錄著誰擁有什麼及何時擁有。區塊鏈可以追蹤任何交易，至少理論上可以追蹤所有的金融交易。弗里德伯格收到的 Serum 幣，是讓持有者享有交易折扣及投票權，並從索拉納區塊鏈上所有金融交易所收取的微薄費用中分一杯羹。聽起來很棒，問題是索拉納區塊鏈上的金融交易相對較少。山姆只是和索拉納的創始人一起想出這個點子，鑄造了一百億個 Serum 幣，自己留下其中大部分，並把其中的一些分給員工作為薪酬。

山姆付給弗里德伯格等員工的 Serum 幣，在ＦＴＸ破產時的價值估計是〇・三三美元，但真正的價值並不清楚。ＦＴＸ員工的 Serum 幣是有閉鎖期規定的，要等解鎖以後，員工才能出售，而唯一有權解鎖的人是山姆。原本他打算從第一年的年底開始，在七年間逐步解鎖，員工可以在第一年結束時賣掉七分之一的 Serum 幣，然後在之後每一年的年底可再賣出七分之一，直到全部出售。

但是，Serum 幣問世不久價格就暴漲。山姆顯然沒料到這點，現在他的員工都覺得自己有錢到不可思議（至少理論上是如此，弗里德伯格的 Serum 幣在二〇二一年九月創下歷史新高，價值逾十億美元）。在山姆看來，這意味著大家會頓時失去每天工作十四個小時的動力。所以，他做了一件非常山姆風格的事：改變員工 Serum 幣的條款。在員工 Serum 幣的合約細則中，他為自己保留了延長 Serum 幣閉鎖期的權利，並把所有員工的 Serum 幣鎖死七年。

員工們原本就知道，山姆喜歡在遊戲中途改變遊戲規則，現在他們知道，規則改了第一次，就會有第二次。於是，他們對 Serum 幣的熱情消退了，拉姆尼克說：「我們根本不清楚自己是否真的擁有這種幣。」他憤怒的看著山姆鎖住一堆加密貨幣，都是他加入ＦＴＸ以前，用自己的錢在公開市場上購入的。「我心想，七年後你給我等著瞧。」

即使是一般的 Serum 幣，市場也不是很好。弗里德伯格不可能以雷伊所說的市價賣出一．〇二億個 Serum 幣。這些 Serum 幣七年內他不能動，七年後也不一定能解鎖，誰敢估計它的價值？就算能估，或許價值是零吧。《富比士》當初評估山姆身價時，就是得出這樣的結論。即使當時 Serum 幣的價格飆漲，《富比士》還是把山姆持有的 Serum 幣剔除，當作不存在。

然而現在，在雷伊的帳簿上突然把被鎖住的 Serum 幣當成「好的垃圾」，搞到好像是很受歡迎的加密貨幣似的。天曉得，也許有朝一日可能是這樣，但如果 Serum 幣這麼值錢，那麼山姆及他所創造的世界照理說也應該更值錢。Serum 幣飆到最高價時，山姆持有的 Serum 幣市價是六百七十億美元。二〇二二年十一月七日，山姆那些基本上還在鎖定期的 Serum 幣仍有數十億美元的「價值」。如果連鎖住的 Serum 幣都有那樣的價值，那麼ＦＴＸ在倒閉那一刻，其實是有償付能力的，而雷伊也就沒有理由要追討那些錢了。

就算山姆持有的 Serum 幣真的一文不值，六個月後出現了一個說法，認為ＦＴＸ在倒閉的那一刻其實是有償付能力的。

二〇二三年六月底，雷伊提交了一份報告，詳細說明他四處追錢的成果。「目前為止，債務人已收回大約七十億美元的流動資產，他們預計還會收回更多。」他寫道。精確的說，是七十三億美元，而且這筆錢不包括 Serum 幣，也不包括任何追討回來的大筆款項，或模里西斯那個傢伙偷走的錢，或 Anthropic 的股份，或大多數的私人投資。一位有興趣收購剩餘資產的投資者告訴我，那些剩餘資產只要以妥善方式出售，至少可以賣到二十億美元，那將使收回的資金總額增至九十三億美元——這還不包括向趙長鵬追討他從ＦＴＸ撤出的二十二．七五億美元。

雷伊正一步步，回答我從ＦＴＸ破產那天起，一直在問的問題：錢到哪裡去了？

答案是：哪都沒去，錢一直在那裡。

「卑鄙邪惡、自私貪婪的猶太人」，你不也是嗎？

卡洛琳是第一個認罪協商的前員工，王紫霄與尼夏很快也跟進了。許多過去搞不清楚山姆的世界究竟發生什麼事的人，現在都覺得自己很了解整件事，甚至有不少人說早就知道ＦＴＸ在搞鬼。

但事實並非如此。例如有些避險基金經理人，本來就在賣空那些與加密貨幣業者有往來的銀行股票，所以他們常會散布一些不利這些銀行加密貨幣客戶（如ＦＴＸ）的惡毒謠言，試圖讓銀行股價下跌。如果這些避險基金真的知道ＦＴＸ的內幕，肯定會說出來（因為對他們有利），但他們沒有。即使是那些質疑山姆或ＦＴＸ的人，如果真的早知道這個ＦＴＸ一直在隱藏的祕密——**原本應該放在ＦＴＸ的客戶存款，其實是放在阿拉米達**——肯定早就揭發。

巴哈馬當局羈押了山姆，並在經歷了一番波折後將他引渡到美國。在紐約南區聯邦檢察官提出的起訴書中，美國司法部指控山姆犯有多項罪行，並裁准以二．五億美元保釋。山姆沒有繳納保釋金，最後是他的父母拿房子做抵押將他保釋出來，並承擔了山姆可能棄保潛逃的風險（如果山姆棄保潛逃，理論上他的父母將欠美國政府二．五億美元）。

他們身上沒有二．五億美元，但檢察官似乎不在乎，他們比較在意媒體報導山姆手上仍有至少二・五億美元。山姆獲得保釋後，許多人沒搞清楚實際狀況就貼文說，山姆竟然拿得出二・五億美元交保，當然A了錢。其實更多人甚至還沒等到他交保，就已經認定他有罪了。FTX宣告破產那天，一個自稱雷伊維克（J. Revick）的人，發了一封電子郵件給山姆的父親：「你兒子是個典型的下流罪犯，是個卑鄙邪惡、自私貪婪的猶太人。」班克曼—弗里德一家人都收到許多類似這樣的訊息。山姆父親回信說：「雷伊維克，難道不也是猶太人的名字嗎？」

接著，更激烈的批評聲浪排山倒海而來。站在遠處，很容易對山姆的世界裡發生了什麼事驟下結論，在山姆出庭之前未審先判。站在遠處，你幾乎不能去質疑那些對山姆的指控*。但貼近觀察，你很難不質疑。越貼近山姆和他的事業，想問的問題越多。比方說贊恩，就想不明白為什麼二〇二二年底，山姆沒有直接用加密貨幣銀行的貸款，來取代阿拉米達的客戶存款。當時，阿拉米達可以輕易借到二百五十億到三百億美元，拿這筆錢把八十八億美元的客戶資金移回FTX，這樣萬一阿拉米達爆了，也只會拖垮銀行，而不是FTX，為什麼不這麼做？

拉姆尼克想問一個不同的問題。他和山姆用阿拉米達的錢投資了數十億美元，但他從來沒看過山姆關注過阿拉米達的風險，山姆似乎總是更關心別的事。拉姆尼克想問山姆：「過去一整年

---

*基本上沒有人敢這麼做，只有一個人例外：凱文・奧利里。不管你怎麼評價他的影響力，他還是很帶種。

你他媽的為什麼只顧著玩《童話大亂鬥》？」

他們似乎也相信自己犯了罪，Why？

當然，我也有自己想問的問題。第一個問題與財務動機有關。在這齣金融大戲裡，沒有一個角色表現出那種搞金融的人會有的行為。王紫霄持有一部分阿拉米達的股份，但他在FTX的持股遠比阿拉米達持股更值錢。尼夏是FTX的大股東，但沒有阿拉米達的股份。卡洛琳也是如此，她負責經營阿拉米達，但只持有FTX的股份。這些人都沒有動機，把錢從FTX轉移到阿拉米達，把FTX置於險境。事實正好相反，他們自己的錢也可能被轉走了。至少在二〇二二年春末加密貨幣價格開始暴跌之前，或甚至在那之後，他們沒有一個人對於置自己的財富於險境表示反對。為什麼？

當然，如果山姆受到審判，就會有另一個問題。二〇二二年被美國政府指控犯罪的人中，有九成和政府認罪協商，僅有不到〇．五%的人無罪獲釋。與政府對簿公堂，有點像在客場打球，要面對龐大資源與心理優勢的地主隊。山姆一心想上法庭，堅稱自己沒有詐欺的意圖，但要讓別人相信他的清白，他需要先解釋為什麼三個他最親近的同事，現在都願意認罪？為什麼有人明明沒犯罪，也願意認罪？為什麼他們似乎也**相信**自己犯了罪？

山姆現在有很多時間思考，也花很多時間思考這一點。對他來說，人性一直是個謎，但謎是可以解開的。他坐下來寫了一份備忘錄，就像他回應卡洛琳時所寫的備忘錄那樣。幾天後，主審山姆案件的法官劉易斯．卡普蘭（Lewis A. Kaplan）將會應聯邦檢察官的要求，對他下達封口令。但在那之前，他還有幾天時間可以分享自己的想法。「人們似乎很難抱持背離社會規範的**想法**，」他寫道：「**就算他們不用把這種想法說出來**。」就像平常寫商業備忘錄那樣，他寫道：

1 批評是很容易的一件事，即使被你批評的對象很受歡迎。天底下沒有完美的事物，你永遠不會因為指出好東西的缺點而受到懲罰。

2 讚美一件大家都讚美的事，也很容易。

3 但真正讓人害怕的——甚至比坐牢的威脅還要可怕——似乎是在內心承認，**自己**就是社會蔑視的那種人。

說到這裡，他補充：「有時候，公開當個壞蛋，比內心裡害怕被外界揭發自己是個壞蛋，要來得容易……換句話說，有時候**思想的勇氣**比**行動的勇氣**更難。」當社會壓力達到一定程度，屈服比堅持容易。

寫下這些話時，他獨自坐在兒時家中的一個房間裡。他又回到了原點，回到他開始的地方，只是他現在戴著電子腳鐐，被一隻德國牧羊犬保護著。他父母負擔不起保鏢的費用，於是買了這隻體型非常大的狗，取名桑多（Sandor）。從德國空運過來的桑多受過訓練，會聽口令去攻擊壞人，但牠會聽的口令是德語，山姆的父母學會了德語口令，但山姆沒學。

這隻狗是來保護山姆的，但山姆對牠一點興趣都沒有。他父親買了《狗狗的內在世界》（*Inside of a Dog*）來看，但山姆覺得看書有點蠢，看部落格還比較好，反正他不在乎桑多想什麼。當山姆和桑多在一起，感覺好像隨時會發生什麼意外似的。

與狗之間的誤解，很像山姆與其他人之間的誤解，發生意外的機率顯然也很難估計，也許比小行星撞地球的機率低，但肯定比ＡＩ失控、消滅地球人的機率高。不過如果有一天被守護自己的狗吃掉，也還頗符合「山姆．班克曼—弗里德」風格。

尾聲

FTX倒閉的那個禮拜，所有人都走了。喬治進入FTX總部，四處走動，最後來到27號叢林小屋及山姆的辦公桌前。

他就是在那時候，看到倒下的國王。有人從辦公室的棋盤上取下那枚棋子，橫放在山姆的電腦鍵盤上。喬治只把那枚棋子移開，完全沒有動其他地方。

六個月後，那裡幾乎維持一模一樣的狀態。巴哈馬的清算人接管，一度把它當成辦公室。他們彷彿接獲指示要保護這神聖墓地般的地方似的，裱了框的柯瑞球衣仍掛在牆上，所有小玩意兒、咖啡杯，甚至是之前房客的眼鏡，全都原封不動留在原處。架子上仍擺滿了不健康的素食零食，FTX啤酒仍堆放在冰箱裡，瓶身寫著「海盜為海盜釀造」。

對許多過去住在那裡的人來說，這一切感覺越來越像一場夢。這段經歷，與他們過去的經驗差距如此之大，以至於他們越來越難相信這一切真的發生過。他們都想搖醒自己，回到入睡前的狀態。你可以即時看到這一切的發生。離開這個奇幻島嶼前，王喆就已經糅合了這場夢的過去與未來。「我需要一個目標嗎？」她問我：「山姆讓我覺得我有一個目標，但現在我不知道我是否需要一個目標，也不知道我的目標應該是什麼。」

他們都離開後，我才又回到那裡，想找點東西。走進那叢林小屋，我也和其他人一樣覺得恍若隔世。但我還有最後一個地方沒找，一個位於山姆每天開車往返於奧爾巴尼度假村和叢林小屋之間的那條路旁、沒人會費心去搜查的舊儲藏室。從外觀看，那不會是你想要存放貴重物品的地方。它只是一間嵌在叢林裡的老舊建築，外牆是波紋狀的金屬，是十個沒有標記的ＦＴＸ棚屋中的一個。但我正是在那裡，找到了我想找的東西——一口寄給萊恩的木箱。它肯定是太重了，無法再往屋內移動，所以他們直接把它丟在前面。一個純鎢方塊。

致謝

感謝伊莉莎白・萊利（Elizabeth Riley）與雅各・韋斯伯格（Jacob Weisberg）閱讀及評點本書的部分內容。感謝威爾・班尼特（Will Bennett）與克莉絲蒂娜・弗格森（Christina Ferguson）研究加密貨幣與其他問題，協助我更了解這個主題。感謝潘蜜拉・貝恩（Pamela Bain）與瓦德茲・拉塞爾（Valdez Russell）讓我一直期待再次去巴哈馬旅行。感謝尼克・葉（Nick Yee）教我玩遊戲，感謝大衛・齊（David Chee）教我玩《童話大亂鬥》。珍妮・伯恩（Janet Byrne）仍是我的文案編輯，但隨著每一本書的出版，她的影響力已擴展到一般編輯永遠無法觸及的地方。我要特別感謝我的編輯湯姆・佩恩（Tom Penn），當然還有斯塔林・勞倫斯（Starling Lawrence）。

國家圖書館出版品預行編目（CIP）資料

無限風暴 : FTX 帝國興衰交響曲 / 麥可 . 路易士
(Michael Lewis) 著 ; 洪慧芳譯 . -- 初版 . -- 臺
北市 : 早安財經文化有限公司 , 2024.08
面； 公分 . -- (早安財經講堂 ; 106)
譯自 : Going infinite : the rise and fall of
a new tycoon
ISBN 978-626-98712-2-3(平裝)

1.CST: 班克曼 (Bankman-Fried, Sam.) 2.CST: 電
子貨幣 3.CST: 電子商務 4.CST: 金融犯罪

563.146 113010227

早安財經講堂 106

無限風暴

FTX 帝國興衰交響曲

Going Infinite

The Rise and Fall of a New Tycoon

作　　者：麥可・路易士 Michael Lewis
譯　　者：洪慧芳
特約編輯：莊雪珠
封面設計：Bert.design
責任編輯：沈博思、黃秀如

發 行 人：沈雲驄
發行人特助：戴志靜、黃靜怡
行銷企畫：楊佩珍、游荏涵
出版發行：早安財經文化有限公司
電話：(02) 2368-6840　傳真：(02) 2368-7115
早安財經網站：goodmorningpress.com
早安財經粉絲專頁：www.facebook.com/gmpress
沈雲驄說財經 podcast：linktr.ee/goodmoneytalk

早安財經官網　沈雲驄說財經

郵撥帳號：19708033　戶名：早安財經文化有限公司
讀者服務專線：(02)2368-6840　服務時間：週一至週五 10:00~18:00
24 小時傳真服務：(02)2368-7115
讀者服務信箱：service@morningnet.com.tw

總 經 銷：大和書報圖書股份有限公司
電話：(02)8990-2588
製版印刷：中原造像股份有限公司
初版 1 刷：2024 年 8 月

定　　價：480 元
I S B N：978-626-98712-2-3（平裝）